Gérer
la sécurité des
événements

Catalogage avant publication de Bibliothèque
et Archives nationales du Québec et Bibliothèque
et Archives Canada

Diaz, Frédéric
    Gérer la sécurité des événements
    (Collection Essai)
    ISBN 978-2-7640-1483-7
       1. Événements spéciaux – Sécurité – Mesures.
2. Événements spéciaux – Gestion. I. Titre.

GT3405.D52 2009   394.2   C2009-941048-6

© 2009, Les Éditions Quebecor
Une compagnie de Quebecor Media
7, chemin Bates
Montréal (Québec) Canada
H2V 4V7

Dépôt légal : 2009
Bibliothèque et Archives nationales du Québec

Pour en savoir davantage sur nos publications,
visitez notre site : www.quebecoreditions.com

Éditeur : Jacques Simard
Conception de la couverture : Bernard Langlois
Illustration de la couverture : Dreamstime, Istock
Conception graphique : Sandra Laforest
Infographie : Claude Bergeron

Imprimé au Canada

DISTRIBUTEURS EXCLUSIFS :

• Pour le Canada et les États-Unis :
  MESSAGERIES ADP*
  2315, rue de la Province
  Longueuil, Québec J4G 1G4
  Tél. : (450) 640-1237
  Télécopieur : (450) 674-6237
  * une division du Groupe Sogides inc.,
  filiale du Groupe Livre Quebecor Média inc.

• Pour la France et les autres pays :
  INTERFORUM editis
  Immeuble Paryseine, 3, Allée de la Seine
  94854 Ivry CEDEX
  Tél. : 33 (0) 4 49 59 11 56/91
  Télécopieur : 33 (0) 1 49 59 11 33

  Service commande France
  Métropolitaine
  Tél. : 33 (0) 2 38 32 71 00
  Télécopieur : 33 (0) 2 38 32 71 28
  Internet : www.interforum.fr

  Service commandes Export –
  DOM-TOM
  Télécopieur : 33 (0) 2 38 32 78 86
  Internet : www.interforum.fr
  Courriel : cdes-export@interforum.fr

• Pour la Suisse :
  INTERFORUM editis SUISSE
  Case postale 69 – CH 1701 Fribourg –
  Suisse
  Tél. : 41 (0) 26 460 80 60
  Télécopieur : 41 (0) 26 460 80 68
  Internet : www.interforumsuisse.ch
  Courriel : office@interforumsuisse.ch

  Distributeur : OLF S.A.
  ZI. 3, Corminboeuf
  Case postale 1061 – CH 1701 Fribourg –
  Suisse

  Commandes : Tél. : 41 (0) 26 467 53 33
  Télécopieur : 41 (0) 26 467 54 66
  Internet : www.olf.ch
  Courriel : information@olf.ch

• Pour la Belgique et le Luxembourg :
  INTERFORUM BENELUX S.A.
  Fond Jean-Pâques, 6
  B-1348 Louvain-La-Neuve
  Tél. : 00 32 10 42 03 20
  Télécopieur : 00 32 10 41 20 24

Gouvernement du Québec – Programme de crédit d'impôt pour l'édition
de livres – Gestion SODEC.

L'Éditeur bénéficie du soutien de la Société de développement des entreprises culturelles du Québec pour son programme d'édition.

Nous reconnaissons l'aide financière du gouvernement du Canada par
l'entremise du Programme d'aide au développement de l'industrie de
l'édition (PADIÉ) pour nos activités d'édition.

Frédéric Diaz

Gérer
la sécurité des
événements

De la fête de quartier
aux grands rassemblements

LES ÉDITIONS
Quebecor
Une compagnie de Quebecor Media

À mes deux familles,
leur amour et tellement plus...

Table des matières

2. Négocier et répartir les espaces, les responsabilités et les coûts

Liste des tableaux et figures

Remerciements

Une recherche ne peut se faire qu'à travers les échanges entre les personnes, à travers une histoire et sa propre histoire qui se constitue au fil des rencontres, des observations, des lectures. En croisant et en opposant les disciplines, les individus, nous créons notre propre manière de penser, notre compréhension de ce qui nous est donné de voir. Mais, si modeste que soit mon apport dans ce vaste univers scientifique, ces propos n'engagent que son auteur et sa compréhension; ils n'ont eu qu'une seule motivation que l'on pourra me reprocher, celle d'être sans doute trop ambitieux, celle d'essayer de transmettre un savoir pour aider les personnes à s'organiser, et ainsi créer des espaces sûrs sans pour autant que ceux-ci deviennent sur-sécurisés.

Pour cette quête, tellement inachevée, que soit remerciée, d'abord et avant tout, la première personne à avoir cru à un tel projet, mon directeur de thèse, Philippe Robert, directeur de recherche au CNRS et directeur du GERN. J'y associerai également le laboratoire de recherches du CESDIP et ses deux derniers directeurs, René Lévy et Laurent Mucchielli. Ma gratitude va au soutien constant de ses membres.

Pour m'avoir accueilli ensuite et ouvert de nouveaux horizons, ma gratitude va au laboratoire de recherches du CICC et à l'école de criminologie de l'Université de Montréal, et en particulier à Maurice Cusson et à Benoît Dupont.

Par ailleurs, grâce aux rencontres, entre 1997 et 2008, un certain nombre d'idées élaborées dans ce texte n'auraient pu voir le jour. À Dominique Courdier, journaliste à *France Football*; Jean-Claude Salomon, Institut des Hautes Études de la Sécurité Intérieure; Frédéric Ocqueteau, chercheur, CNRS/CERSA; Bertrand Lepeu, Délégation interministérielle pour la Coupe du monde (DICOM); Jean Rivoal, DICOM; Michel Fize, CNRS, ministère de la Jeunesse et des Sports; Dominique Spinosi, responsable sécurité, Comité français d'Organisation (CFO) de la Coupe du monde de football 1998;

Éric Buvet, pompier, Fort de la Briche; Gérard Rousselot, directeur du Comité National Mixte de Sécurité et d'Animation dans les Stades, Fédération Française de Football; M. Birault, directeur de l'ordre public, Direction Générale de la Police Nationale; Anastassia Tsoukala, chercheur, Centre d'études sur les conflits; Patrick Mignon, chercheur, INSEP; Pierre Rivière, Stade de France; Cheikh Sagna, stadier; Henri Fournier, mission centrale sûreté, SNCF; Thierry Terraube, formateur, Centre National d'Études et de Formation de la police nationale; Patrick Mille, directeur de cabinet, préfecture de Bobigny; Pascal Ceaux, journaliste, *Le Monde;* Michel Jacquet, directeur des ressources humaines, CFO; Serge Bray, Penauille Poly Sécurité; Serge Mesones, ministère de la Jeunesse et des Sports; Pierre Debue, directeur départemental de la sécurité publique du 93; Monique Hirschhorn, professeur à Paris V; Patrick Signorello, professeur à Paris V; Jean-Pierre Lauwereins, directeur général du Zénith de Paris; Michel Goudard, responsable de la sécurité, Francofolies de La Rochelle; Guillaume Narjoux, Palais Omnisports de Paris Bercy (POPB); Mathias Banos, responsable sécurité du POPB; Bernard Martin, directeur technique des Eurockéennes de Belfort; Jean-François Domergue, responsable de la sécurité du Parc des Princes et du Paris Saint-Germain; Michel Marcus, délégué général Forum Européen pour la Sécurité Urbaine; François Carré, directeur technique, Printemps de Bourges; Florent Maréchal, responsable du fonctionnement, Printemps de Bourges; Jean-Paul Détrez, Fédération Française de Rugby; Alain Cloux, responsable de la sécurité, Fédération Française de Basket-ball; Patrick Laclémence, commandant de CRS et universitaire; Didier Chasserot, responsable de la sécurité, Eurockéennes de Belfort; Béatrice Deléglise, adjointe, responsable de la sécurité, Eurockéennes de Belfort; Jean-Pierre Catala, responsable du Comité Communal de Prévention de la Délinquance, La Rochelle; Guy Piera, responsable de la sécurité Fédération Française de Rugby; Jean-Claude Guérot, responsable société Logi-sécurité; Jean-Pierre Adam, responsable de la sécurité, Fédération Française de Hand-ball; Christophe Levèque, château de Kériolet; Patrick Couvidoux et Nicole Grives, mairie d'Aurillac; Jacques Abalain, société Diogène, Astropolis; Bertrand Laviec, brigadier chef, commissariat de police de Concarneau; Jean-François Jobert, directeur du Comité d'organisation des Championnats du monde cycliste 2000; Michel Perrin, responsable des secours et de la prévention, Printemps de Bourges; Yann Rivoal, directeur de production, Vieilles Charrues, Carhaix; Alain Bénasar, responsable de la sécurité, Vieilles Charrues, Carhaix; Jacquito, régisseur général, Vieilles Charrues, Carhaix; Jacqueline Brogné, responsable du service médical, tournoi de Roland-Garros; Christian

Flavien, responsable de la sécurité, tournoi de Roland-Garros ; Philippe de Gestas de Lespéroux, directeur de cabinet, sous-préfet, préfecture de Bourges ; Sylvain Laurédie, responsable de la sécurité, festival de Cannes ; Jean-François Cauchie, professeur, Université d'Ottawa ; Jacques-André Dupont, vice-président marketing Équipe Spectra (Festival international de jazz et Francofolies de Montréal) ; André Ducas, vice-président logistique Équipe Spectra ; Sylvie Beausoleil, Anne Denizet et Éric Fortin Lambert, équipe logistique Équipe Spectra ; Christian Labrèche, directeur société CLB ; Sonia Pépin, directrice des opérations Mondiaux de natation 2005, et directrice logistique, Équipe Spectra ; Gilles Dubuc, Festival international de jazz et Mondiaux de natation 2005 ; Pierre Touzin, directeur de la société Les Hôtes de Montréal ; Denis Desroches, planification opérationnelle, Service de police de la Ville de Montréal (SPVM) ; Louis Legault, responsable des événements spéciaux, Urgences santé ; Jacques Millette, responsable des événements spéciaux, Services des incendies de la ville de Montréal ; Alain Pétel, commissaire, événements spéciaux, Ville de Montréal ; Jean Baraby, planification opérationnelle, SPVM ; François Dumontier, vice-président exécutif, Grand Prix de Formule 1 du Canada ; Normand Lavictoire, directeur société Best ; Carl Lacroix et Michel Lavoie, chargé de projet Best, Grand Prix de Formule 1 ; Daniel Pilon, chargé de projet CLB, Grand Prix de Formule 1 ; et, pour finir, l'Équipe de sécurité du Grand Prix de Formule 1 du Canada et de Nascar 2007 et 2008, Paul Dionne, Roger Millette, Jean-Guy Boisvert, Jean-François Perreault et Benoit Brière.

Je leur adresse mes sincères remerciements pour leur aide qui me fut indispensable.

En outre, je remercie les centres de documentation de l'IHÉSI (devenu INHÉS), du journal *L'Équipe*, l'INA, la Bibliothèque universitaire de Nanterre, ainsi que la bibliothèque de Sciences humaines de l'Université de Montréal qui m'ont ouvert leurs portes.

Je remercie également les étudiants du certificat de gestion appliquée à la police et à la sécurité ainsi que du baccalauréat sécurité et études policières et son responsable Luc Hébert pour m'avoir donné la chance de mettre en pratique et en questionnement ce début de cumul d'une mémoire collective.

Enfin, sans une relecture vigilante du texte final par Bessie Leconte (GERN), cet ouvrage n'aurait pas été ce qu'il est.

Tout le reste de ma gratitude va à mes parents qui ont cru dès le départ et tout au long de mes études à la réalisation de ce projet. Par leur amour et leur compréhension, ils ont su me guider et me faire un peu moins mal passer mes périodes de doute. À mes amis parisiens et banlieusards, et en particulier à Christelle Lecouturier qui, au contraire, ont su me faire redescendre quand je pensais refaire le monde. C'est enfin à Catherine Rossi que je dois les débats les plus acharnés, les recommandations et autres remises en question ainsi que les derniers conseils.

Introduction

> « L'essentiel de la littérature sur les sujets policiers
> controversés se répartit entre deux catégories : les œuvres
> a-critiques de la part de ceux qui sont informés
> de l'intérieur et les œuvres critiques de profanes
> mal informés. »
>
> Gary Marx[1]

D'une mémoire perdue à la transmission des savoirs

Le développement d'événements festifs dans le monde est allé de pair avec une réflexion des acteurs de la sécurité (police et agences privées) et des secours (service des incendies, service des urgences) pour acquérir une connaissance pragmatique des risques et des modes de gestion opérationnels. Or, paradoxalement, lorsqu'on tente de faire le point sur les expériences tirées, on s'aperçoit, le plus souvent[2], qu'un événement fait oublier l'autre et que les actions, les « bonnes pratiques » s'accumulent le plus souvent

---

1. *Much of the literature on controversial police topics breaks down into two catego-ries: uncritical work by well informed insiders, and critical work by uninformed out-siders*, Marx (1988).

2. On peut noter cependant deux études cherchant à tirer des leçons de grands rassem-blements. La première a été menée par James A. Hanna (1994) avec les soutiens de la Direction de la recherche et du développement et du Bureau de la protection des infra-structures essentielles et de la protection civile du Canada. Ce document de recherche fait état des questions à se poser concernant les mesures d'urgence et apporte quantité de données techniques pour la gestion de foule. La seconde est un rapport issu d'une conférence donnée en 2003 qui dresse le bilan de la sécurité et des secours à la suite des Jeux olympiques de Salt Lake City en 2002 (Greene *et al.*, 2003).

sans mémoire[3]. Lors d'un processus d'organisation de la sécurité d'un grand événement sportif ou culturel, force est de constater qu'il y a le plus souvent une «amnésie collective». Les organisateurs oublient le passé et ne réfléchissent presque jamais au futur. Nous sommes sur le registre d'un présent qui s'organise chaque fois. C'est de cette «mémoire perdue» qu' il est question dans cet ouvrage.

Dans le même ordre d'idées, si des expériences paraissent satisfaisantes aux yeux des décideurs et des acteurs de la sécurité, il est rare de les voir réutilisées dans le cadre d'autres événements, pour d'autres moments ou pour d'autres espaces (par exemple, espaces privés réunissant des foules: universités, centres commerciaux, habitats sociaux, aéroports, métros). Il s'agit ainsi ici d'ouvrir une réflexion qui offre aux décideurs une aide à la décision dans les choix de modes de gestion de la sécurité, d'évaluer les risques, de comparer différents *modus operandi* et les difficultés de la mise en œuvre de dispositifs dans l'organisation de ce type de grands rassemblements. Nous nous intéressons, ainsi, aux représentations des acteurs de la sécurité et des secours ainsi qu'à leurs pratiques.

Comprendre les événements festifs de l'intérieur

L'approche retenue s'appuie sur une méthodologie qui présente l'intérêt de partir de l'action pour aller vers la réflexion. Nous cherchons, de manière inductive, à observer de plus près diverses situations sur le terrain. Ces expériences, effectuées depuis dix ans, ont reposé sur une démarche comparative entre ce qui peut se faire en France (Coupe du monde de football 1998, Championnat du monde de cyclisme 2000, de handball 2001, tournoi de tennis de Rolland Garros, festival de Cannes, festival international de théâtre de rue d'Aurillac, festivals de musique rock en plein air (Carhaix, Bourges, Belfort, La Rochelle), concerts en salle (Paris), avec quelques cas en Angleterre (Coupe du monde de rugby 1999), en Belgique et aux Pays-Bas (Championnat d'Europe de football[4] 2000), et au Québec (Festival international de jazz de Montréal, Francofolies de Montréal, de 2004 à 2008, Championnat du monde de natation 2005 et Flora Montréal 2006, Grand Prix du Canada de formule 1 2007 et 2008, Nascar 2007 et 2008).

---

3.   Crozier (1991).
4.   Il faudra entendre tout au long de cet ouvrage le terme «football» comme l'équivalent du terme anglo-saxon «soccer».

Il s'agit, à partir d'un contexte particulier (des grands rassemblements de foules festives), de comprendre les enjeux et les logiques de partage des compétences et des responsabilités en matière de sécurité, et d'envisager les parallèles qu'une telle recherche peut amener avec d'autres types d'espaces. Nous aborderons ces questions non plus seulement sur un plan théorique, mais de manière empirique à partir d'une suite d'études de cas. Nous partirons d'un choix méthodologique qui est nécessaire au chercheur pour adopter une démarche qui lui permet de comprendre les enjeux de cette négociation, les jeux de pouvoir et d'intérêt, en s'immergeant dans le quotidien de ces organisations pour le moins complexes.

Cette démarche de recherche a commencé d'abord par le plaisir d'aller tout jeune assister à des événements sportifs et culturels, puis, à partir de 1997, il s'agissait de voir l'autre côté du décor. Et ce n'est que dix ans plus tard que nous avons commencé à essayer d'extraire de longues heures d'observations *in situ* une *lecture possible* de ce qui était donné de voir et d'entendre. Nous soutenons, en effet, que réfléchir à des questions autour de *l'art de gouverner le risque et les foules festives*, sans chercher une réflexion épistémologique pour, d'une part, contextualiser et dégager les contraintes individuelles et collectives des enjeux de société (politique, économique, médiatique, historique) et des personnes ; et d'autre part, pour comprendre et essayer de percevoir la réflexivité de son action par rapport à l'objet étudié ; et, enfin, pour penser les limites et les avantages, dans le même temps, de deux courants de pensée – réalistes et constructivistes –, serait une gageure qu'il serait temps que les chercheurs laissent aux politiciens, aux entrepreneurs de la sécurité privée et aux médias de masse. Une telle démarche scientifique n'aurait enfin que peu de sens si elle ne s'appuyait que sur «une recherche opérationnelle, comprise en un sens très élargi et appliquée au fonctionnement des systèmes sociaux de contrôle formel de la déviance[5].»

La faible visibilité offerte par un objet tel que le champ de la sécurité de grands événements sportifs et culturels en Europe et en Amérique du Nord ainsi que sa difficile accessibilité ont rendu nécessaire cette méthodologie, permettant le contact direct avec le terrain et les acteurs. Si l'utilisation d'une telle méthode reste délicate, puisque l'implication personnelle du chercheur entraîne la modification de l'objet et conduit donc à une certaine forme de subjectivité, elle reste néanmoins la seule qui permet, grâce à un changement

---

5.   Robert, Kellens (1973, 395).

constant d'activité, de position hiérarchique ou de distance par rapport à l'objet, de diversifier le point de vue du chercheur et de rendre compte de la complexité de l'objet étudié[6]. Cette opacité du champ de la sécurité m'a contraint progressivement à passer d'une position d'entretiens et d'observations (où il y avait peu à observer si l'on restait extérieur au dispositif) à une position d'acteur. Si ce dispositif a certes facilité l'accès aux données, il a néanmoins mis en exergue l'idée selon laquelle il y avait un risque de ne voir qu'un point de vue (celui de l'organisateur) et, dès lors, de devoir à un moment donné mettre l'objet à distance pour le voir comme un observateur et non plus comme un acteur. La diversité des fonctions endossées et la multiplication des événements étudiés sont venues nuancer cette limite et permettre non seulement de délimiter les problèmes de sécurité vus par les acteurs et les pratiques pour y répondre, mais encore et surtout de relativiser chaque expérience selon des acteurs, des espaces et des temps différents, entrecroisés de temps de réflexion entre chaque événement.

Dans ce document, je concentrerai la réflexion uniquement sur mon rôle en tant que professionnel, laissant pour d'autres écrits l'analyse de mon rôle en tant que chercheur.

Suivre la logique des étapes des acteurs de la sécurité

Il est notoire que les grands événements réunissant des foules posent des problèmes de prévention, de maintien de l'ordre, de mesures d'urgence, de gestion de crise. Il s'agira ici de décrire les principaux problèmes qui se posent au moment de tels événements, d'établir les principes généraux de la prévention et de la gestion des crises lors des rassemblements festifs. Nous ferons l'impasse sur le point de vue des spectateurs pour nous concentrer sur les acteurs de la sécurité et des secours.

L'ouvrage dresse les étapes suivies pour évaluer, planifier, organiser, coordonner et gérer la sécurité de tels événements. Il y sera question de l'évaluation des risques (selon le type de manifestation, l'espace, le type de public et les enjeux), de la détermination des besoins techniques et humains, du recrutement et de la formation du personnel, des procédures de gestion des risques et des crises, de la coordination des acteurs publics

---

6. Pour un développement des avantages et des limites de cette posture méthodologique, on lira Diaz (2005a).

et privés. Les mesures de prévention seront examinées : la surveillance par les gardes, les patrouilleurs, les stadiers (*stewards*), les caméras ; les contrôles d'accès et les fouilles (dans les espaces fermés) ; la séparation des spectateurs ; le contrôle des boissons alcoolisées ; la gestion de l'espace et les couloirs de sécurité ; la gestion des communications ; les règles et les procédures de sécurité[7].

La démarche de réponse comprend quatre étapes qui permettent d'envisager l'action. C'est cette présentation selon quatre chapitres que nous allons poursuivre tout au long de cet ouvrage :

1. Rassembler les éléments pertinents pour penser, comprendre et planifier à partir du contexte de l'événement et des enjeux politiques, économiques, etc., qui y sont attachés (évaluation de ses responsabilités, des risques, des besoins et de ses capacités) ;

2. Déterminer les possibilités disponibles pour répartir, coordonner et négocier (négociation des responsabilités et des modes de partenariat, et coordination des procédures d'urgence) ;

3. Mettre en œuvre, agir et réagir selon les problématiques soulevées (gestion des actions en interne et en externe ; gestion courante et exceptionnelle) ;

4. Évaluer, assurer le suivi des actions et repenser les diverses procédures (bilan, élaboration d'événements tests, formation et transmission des savoirs).

L'ouvrage cherche ainsi à répondre à plusieurs enjeux. Les événements festifs font l'objet depuis maintenant quarante ans, partout dans le monde, de considérations de plus en plus exceptionnelles. La dimension sécurité qui y est attachée est devenue du même coup incontournable. Les risques auxquels les foules souvent nombreuses doivent faire face sont de moins en moins négligeables. Les responsabilités civiles et pénales qui pèsent de plus en plus sur chacun des acteurs de la sécurité tant privée que publique les amènent à réfléchir de manière concrète à ces évolutions. Ajouter à cela une quasi-absence d'une transmission orale ou écrite des savoirs rattachés à ces professions et on aura compris qu'il devenait indispensable de se pencher sur la création d'un tel guide à l'usage des professionnels de la sécurité et des secours des événements festifs.

---

7. Dans cette même quête d'une analyse exhaustive et minutieuse d'une profession, on se reportera au travail de Dominique Monjardet (1996) pour le champ policier.

Il s'agira finalement de se confronter à plusieurs objectifs. Extraire des principes de gestion à partir d'expériences «heureuses et malheureuses» et en tirer des leçons pour mieux planifier et mieux organiser ce type d'événements. Montrer que des principes de gestion sont communs quels que soient les types de manifestations, les types d'espaces ou l'échelle de grandeur de l'événement (local, régional, national, international). Responsabiliser chaque acteur dans les missions qui lui incombent et faire prendre conscience qu'organiser un rassemblement ne se fait pas au hasard, mais répond à une démarche rigoureuse et spécifique. L'ensemble sera présenté à partir d'expériences appuyées certaines fois par des cas précis et cherchera à en généraliser les pratiques. Nous montrerons comment le problème a été posé et ensuite résolu, nous chercherons à expliquer ce qui a fonctionné comme ce qui a été un échec et ainsi faire parler une expérience professionnelle riche dont ces événements ont pu faire l'objet et les leçons qui s'en dégagent.

Mais si nous n'avions à garder qu'une seule intention à cet ouvrage, ce serait celle de poursuivre une transmission d'un savoir et d'un savoir-faire pour des applications pratiques opérationnelles, et d'ainsi commencer à cumuler une certaine forme de connaissance sur ces modes de gestion pas seulement pour gagner du temps ou de l'argent, mais surtout pour aller, une prochaine fois, un peu plus loin dans la capitalisation d'un savoir qui ne devrait avoir qu'une seule orientation, celle d'assurer, autant que faire se peut, la sécurité de spectateurs venus tout simplement prendre du plaisir pendant un spectacle.

S'appuyer sur une démarche systématique, globale et intégrant la complexité

Les étapes de la démarche sont examinées ici avec pour objectif de guider les divers acteurs privés et publics de la sécurité et des secours dans la chronologie des réflexions nécessaires à la sécurité de tous.

En effet, il est pertinent de constater que, quel que soit le type d'événement envisagé, le plan comme la finalité de compréhension de la situation restent toujours les mêmes.

1.1   Apprivoiser la logique de la démarche de compréhension et de résolution

1.2   Évaluer la capacité de l'organisation (budgets prévisionnels)

1.3   Déterminer les vulnérabilités et les possibilités à travers les variables pertinentes : espace, temps, acteurs, contextes et enjeux

1.4   Comprendre les responsabilités, l'encadrement légal, leurs évolutions et leurs enjeux

1.5   Analyser les risques comme fondement à l'action

1.6   Planifier les échéances

À retenir dans ce chapitre...

•   L'organisation de la sécurité des événements festifs suit une logique de planification et de gestion équivalente, quelle que soit la manifestation.

- Cette démarche pourrait s'apparenter à celle de l'organisation d'un mariage. Les décideurs pensent à un lieu, invitent les personnes, louent les hébergements, définissent un menu, créent des animations et les organisent, le tout avec un budget déterminé.

- Il ne fait pas de différence sur les principes de gestion d'organiser un Grand Prix de formule 1, une rencontre de football dans un stade, un festival de musique pop en plein air ou un concert classique en salle.

- Le responsable de la sécurité, pour comprendre la complexité, suit une démarche qui tourne autour de cinq dimensions : l'espace, le temps, les acteurs, le contexte légal et les enjeux (économique, politique, social, sportif).

- Il s'agit de poser les vulnérabilités à partir des forces et des faiblesses de l'organisation, et des menaces et des possibilités liées à l'environnement.

- Les incidents qui se sont produits antérieurement ou les autres événements de même type servent de base pour construire ce que seront les dispositifs futurs.

- Ces événements ont entraîné une réflexion et une évolution législative avec, notamment, une responsabilisation des acteurs de la sécurité.

- L'étape de compréhension et de planification est finalement intégrée dans un échéancier qui servira de canevas pour appréhender de manière chronologique les étapes à suivre.

1.1

Apprivoiser la logique de la démarche de compréhension et de résolution

Travailler à l'organisation d'un événement festif, qu'il soit local ou international, demande méthode et créativité. Il ne peut se faire au hasard. Il repose sur une logique et des outils particuliers (carte mentale, échéancier, analyse de risques) qui doivent permettre de prendre la mesure de la complexité.

Une démarche chronologique dans une logique d'action

Tout acteur chargé de la sécurité d'un événement festif se verra confronté au quotidien à des situations problématiques qui lui demanderont de trouver une démarche de résolution par des choix rationnels et méthodiques.

La résolution de situation problématique est un processus complexe qui a une chronologie. Toutefois, pour être pertinent, cet exercice se traduit en une démarche structurée et systématique. Ainsi, le gestionnaire a souvent tendance à aborder l'événement festif et les situations problématiques en réagissant de manière intuitive, «sans mémoire[8]», souvent à partir de solutions qui ont plus ou moins fonctionné auparavant. Il se retrouve par là même dans un cycle de résolutions répétitives d'une même problématique, ce qui impliquera dans le temps une perte de motivation. Or, pour bien s'organiser et décider, tout responsable adopte une façon de faire qui va lui permettre de traiter toutes situations, sur un mode structuré, ouvert et créatif.

Cette évolution dans les institutions et les mentalités tend à être intégrée dans chaque organisation toujours plus en quête d'efficacité. On assiste ainsi de plus en plus souvent dans chaque ville, à travers les évolutions technologiques (informatique, GPS, etc.), à la volonté des organisations de calculer de manière la plus précise possible chaque déplacement. Cela devient le seul mot d'ordre quand l'organisation en présence est, par exemple, une unité d'urgence qui transporte des patients vers un hôpital.

Chaque métier, qui a pour motivation de s'organiser face à un problème, détient sa méthode de résolution. Souvent, quatre temps sont utilisés:

- Le médecin et la méthode CARE: Comprendre (le patient, les symptômes), Analyser (à partir des symptômes et faire le diagnostic), Répondre (par une médication adaptée) et Évaluer (les réactions au traitement);

- Le policier et la méthode SARE: Situation, Analyse, Réponse, Évaluation;

- Le gestionnaire ou le responsable marketing d'une société et la méthode SWOT: *Strength*, *Weaknesses*, *Opportunity*, *Threat*.

---

8. Diaz (2007).

Pour chacun, qu'importe le nom, il s'agit de s'organiser pour faire un état de la situation, tirer ensuite les conclusions suivant les informations obtenues, puis chercher des solutions et les mettre en œuvre avant de savoir si les applications ont de quelconques effets sur la situation initiale. Les acteurs de la sécurité d'un événement festif ne font pas défaut à la règle ; ils ne peuvent que s'organiser pour intégrer chacune de ces étapes.

Une organisation à l'image de la préparation d'un mariage... de Céline Dion

Prenons une image plus familière : organiser un événement festif revient, à une plus petite échelle, à organiser un mariage. Les décideurs pensent à un lieu, invitent les personnes, louent les hébergements, définissent le menu, créent des animations et les organisent, le tout avec un budget déterminé. Pour l'événement festif, ces actions sont quelque peu plus compliquées et s'apparentent davantage au mariage de Céline Dion. Le rassemblement va réunir un grand nombre de personnes, occasionner la présence d'invités de marque et de la presse ; cela va donc nécessiter un encadrement encore plus rigoureux et notamment des flux (des personnes et des véhicules), et donnera un poids plus important à la sécurité et à l'évaluation des risques que l'événement va entraîner.

Plus particulièrement, lors d'un événement festif, on considère en général cinq services, quel que soit l'événement :

- l'artistique ou le sportif ;
- l'opération ou la logistique (où se trouveront la sécurité et les accréditations, les aménagements, le transport, l'hébergement, l'alimentation, l'entretien, les transports) ;
- la communication (relations avec l'ensemble des médias) ;
- les ventes (les produits vendus appartenant à l'organisation) ;
- les ressources humaines et les finances.

La sécurité, idéalement, est au cœur de ces différents métiers et prend en considération les besoins de chacun pour ne pas leur nuire et, au contraire, participer à aider leur activité. Malheureusement, souvent, la sécurité n'est perçue que sur un mode négatif par des contraintes de budget, mais plus encore de rétention d'information qui ne pourra que desservir le processus d'ensemble et attiser toutes les rancœurs. La sécurité ne peut être, comme l'adage le rappelle souvent, « un mal nécessaire » ; elle est bien davantage un « bien nécessaire ».

La sécurité au centre d'un événement festif

La sécurité est envisagée, par les acteurs responsables, au service de tous. Pour autant, à la suite d'un passé discutable, elle reste plus ou moins bien perçue par les personnes au sein des organisations. Parfois crainte, parfois discréditée, elle a dû cependant considérablement évoluer et se professionnaliser pour les grandes organisations tant dans le privé que dans le public.

Dans ces manifestations, on distingue quatre formes de services proposés : la surveillance et le contrôle des accès, la consultation (analyse de sécurité, études de risque, vérification), la gestion et l'intervention de crise, ainsi que le transport de fonds. Plus important encore, la sécurité est le maillon qui interagit avec chaque service pour assurer les opérations de chacun :

- de manière générale, c'est elle qui permet l'accès ou non des personnes sur le site. Elle peut donc, si elle ne fait pas preuve de flexibilité, considérablement retarder des opérations (si, par exemple, elle est trop restrictive avec les personnes de l'aménagement qui ne portent pas toujours leurs accréditations pendant le montage), ou, au contraire, augmenter les risques d'intrusion malveillante (si, par exemple, elle fait preuve de trop de laxisme aux portes d'entrée ou dans des zones privilégiées [artiste, sportif, etc.]) ;

- avec l'aménagement pour définir les flux de circulation des piétons et des véhicules, pour gardienner du matériel, etc. ;

- avec les communications pour protéger et assurer la gestion de zones médias, etc. ;

- avec les ventes pour protéger du vol les différents *stands* ainsi que les lieux où seront ramenées l'ensemble des recettes aux fins de comptabilité avant qu'un transporteur de fonds vienne véhiculer le tout à l'extérieur du site ;

- avec l'artistique ou le sportif pour faciliter les accès, protéger les personnes et les zones clés (arrière-scène ou vestiaires, scène ou terrain, etc.). Ici, la gestion peut en être confiée tant à des organisations privées que publiques, et le plus souvent les deux où se mêle à l'idéal de complémentarité une vraie réalité de compétition[9].

En parallèle, tout organisateur doit prendre conscience de ses besoins, en fonction de ses forces et de ses faiblesses.

1.2 Évaluer la capacité de l'organisation (budgets prévisionnels)

En préparation de l'événement à venir, les diverses organisations qui vont appréhender la manifestation ne peuvent faire l'impasse sur une évaluation de l'équilibre à trouver entre sa capacité et ses besoins. L'équilibre est avant tout financier. Chaque organisation dispose d'une enveloppe budgétaire qu'elle va devoir répartir sur diverses dépenses. C'est, en quelque sorte, le premier moment qui va organiser la pensée, lui donner une ligne directrice à partir de laquelle l'organisation va ensuite pouvoir évaluer ses risques et ses responsabilités.

Le budget d'une organisation s'appuie, d'un côté, sur la prévision des dépenses nécessaires au déroulement de la manifestation ; de l'autre, elle cherchera à délimiter la prévision des recettes (interne et externe).

Cette section s'applique particulièrement aux organisations privées qui créent les manifestations. Si les acteurs publics qui gèrent les questions de sécurité ont aussi une évaluation du budget à réaliser, elle n'est pas (encore)[10] directement conditionnée (même si elle doit rendre des comptes) par un équilibre à trouver avec les recettes. Nous discuterons *infra* de ce problème, uniquement à partir de l'expérience des organisations privées.

---

9.   La volonté en 2008, par exemple, pour le Service de police de la Ville de Montréal, de ne plus se satisfaire de son rôle de soutien aux activités des événements festifs, mais de les «commercialiser» aux organisateurs et de devenir ainsi un vrai compétiteur sur le marché de l'offre de sécurité dans le cadre de l'organisation d'événements à caractère festif participe de ce processus.

10. Il reste que chaque institution doit légitimer de plus en plus ses coûts et chercher au maximum à les optimiser.

Définir les dépenses

Il ne s'agit pas ici de remplacer le travail des gestionnaires des finances et ressources humaines, mais davantage de prendre en compte, sur un poste spécifique comme la sécurité, ce que cela peut représenter en termes de dépenses.

Aujourd'hui, la sécurité peut représenter jusqu'à 20 % du budget total d'un événement. En ce sens, il n'est donc pas anodin que nous évoquions les principales idées à soulever pour ne pas totalement partir dans l'inconnu.

À partir du moment où l'on organise un événement, il convient de réfléchir et de chiffrer au préalable tous les postes de dépenses dont on aura besoin pour réaliser la manifestation. Mais force est de constater que, pas plus ici que dans la pratique, les personnes chargées de planifier les postes budgétaires sont capables d'être totalement exhaustives à l'étape de la planification.

Deux grandes familles sont à recenser:

1. *La rémunération du personnel*

- Les salaires du personnel permanent et les charges sociales correspondantes

  Dans ce type d'organisation, il y a rarement un grand nombre de personnes qui travaillent toute l'année. Toutefois, chaque grand service garde la plupart du temps une personne pour coordonner l'ensemble. La sécurité n'a pas une personne préposée à cela; les dossiers sont, la plupart du temps, confiés à la personne chargée des opérations générales.

- Les salaires du personnel technique non permanent et les charges sociales correspondantes

  C'est ici qu'apparaît le responsable de la sécurité, que l'on nomme suivant les événements « directeur de la sécurité » ou, de plus en plus souvent, « coordonnateur de la sécurité ». Pour un événement international, ce sont des postes qu'il convient de pourvoir entre trois à six mois avant l'événement[11]. Pour des événements qui se répètent d'année en année, il peut être pertinent d'assurer un suivi par son intermédiaire avec,

---

11. Pour des Jeux Olympiques, plusieurs années sont nécessaires.

S'appuyer sur une démarche systématique, globale et intégrant la complexité 31

notamment, les pouvoirs publics dans la période creuse de manière ponctuelle. Selon la taille de l'événement et la complexité de l'organisation, d'autres personnes peuvent être impliquées. Ainsi, on peut noter la présence d'autres fonctions comme «chargé des mesures d'urgence», «chargé des accréditations», etc.

- La rémunération des heures engagées par les sociétés privées pour les agents de sécurité et les agents d'accueil

   Il revient au responsable de la sécurité de lancer, plusieurs mois avant l'événement, par appel d'offres, la demande en sécurité pour l'événement. À partir de son évaluation en temps horaire par secteur d'activité, le responsable de la sécurité cherche à obtenir le coût horaire par agent que chaque société va lui proposer. Il existe un taux unitaire minimum imposé par les législations. À ce taux s'ajoutent les divers frais administratifs et en matériel (véhicules, *talkie-walkie*, vêtements, etc.) dont chaque société aura besoin pour fonctionner.

2. *Les frais d'espace, de matériel et d'assurance*

- La location de l'espace où la représentation se déroulera (structures, gradins, stade, salle de spectacle, centre d'accréditation, etc.)

   Elle n'est pas directement intégrée sur les comptes de dépenses de la sécurité, mais c'est à partir du type de lieu que vont pouvoir se délimiter les besoins en termes de sécurité. La taille de certaines sociétés de sécurité nécessitera, certaines fois, la location de lieux pour les réunir, les nourrir, etc. Le centre opérationnel et communicationnel est, en outre, un autre espace nécessaire qu'il faudra définir et déterminer son coût.

- La location de matériel

   Si nous considérons uniquement les besoins pour une organisation privée, cela peut aller du besoin en matériel de bureau (tables, chaises, etc.), en matériel informatique (ordinateurs: l'accès à Internet devient un outil indispensable de nos jours), en matériel technologique (vidéo-surveillance, communication [*talkie-walkie*, cellulaires, base des communications ou centre opérationnel]), contrôle d'accès (cartes d'accréditation, détecteur de métaux manuel ou portique d'aéroport, etc.).

   C'est sur cette dernière famille (matériel technologique) que la réflexion s'est le plus développée et enrichie. Les organisations cherchent de plus en plus la pertinence d'utiliser tel ou tel dispositif au regard de ses vulnérabilités.

La liste peut être très longue si l'on détaille ce que peuvent être les besoins pour assurer la sécurité d'un événement, d'autant plus si on regarde les besoins spécifiques dont la sécurité publique peut faire l'objet (pour les Jeux olympiques en Grèce en 2004, nous pouvions constater la présence, par exemple, de porte-avions, d'avions Mirage, etc.).

- Les frais divers (essence, téléphone, électricité, chauffage, etc.)

- L'assurance de responsabilité civile et les autres assurances

  Il est dorénavant obligatoire, pour chaque organisation, de se prémunir contre les responsabilités auxquelles elle pourrait avoir à faire face. Globalement et simplement, la sécurité du public relève à la fois de la responsabilité de la ville et de son maire chargés de la police; et de la responsabilité du propriétaire du lieu (dans le cas d'une salle ou d'un stade) ou de l'organisation chargée de l'événement (pour plus de détails, on se reportera au chapitre 1.4).

  L'assurance de responsabilité civile du propriétaire du lieu et de l'organisateur d'un événement doit couvrir les dommages matériels. Elle inclut également les personnes, comme le public, les artistes, les techniciens, les intervenants, les bénévoles et le service d'ordre. La responsabilité de la sécurité du public commence au moment où les spectateurs arrivent sur le lieu du spectacle ou de la manifestation et s'achève à l'issue de celui-ci. On veillera donc à ce que ce contrat d'assurance englobe bien ce laps de temps[12]. Dans le même ordre d'idées, l'assurance de l'organisateur peut englober, dans certaines circonstances, la ville propriétaire des lieux et louant l'espace qui devient « privatisé » pour l'occasion.

Évaluer les recettes

En même temps que se choisissent un type de manifestation et un lieu, il devient indispensable de déterminer les budgets qui y seront consacrés: d'un côté, les dépenses et, de l'autre, les recettes dont les subventions publiques et privées.

---

12.   Bayle, Humeau (1997, 44).

Estimer sans surestimer

Deux provenances peuvent être distinguées, toutes les deux faisant l'objet d'une attention particulière en termes de sécurité : d'une part, la billetterie et, d'autre part, la vente des produits dérivés.

Aborder ce point peut paraître un peu éloigné des responsabilités d'une personne chargée de la sécurité. Or, cela serait oublier que la transaction entre un organisateur et un acheteur rend civilement responsable le premier. Par là même, il y a une sorte d'engagement tacite de l'organisateur à veiller à la sécurité de l'ensemble des publics présents pour l'occasion.

Le prix du billet, comme celui de tous les produits connexes (vestiaires, vente de programmes, affiches, souvenirs, confiseries, produits de l'exploitation d'un bar, etc.), peut aussi avoir des répercussions sur la participation du public et le type de public présent. Le prix comme la manière de se procurer un billet peuvent ainsi être un facteur de discrimination ou, au contraire, un élément rassembleur au regard d'objectifs culturels et sociaux envisagés par la manifestation.

Enfin, la localisation de la billetterie, comme celle des différents stands qui vendront les divers produits, feront l'objet d'une attention toute particulière en termes d'évaluation des vulnérabilités (du vol des pourboires en passant par le braquage de la banque).

Chercher le financement public et privé

Que ce type d'organisation repose sur une manifestation sportive ou culturelle, il s'appuie sur des subventions de l'État, de la région ou de la ville, et sur des aides qui peuvent être privées (mécénat, parrainage). C'est à nouveau un équilibre à rechercher, cette fois-ci en fonction du financement attendu.

Le travail est avant tout celui de mobilisations entre différents partenaires qui s'engageront financièrement et pourront même aller vers du transfert de personnes sur un temps donné et donc de compétences. C'est particulièrement visible en matière de grands événements sportifs internationaux où l'État peut détacher pour l'occasion préfet ou sous-préfet[13] pour encadrer la sécurité. Ce fut notamment le cas dans l'organisation de la Coupe du monde de football en France en 1998. Il ne s'agit pas non plus

---

13.   Fonctionnaire de l'État en France, il est placé à la tête d'un département ou d'une région, et est le représentant du pouvoir central et du département.

d'une spécificité européenne, le même phénomène a pu être constaté pour l'organisation des Mondiaux de natation en 2005, où le maire de la ville est devenu le porte-parole de l'événement avec la responsabilité d'aller trouver le financement public et privé. Pour ramener l'événement dans la ville et attirer ce financement, il s'est notamment adjoint la notoriété de l'organisateur du Grand Prix de formule 1 du Canada en l'impliquant dans l'organisation.

Une fois les enveloppes budgétaires validées, il s'agira de passer du très général au détail, à commencer par la construction de ce que nous appellerons une *carte mentale*. Cet outil permet de répartir les diverses variables, ce qui peut sembler pour quelqu'un d'extérieur plutôt incompréhensible et extrêmement compliqué, et de trouver ainsi la manière de rendre la complexité intelligible.

1.3 Déterminer les vulnérabilités et les possibilités à travers les variables pertinentes : espace, temps, acteurs, contextes et enjeux

Toute la difficulté pour appréhender la complexité d'un événement festif est d'arriver à en comprendre les dynamiques et les interrelations. Cinq axes sont alors indispensables avant d'envisager de quelconques actions. Il s'agit, pour tout acteur chargé de la sécurité et des secours du domaine privé ou public, d'avoir une pleine connaissance de ces enjeux et de prendre le temps nécessaire pour se familiariser avec eux. Ensuite, il conviendra d'intégrer la réflexion dans une démarche globale et rigoureuse pour en faire émerger les éléments pertinents et ne pas se perdre dans la quantité des questionnements.

Poser le problème et recueillir l'information : vers une organisation de la pensée

Au départ, face aux flux d'informations, la pensée est confuse. Il convient donc de repérer les variables importantes et de recueillir le maximum d'informations les concernant. Ce plan de recueil d'informations est intégré dans une démarche structurée en fonction de plusieurs catégories qui doivent aider à la compréhension d'une situation. C'est en quelque sorte un état des lieux qui doit aborder de façon rigoureuse cinq dimensions particulières : espace, temps, acteurs, contextes et enjeux. Différentes sources d'informations seront utilisées pour appréhender ces variables, dont trois principales : la recherche documentaire (rapports, données statistiques, etc.), l'observation et l'entretien. L'objectif est de permettre aux responsables de la sécurité, dans un délai imparti, d'étayer leurs connaissances sur l'événement pour pouvoir procéder à une analyse de risques la plus approfondie possible et, ainsi, entrevoir un diagnostic qui orientera les étapes vers des solutions à envisager.

Comprendre l'événement : l'espace/le temps

Deux dimensions sont un préalable à l'organisation d'un événement festif : l'espace et le temps. Ce sont deux variables déterminantes dans l'analyse des principes de gestion de la sécurité sur des événements sportifs ou culturels. Le lieu et le moment choisi pour l'organisation d'un événement public, quels qu'ils soient, vont poser les bases de tout raisonnement et analyse en termes de gestion, et par là, de gestion des principes de sécurité à mettre en place. La manière dont une société s'organise en termes de régulation et de contrôle social repose donc sur les deux dimensions que sont l'espace et le temps. En effet, une manifestation a ceci de particulier qu'elle est le carrefour d'importants flux de personnes, d'argent, de marchandises, d'informations, et tout cela sur un temps t. Cela étant précisé, il est enfin possible de comprendre comment se met en place l'organisation du contrôle social, et plus largement de la régulation sociale, dans des manifestations culturelles en l'espèce, mais pourquoi pas également dans une société dans son ensemble, qui gère des espaces globalement privés ou publics. La notion de temporalité t décrite *supra* peut elle-même être décomposée en trois : on distinguera ainsi ce qui se déroule en amont de la manifestation, le temps $t1$, dans lequel a lieu l'essentiel de la réflexion, et la grande majorité des moyens disponibles en matière de sécurité est mise en place ; ce qui se déroule pendant la manifestation (temps $t2$) ; et ce qui se déroule après la manifestation (temps $t3$).

La notion d'espace est réfléchie de la même manière. Ainsi, un espace e, siège d'un événement, sera découpé en différentes zones qui se distinguent par des niveaux de sécurité différents. Toutes ces zones de sécurité sont destinées à protéger un « centre » critique ; c'est la zone la plus sensible

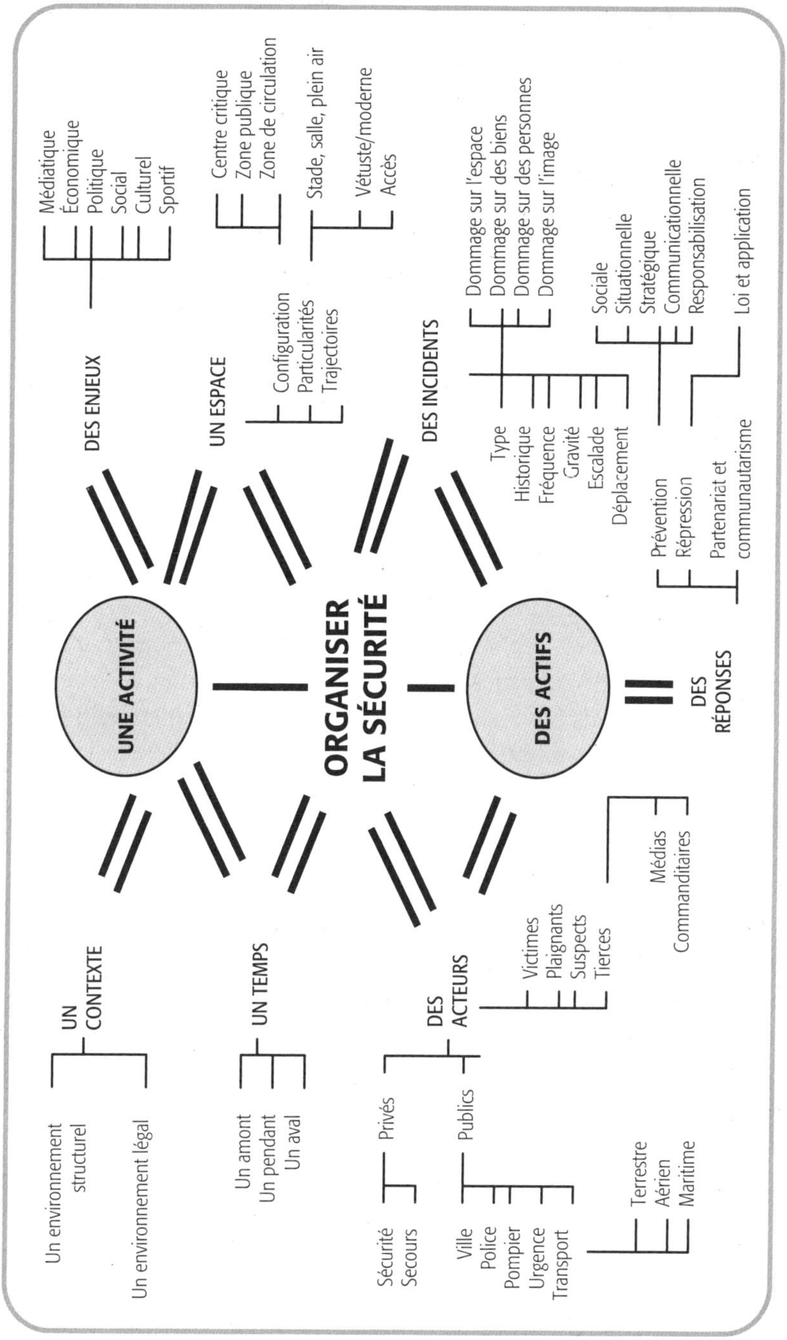

Figure 1 Un schéma pour poser le problème et orienter le questionnement de compréhension

qui correspond, pour une manifestation culturelle, à la scène où se produit l'artiste. C'est l'espace le mieux protégé, où l'accessibilité est la plus surveillée. Deux autres zones peuvent enfin être distinguées: la zone «public», où les spectateurs sont installés (cet espace pouvant être gratuit ou payant, organisé en tribunes ou non, etc.), et une zone de «circulation», en général moins étroitement contrôlée et permettant au public de s'acheminer vers la zone qui lui est réservée. Mais il ne faut pas penser ces deux dimensions indépendamment l'une de l'autre. Elles sont en interrelation et interconnexion permanentes, et jamais arrêtées dans le temps ni dans l'espace de base. Par exemple, la zone sensible peut se déplacer dans l'espace comme dans le temps. Prenons un point de référence. Si nous nous intéressons uniquement à l'artiste, la scène n'est sensible qu'à partir du moment où celui-ci donne sa représentation. Avant le concert, la zone sensible est celle où se trouve l'artiste: l'aéroport, le trajet en véhicule, l'hôtel, etc. Un autre exemple pourrait prendre le public comme point de référence. Les différentes zones du site auront une «sensibilité» différente suivant les déplacements des flux du public. L'attention devra être portée sur les extérieurs (espaces de transport, abords de l'espace où se joue la scène), avant le début de l'événement, dans les emplacements destinés au public pendant les spectacles, dans les buvettes et les points de ravitaillement entre les spectacles ou durant les entractes, etc.

Toutes les manifestations étudiées présentent ces deux variables préliminaires. Elles vont donner le cadre dans lequel vont devoir réfléchir les acteurs de la sécurité et sont, elles aussi, négociées. On choisit un emplacement pour recevoir l'événement, une période dans l'année. Ces deux dimensions qui régissent l'univers, l'espace et le temps conditionnent ce qui doit être mis en place en termes de sécurité. De ces variables négociées découlent des obligations et des responsabilités en termes de sécurité. Dès lors, il est possible de mettre en exergue des principes de gestion qui sont utilisés communément par les organisateurs des pays étudiés (France, Canada, Belgique, Pays-Bas, Grande-Bretagne), et qui, le plus souvent, sont le fruit de l'expérience personnelle acquise par tâtonnements, au fil du temps, par la plupart des personnes impliquées dans un événement, et dont on pourrait dire, par hypothèse, qu'ils sont similaires, qu'importent le pays et la période. Il n'y aurait ainsi pas cinquante manières d'organiser un grand rassemblement festif «idéalement».

Comprendre les acteurs : acteurs publics/privés, acteurs secours/sécurité et deux autres acteurs à ne pas oublier

L'organisation générale s'articule, quels que soient les enjeux attachés à l'événement, autour d'un partenariat « affiché » entre des acteurs privés et publics dont nous discuterons les tenants et aboutissants aux chapitres 2 et 3. L'ampleur de ce type d'événement donne à la sécurité une dimension privilégiée. État, ville, organisations privées se partagent étroitement les missions et les espaces. Globalement, les pouvoirs publics ont ainsi le soin de sécuriser l'espace public et l'organisation privée, celui de veiller à l'espace privé. Certains espaces peuvent entraîner cependant une cogestion privée-publique.

On distingue généralement deux chaînes : la chaîne de sécurité et la chaîne des secours. L'ensemble est sous la responsabilité des pouvoirs publics et en partenariat avec l'organisation privée.

Une responsabilité partagée de la sécurité

L'organisation de la sécurité d'un événement festif de grande ampleur implique, le plus souvent, la présence d'au moins cinq acteurs : 1. les pouvoirs politiques ; 2. la police ; 3. l'organisateur privé ; 4. la ou les agences privées ; 5. la sécurité dans les transports. Chacun détient, suivant les pays et l'ampleur de l'événement, de plus ou moins grandes ramifications.

Les pouvoirs politiques s'appuient sur la ville qui détache une personne pour assurer la coordination de l'événement et faire le lien avec les divers services : transport, stationnement, aménagement, etc.

Les polices viennent gérer les opérations policières. Elles garantissent la planification stratégique pour l'événement, notamment en matière d'analyse des risques, de lutte contre le terrorisme et de protection des athlètes, voire de certains artistes. C'est à elles que revient le rôle d'assurer toutes les liaisons avec les divers paliers gouvernementaux et agences fédérales et provinciales pour le Québec, municipales, départementales et régionales pour la France, et les relations avec les médias. Leur action se déploie pour permettre la sécurité des artistes, des dignitaires et des spectateurs pendant la durée des événements (notamment avec les chiens du déminage). Elles sont affectées tant aux patrouilles sur les lieux de spectacle et auprès des résidences des artistes qu'au service des enquêtes (chaque candidature, par exemple, des bénévoles peut motiver une enquête). Une division spéciale sur les renseignements reliés à la lutte antiterroriste et à la sécurité des dignitaires étrangers est le plus souvent mise sur pied pour des événements internationaux. Les services policiers sont également d'une grande aide en matière de circulation. Ils se munissent pour leur travail de différents moyens de déplacement: chevaux, vélos, motos tout-terrains, motos, voitures, voiturettes de golf, hélicoptère.

Les organisations privées, quant à elles, s'organisent suivant quatre niveaux de gestion. On distingue la direction et les porte-parole: le président, les vice-présidents (communication, opérations, etc.); les opérations: le directeur des opérations, le directeur des installations et le directeur de la production; la coordination: le coordonnateur sécurité, son adjoint et les superviseurs sécurité; et des forces supplétives avec l'agence ou les agences de sécurité et le personnel bénévole. Ce personnel s'occupe principalement de l'accueil du public et de la gestion des flux, ainsi que des tâches de sécurité comme du gardiennage d'espace ou de la protection de personnes.

Dernier acteur, les services spécialisés de la sécurité des moyens de transport sont pour le moins importants. Il faut alors considérer la problématique dans son ensemble, avec des lieux fixes (gares, ports, aéroports) et des trajets dans une logique dynamique.

Des secours sous la responsabilité des services des incendies

Au même titre que pour la sécurité, les secours sont partagés entre deux acteurs publics et un acteur privé.

Les services des incendies sont le plus souvent divisés en deux structures: prévention et opération. C'est à eux que revient, pour certains incidents (incendie, fuite de gaz, nombreux blessés à la suite de l'effondrement d'une estrade, etc.), la chaîne de commandement. La police vient alors en force de soutien et doit se mettre à leur disposition. Leur rôle est tant en amont de l'événement pour valider les voies de secours, la conformité des structures et des matériaux que d'assurer, pendant l'événement, la surveillance du site.

Les services ambulanciers de la ville assurent la coordination pour l'événement avec les différents hôpitaux de la ville suivant les traumatologies.

L'organisateur se doit, lui aussi, de fournir un service de secours aux personnes pour des incidents allant de la «bobologie» (coups de soleil, égratignures, etc.) au malaise cardiaque. Des équipes volantes de secouristes sont établies sur le site et sont rémunérées par l'organisateur. Un centre de secours pour les premiers soins et des postes d'extraction sont mis en place sur le site. Un kiosque de renseignements dédié à la prévention notamment de l'hydratation, du soleil, etc., peut aussi être installé à proximité.

Les autres acteurs : les médias et les commanditaires

Pour compléter ce tableau, deux acteurs sont à considérer de manière particulière et qui viennent ajouter de la tension en termes de sécurité : les médias et les commanditaires.

Le premier acteur, par son discours, par sa manière de présenter les dispositifs mis en place ou de relater les incidents passés et présents, est un facteur de création de tensions. Chaque institution (ville, police, etc.) porte à présent une très grande attention pour savoir quel discours elle utilisera pour communiquer avec les médias. Rattachés au service des communications, des agents « relation médias » deviennent ainsi des acteurs essentiels dans chaque dispositif.

Le second acteur est moins souvent évoqué ; toutefois, sur bon nombre d'événements, ne pas prendre en considération ses demandes et besoins sera créateur de vifs conflits. Le commanditaire apporte l'argent nécessaire à la survie et à la pérennité de l'événement, il convient donc de répondre autant que faire se peut à ses attentes.

Comprendre le contexte et les enjeux : le spectacle, ses spectateurs et son environnement

Autres paramètres à définir et à connaître avant de mettre en œuvre les dispositifs de sécurité : le type de public, le type de spectacle et les enjeux attachés à la manifestation. Ces trois éléments sont interreliés. Le type de spectacle déterminera le type de public qu'il y aura dans la salle et les enjeux attenants : médiatiques, économiques, sportifs, culturels, politiques.

Un public spécifique suivant les spectacles

La grande enquête[14] auprès du public organisée à la fin des années 1980 sur quatre salles parisiennes (Palais des Sports, Palais des Congrès, Bercy et Zénith) en témoigne : il y a un public spécifique suivant le type de spectacle. L'étude s'intéresse à trois spectacles différents : un groupe rock, Midnight

---

14.   Gourdon (1991).

Oil, un groupe de hard rock, Megadeth, et un chanteur de variétés, Jean-Jacques Goldman. L'échantillon comprenait 510 personnes interviewées, quasi également réparties sur les trois concerts.

Les différences existent selon le sexe:

Tableau 1 Spécificité du public selon le sexe

	Midnight Oil	Megadeth	Goldman
Hommes	68 %	82 %	48 %
Femmes	32 %	18 %	52 %

Selon l'âge des participants:

Tableau 2 Spécificité du public selon la classe d'âge

	Midnight Oil	Megadeth	Goldman
De 14 à 18 ans	14 %	28 %	22 %
De 19 à 24 ans	42 %	57 %	28 %
De 25 à 29 ans	29 %	8 %	18 %
De 30 à 34 ans	8 %	2 %	10 %
Plus de 35 ans	7,5 %	2 %	14 %

Selon les études:

Tableau 3 Spécificité du public selon les études

	Midnight Oil	Megadeth	Goldman
Sans diplôme	8 %	15 %	7 %
CEP/niveau primaire	0 %	1 %	2 %
BEPC	4 %	7 %	10 %
BEP	7 %	14 %	11 %
CAP	8 %	27 %	19 %
Bac/niveau bac	32 %	25 %	25 %
Bac +1, bac +2	13 %	11 %	13 %
Diplôme universitaire ou équivalent	28 %	0 %	14 %

Selon les catégories socioprofessionnelles :

Tableau 4 Spécificité du public selon les catégories socioprofessionnelles

	Midnight Oil	Megadeth	Goldman
Agriculteurs, artisans, commerçants, chefs d'entreprises	3 %	4 %	2 %
Professions libérales, cadres supérieurs	2 %	0 %	3 %
Professions de l'information, des arts et des spectacles	8 %	6 %	2 %
Cadres moyens	4 %	2 %	4 %
Ouvriers, personnels de service, employés	39 %	33 %	52 %
Étudiants	28 %	22 %	7 %
Lycéens, collégiens	10 %	19 %	29 %
Autres inactifs	5 %	14 %	2 %

Selon l'origine géographique :

Tableau 5 Spécificité du public selon l'origine géographique

	Midnight Oil	Megadeth	Goldman
Paris	45 %	27 %	20 %
Banlieue parisienne	35 %	50 %	42 %
Province	19 %	23 %	38 %

Ces tableaux[15] sont une indication de ces différences que la manifestation peut entraîner dans le public. À ces caractéristiques vont correspondre des attitudes, des comportements. Un public plus jeune est souvent plus mouvant, plus revendicatif, moins connaisseur des us et coutumes d'un spectacle. *Ces débordements violents s'inscrivent tout simplement dans une période de la vie transitoire où se construisent les identités personnelles, durant laquelle les jeunes supporters, tout comme les jeunes en*

---

15.   Mirza (1991, 207-210).

général, n'ayant pas encore intégré les rôles adultes, sont moins sensibles aux normes et aux prescriptions qui leur sont associées[16].

Tous les publics ne se gèrent pas de la même manière, et les dispositifs doivent s'adapter en conséquence. Il n'existe pas à proprement parler de public violent, même si certains groupes présentent plus de cas de violence que d'autres.

Mais ce qui peut sembler évident ne l'est pas forcément pour les organisateurs de ces manifestations. Seules quelques manifestations le prennent en considération et depuis quelques années seulement. Et même pour celles-là, cela reste informatif plus qu'autre chose. Le Printemps de Bourges et plus récemment les Vieilles Charrues de Carhaix tiennent un registre sur l'atmosphère pressentie lors des concerts. À chaque type de spectacle correspond un genre musical (rap, rock, variétés, world, etc.), une nature de public (jeune, large «télérama», étudiant, grand public, etc.) et une atmosphère pressentie (remuant, bon enfant, joyeux, calme, revendicatif, etc.). Les organisateurs peuvent ainsi adapter au mieux les dispositifs de sécurité et de secours suivant le spectacle présenté. Ce document prend en considération trois indices pour mieux les appréhender: le nombre, la nature (âge, profession, origine géographique) et le degré de passion du public.

En résumé, certains spectacles ou, pour le sport, certaines équipes engendrent des facteurs de violence et de fanatisme que les spécialistes se doivent d'évaluer, de quantifier afin d'adapter les moyens de protection nécessaires. Ce sont ces sources dont l'identification s'avère indispensable que l'on peut synthétiser avec Coste (1994, 11-37).

On peut ainsi en distinguer deux:

1. *Les acteurs du spectacle et le spectacle lui-même – les joueurs dans le sport, les artistes pour les spectacles culturels – mais aussi l'arbitre dans le sport sont autant de paramètres à contrôler pour une bonne gestion de l'événement et des vulnérabilités.*

L'attitude de l'artiste a des répercussions sur l'atmosphère d'un spectacle. Les joueurs sont porteurs des espoirs d'un club, d'une ville. Ils peuvent symboliser la revanche, mais aussi le rêve. L'arbitre est un des acteurs du jeu. Par son comportement, par ses décisions, il influence le cours du jeu et le résultat. Enfin, les enjeux attachés à ces

---

16.   Galland (1998, 28).

événements ont modifié l'intérêt du jeu et le jeu lui-même (plus défensif, plus dur etc.), ceci est flagrant pour les rencontres sportives.

2. *L'environnement: il est constitué par un univers physique – le stade, la salle de concert, l'espace en plein air et l'ensemble des infrastructures adjacentes –, par un univers humain – composé des spectateurs, des dirigeants, des forces de sécurité – et par un univers de communication relevant des médias.*

Les infrastructures, par leur modernité ou par leur vétusté, la signalétique, les voies d'évacuation sont autant d'éléments qui vont influencer la sécurité.

Chaque catégorie de personnes a sa propre responsabilité engagée dans le déroulement d'une rencontre ou d'un spectacle, dans des domaines spécifiques ayant en points communs la sécurité de l'événement. Des dirigeants de club aux supporters, en passant par le public en général (et les *fans* en particulier), les forces de l'ordre et, plus récemment, les stadiers, de par leur formation et leur comportement, jouent sur la sécurité de l'événement.

Enfin, nous sommes dorénavant dans un environnement où les médias jouent un rôle considérable. Par leurs informations, ils influencent l'atmosphère du spectacle.

Des enjeux spécifiques suivant les spectacles

Une autre manière de nous interroger sur la façon dont se pense et s'opère la construction de la sécurité est de le faire suivant les enjeux attachés à chaque manifestation ainsi que sur le champ des contraintes et des responsabilités des acteurs sur les plans juridique et des assurances, ainsi que sur son image.

Enjeux politiques, économiques, sociaux (culturels et sportifs)

Les enjeux attachés à une manifestation peuvent considérablement compliquer les choses en termes de sécurité. À chaque spectacle correspondent des enjeux qui peuvent être médiatiques, politiques, sportifs, culturels, économiques, etc.

La connaissance de ces enjeux par les organisateurs entraînera nécessairement des conséquences sur la mise en sécurité de l'événement.

On ne gère donc pas de la même manière une compétition sportive locale, régionale, nationale ou internationale. Pour chacune d'elles, des modes de pression se feront ressentir et des implications sur la sécurité apparaîtront.

On ne gère pas de la même manière un événement sportif qui met en scène des équipes pour lesquelles les gouvernements s'opposent. Il s'agit alors de prendre en compte les actions et les réactions tant des athlètes que des spectateurs. Plus précisément, pour éviter l'incident diplomatique, il faut prendre en considération le logement des personnes, leurs lieux d'entraînement, leurs trajets pour arriver sur les lieux de compétition. Dans le même ordre d'idées, il peut être pertinent de penser à séparer les spectateurs d'équipes opposées dans les gradins, non seulement pour du football, comme il est maintenant coutume, mais aussi pour des rencontres apparemment anodines comme nous avons pu le vivre pour le water-polo lors des Mondiaux de natation de 2005 à Montréal et une rencontre de demi-finale opposant la Serbie à la Croatie, et, de plus en plus en Europe, lors de rencontres de basket-ball.

Responsabilités, image et assurances

Ce champ de contraintes spécifiques est devenu tellement important qu'il ne pouvait se résumer en une seule sous-partie. Il fera donc l'objet du prochain chapitre pour en comprendre toutes les subtilités.

1.4

Comprendre les responsabilités, l'encadrement légal, leurs évolutions et leurs enjeux

Il faut, au préalable, bien saisir qu'un manquement aux règles de sécurité est passible de prison. La sécurité est aujourd'hui une affaire de professionnels dont la capacité à gérer un événement peut être discutée et mise au grand jour, et avoir de lourdes conséquences civiles et pénales si des manquements aux règles de sécurité venaient à être constatées.

Organiser un événement festif : une activité complexe et lourde en termes de responsabilité

Une société qui responsabilise

Pour la France, le principe mis en vigueur par la loi de programmation du 21 janvier 1995 et mis en application depuis sur n'importe quel type d'espace rassemblant de nombreuses personnes établit que le propriétaire (pour les événements étudiés : les organisateurs) intervient à titre de responsable de la sécurité des personnes, des biens et des structures à l'intérieur de l'espace privé. Pour une manifestation festive, il peut revêtir la forme d'une municipalité, d'un club, d'une fédération, d'un comité d'organisation, d'un producteur de spectacle, etc. Il peut être condamné pénalement comme les personnes morales (club, association, etc.) pour maladresse, imprudence, inattention, négligence ou manquement à une obligation de sécurité ou de prudence[17]. En France, c'est la municipalité qui est saisie préalablement à la manifestation (rassemblant plus de 1 500 personnes) par l'organisateur pour évaluer les dispositifs de sécurité et de secours mis en place. Des éléments complémentaires sont dorénavant demandés dans le cadre spécifique des *rave parties*. La municipalité, de surcroît, est très souvent détentrice de l'enceinte (salles de spectacle, stades, etc.) et par là, responsable du bâti et des structures d'accueil.

Cette loi a entraîné une responsabilisation juridique des organisateurs. Elle est venue compléter la loi du 13 juillet 1992 qui disposait qu'à l'avenir les enceintes destinées à recevoir des manifestations sportives ouvertes au public feraient l'objet d'une homologation délivrée par le représentant de

---

17. Code pénal, article 121.2, *Sur la responsabilité des personnes morales* : « Les personnes morales, à l'exclusion de l'État, sont responsables pénalement des infractions commises, pour leur compte, par leurs organes ou représentants [...]. Elles pourront être poursuivies pour des infractions de négligence ou d'imprudence, en cas d'homicide ou de blessures involontaires résultant de la non-application d'une règle de sécurité que les organes ou représentants de la personne morale auront omis de faire respecter. La responsabilité pénale de la personne morale n'exclut pas celle de la personne physique auteur ou complice des faits [...]. »

   Code pénal, article 221, *Sur la responsabilité des personnes physiques* : « Le fait de causer, par maladresse, imprudence, inattention, négligence ou manquement à une obligation de sécurité ou de prudence imposée par la loi ou les règlements [...]), une incapacité de travail [...], la mort d'autrui [...], sera puni d'un à cinq ans d'emprisonnement et de 15 245 euros à 76 225 euros d'amende. »

l'État, après avis de la commission de sécurité[18] compétente, ou dans les conditions prévues par arrêté du ministre chargé des sports, de la commission nationale de sécurité des enceintes sportives. Le 30 mai 1994, les différentes étapes de la procédure d'homologation des enceintes sportives étaient précisées, avec notamment la demande auprès de l'organisateur, de la constitution d'un dossier de sécurité à remettre au moins un mois avant la manifestation. Nous pourrions voir là une volonté d'affirmer la prise en compte de la sécurité des personnes. Or, le fait d'avoir suivi une commission de sécurité durant deux années au festival du Printemps de Bourges nous a permis de mieux connaître les spécificités de tels dispositifs. La commission donne un avis final, uniquement consultatif pour le maire qui peut, le cas échéant, refuser l'accès à la salle. Dans les faits, rares sont les événements qui, malgré un avis négatif de la commission, ne peuvent pas ouvrir leurs portes, le maire prenant alors la responsabilité qu'un événement grave ait lieu.

À cela s'ajoute la peur des responsabilités engagées par les organisateurs de ces manifestations. On constate, alors, une double trajectoire. Négative, d'un côté, avec un immobilisme et un refus catégorique (notamment du service des incendies prévenu au dernier moment le plus souvent), de plus en plus présents face aux demandes d'artistes créatifs et pas toujours conscients des exigences de sécurité. Positif, de l'autre, avec une responsabilisation de chacun à sa tâche. C'est particulièrement frappant, en France, notamment, avec les commissions de sécurité où les pouvoirs

---

18. On peut distinguer deux grands ensembles: les «manifestations régulières» dans des espaces fixes (stades ou salles) où les commissions n'interviennent légalement qu'une fois par an (ou deux fois à la demande de l'exploitant), et d'une manière générale, elles portent un regard sur les structures du bâti, des gradins, de la toiture, de la résistance au feu, etc.; et les «manifestations événementielles», de type festival dans des espaces qui n'ont pas forcément pour objet de recevoir des grands rassemblements de populations. Dans le cadre des Francofolies de La Rochelle et des Eurockéennes de Belfort, la commission intervient la veille du début du festival et le lendemain. Il s'agit, dans un premier temps, de relever les éléments considérés comme présentant des risques, ou étant non conformes à la législation en vigueur, tout en sachant très bien que la législation ne différencie pas les manifestations régulières de celles événementielles, et impose un certain nombre de critères qu'il est impossible de tenir pour l'organisateur du festival, soit par manque de moyens financiers, soit par manque de temps. Après ce premier constat, il appartient aux organisateurs des festivals de procéder au mieux aux modifications pour le lendemain. La commission constate alors si les limites exposées la veille ont trouvé une réponse et valide ou non l'homologation du festival. Pour le Printemps de Bourges, la commission part du principe que chaque nouvelle journée nécessite une homologation spécifique au regard des nouvelles dispositions des scènes, et des effets de lumières et de sons, etc. Il n'existe, en réalité, pas de textes précis sur ce sujet; cela dépend le plus souvent des personnes chargées des commissions et du préfet.

publics et précisément les services départementaux des incendies et des secours contraignent l'organisateur à mettre en place des dispositifs pour la sécurité du public. Chacun « ouvre son parapluie » pour se protéger d'un éventuel engagement de sa responsabilité. À commencer par celle du maire qui reste en dernier ressort le responsable de la manifestation. Ce dernier peut refuser que celle-ci se déroule s'il constate qu'il y a des manquements graves aux conditions de sécurité. On demande, ainsi, par exemple aux différents monteurs (chapiteaux, tribunes, éclairages, etc.), de signer des documents qui certifient la qualité du montage dans les « règles de l'art ». Il s'agit alors tant de vérifier la qualité des installations que de responsabiliser chacun à sa tâche.

Pour les événements suivis en Amérique du Nord et, de manière générale, dans les pays anglo-saxons, la réflexion se fait davantage *a posteriori* pour les responsabilités. On peut cependant noter dans l'évaluation des dossiers la même double trajectoire : immobilisme ou responsabilisation. C'est seulement à partir d'un cas que la jurisprudence va statuer. Donc, pour se protéger, les organisations réfléchissent à leur responsabilité à partir de cas qu'elles vont se créer de manière fictive.

Nous sommes entrés dans une société qui responsabilise. Cela peut venir notamment du fait, comme le soulignait Ocqueteau (1997, 143-144), que « les États ont en commun d'être plus ou moins défaillants dans leur mission de promouvoir à eux seuls la sécurité des personnes, des biens et de l'information. Ils sont relayés par d'autres acteurs de socialisation des risques d'insécurité. Les compagnies d'assurances prennent une part de plus en plus directe dans la structuration de la sécurité privée, car elles s'impliquent de plus en plus ouvertement dans le pilotage de la plupart des segments de la chaîne de sécurité ».

Un nouvel acteur apparaît, dont l'importance ne fait que croître, et duquel les acteurs de la sécurité sont de plus en plus dépendants : les assurances. Les assureurs ont plusieurs objectifs dans le processus. Ils ont pour premier mandat d'évaluer la capacité d'une organisation à répondre aux exigences de sécurité et au besoin de demander à réduire ces risques en imposant des directives pour que les espaces soient plus sûrs. Ensuite, de ce premier mandat découle une motivation de protection de ces organisations en cherchant à réduire les responsabilités et, ainsi, à donner le moins de possibilités de recours aux personnes victimes. Enfin, ils s'occupent de prédire et de compenser tout incident par des techniques actuarielles.

Leur poids peut devenir tellement important que les assureurs peuvent, comme en Amérique du Nord où les systèmes législatifs diffèrent d'avec la France, imposer à un organisateur des dispositifs en menaçant de ne plus les assurer. L'importance donnée au jeu des responsabilisations des acteurs pour se protéger des responsabilités civiles et pénales surdimensionne donc ces divers dispositifs.

Les acteurs, face aux règles du jeu ainsi définies, semblent n'avoir que deux choix :

- Se conformer à une réglementation sans cesse en mouvement et suivant les cas de figure pas toujours parfaitement applicables[19], et se couvrir en faisant appel aux assurances ;

- Renvoyer dans certaines occasions la responsabilité à une autre personne ou à une autre institution en se satisfaisant le plus souvent d'un flou qui poserait au législateur bon nombre de questionnements en cas d'incident : Y a-t-il eu faute (incompétence, fraude, etc.) ou pas ? En connaissance de cause ou pas ? Etc.

L'enjeu est alors celui de l'image de l'organisation. Des organisations qui ne savent pas en fin de compte jusqu'où elles doivent aller en termes de questionnement sur la sécurité et qui, comme point de départ, réfléchissent *a minima* en « bons pères de famille ».

Il s'agit maintenant de rentrer plus précisément dans cet encadrement législatif devenu désormais incontournable et d'en saisir, à partir du cas de Penfeld[20], les conséquences pour tout organisateur de spectacles festifs de ne pas s'y conformer.

---

19. Il est particulièrement remarquable de constater que la législation dans les textes ne fait pas de différence suivant qu'il s'agit d'un événement régulier ou unique, un événement en plein air ou un bâtiment couvert et homologué. Le fil est souvent ainsi parfois ténu quand il s'agit pour la commission de sécurité d'approuver ou non les installations de manifestations créées spécialement pour l'occasion.

20. En février 2002, près de Brest, à la suite d'un mouvement de foule, cinq personnes ont trouvé la mort et trente ont été blessées. L'enquête a révélé des manquements aux règles de sécurité et la justice a condamné les divers niveaux de l'organisation (organisateur, directeur de la société de sécurité privée, responsable sécurité de la manifestation, etc.) à des peines de prison et des amendes.

Une responsabilisation des collectivités locales (communes) en passant par l'exploitant et par l'organisateur

Les personnes morales, l'organisateur, etc., peuvent être déclarés pénalement responsables si les dispositions relatives à la mise en place du service d'ordre ne sont pas observées. La condamnation pénale (amende ou prison) peut être prononcée pour simple négligence à l'obligation de prudence, et la personne morale (association, etc.) peut également encourir une peine (dissolution, amende), indépendamment du remboursement du préjudice civil. Cette responsabilité s'étend à la protection des joueurs, à l'assistance d'un spectateur, ou encore à la préservation de l'ordre, et à la sûreté des installations.

Plusieurs acteurs sont donc concernés dans la sphère publique comme privée. Le rôle des maires est ainsi essentiel à la fois dans l'évaluation du dossier et dans sa capacité à imposer des modifications concernant notamment le service d'ordre et le respect de certaines normes concernant les structures. Les entrepreneurs de spectacles, qu'ils soient exploitants, producteurs ou diffuseurs, ainsi que tous les maîtres d'œuvre rattachés aux questions de secours et de sécurité ont également une part importante dans la gestion de l'événement et, par conséquent, dans les responsabilités de mettre en place un « dispositif actif s'adaptant et réagissant aux comportements des spectateurs[21] ».

Collectivités locales et communes

C'est d'abord une logique de territoire qui prime. Si le spectacle appartient à la collectivité, le maire est chargé d'assurer le bon ordre, la sûreté, la sécurité, la salubrité et la tranquillité publics. L'organisateur doit se soumettre à une demande d'autorisation qui sera étudiée par le maire. Mesure d'autant plus importante que depuis le 10 juillet 2000 et la loi n° 2000-647, « l'imprudence, la négligence ou le manquement à une obligation de sécurité ou de prudence imposée par la loi ou le règlement constitue une faute de nature à engager la responsabilité pénale ».

D'autre part, des dispositions spécifiques sont prises par les maires par arrêtés municipaux, notamment pour l'autorisation de l'organisation de la manifestation, la circulation, le stationnement, la vente des ambulants, les

---

21. Selon le décret du 31 mai 1997 du ministère de l'Intérieur.

interdictions de feu dans les campings, etc. Leur responsabilité peut elle aussi être engagée.

Dans le cadre de Penfeld, l'organisateur n'ayant pas fait de demande et n'ayant pas déposé de dossier, la responsabilité du maire a été écartée par les juges. Cela ne doit pas faire ignorer les responsabilités et les compétences nécessaires pour bien savoir évaluer des dossiers qui, pour certaines villes, peuvent être très nombreux.

L'exploitant et l'organisateur

Face à ce processus complexe de responsabilisation, force est de constater un durcissement des règles de conduite et, plus globalement, des normes pour satisfaire aux exigences de sécurité. À partir de l'examen d'une situation, il s'agit pour l'organisateur d'assurer le maintien de l'ordre ainsi que la fluidité des accès (notamment par un positionnement adéquat de barrières de sécurité). Trois critères sont distingués, notamment dans le décret du 31 mai 1997 : l'importance du nombre de spectateurs attendus, la configuration des lieux et les circonstances propres à la manifestation comme sa durée, le moment où elle se déroule. Mais toute réglementation ne peut se faire qu'au cas par cas et il est donc laissé une marge de manœuvre aux acteurs ayant à s'occuper de telles questions.

Des conditions particulières d'assurances sont également prises pour la responsabilité civile de l'organisateur et des sociétés de sécurité participant à l'événement (assurance des salariés et bénévoles, garanties sur la pollution et les atteintes à l'environnement, intoxications alimentaires, dommages, vols, etc.).

Dans le cas de Penfeld, à Brest (France), l'organisateur a été le seul à répondre de faute caractérisée et délibérée d'une obligation de sécurité[22]. Le directeur du lieu et le directeur de la société de sécurité privée ont également été condamnés à une peine de prison et seul le responsable sécurité de l'événement a été relaxé ne disposant que des moyens qu'on avait bien voulu lui procurer.

Nous le percevons aisément, les responsabilités sont grandes et n'ont fait que s'affirmer ces dernières années créant, en contrepartie, une très importante réglementation, à commencer dans le monde du football.

---

22. Tribunal de Grande Instance de Brest le 16 décembre 2005 et cour d'appel de Rennes le 19 octobre 2006.

Les manifestations sportives et culturelles : des espaces de normes

Globalement, les manifestations sportives et culturelles se déroulent sans heurts ni incidents majeurs. Il reste que des faits marquants tant sur le plan des violences humaines que des problèmes de normes du bâti sont à l'origine d'une évolution législative et d'une adaptation des dispositifs en général. On peut parler d'effort rétroactif face à une violence des supporters fortement médiatisée[23].

Comme le faisait remarquer Lombard[24], dans l'État, si la peur de la violence et la contrainte sont légitimes, l'obéissance spontanée à la loi l'est tout autant parce qu'elle est la loi, indépendamment de toute crainte de sanction ou de répression. Il n'y a donc point de liberté sans loi : dans l'état de nature l'homme n'est libre qu'à la faveur de la loi naturelle qui commande à tous. Un peuple libre obéit, mais il ne sert pas ; il a des chefs et non des maîtres, il obéit aux lois, mais il n'obéit qu'aux lois et c'est par la force des lois qu'il n'obéit pas aux hommes[25].

Mais il existe des divergences sur la place que détient le normatif sur le jeu social. Comme le souligne Robert (1999a, 115), certains le voient sans cesse à l'œuvre et en première ligne[26], d'autres repoussent son intervention à la marge ; ainsi, le Bourdieu classique[27] décrit-il les comportements comme générés habituellement par la combinaison de schémas de réponse appris et intégrés (qu'il nomme *habitus*) et de contraintes instituées. C'est seulement dans des situations dangereuses ou exceptionnelles que l'on se référerait explicitement à la norme.

D'un vide juridique à une harmonisation à l'ensemble des pays

Pour faire face aux risques et aux menaces sans cesse croissantes, une législation toujours plus importante s'est mise en place à partir du milieu des années 1980. Le drame du Heysel en 1985 et la catastrophe de Furiani en 1992 ont conduit les pouvoirs publics à étoffer considérablement les dispositions réglementaires relatives aux enceintes sportives (qui doivent

---

23. Bodin, Trouilhet (2001, 147).
24. Le Roy, Von Trotha (1993, 7), présentation réalisée par Lombard.
25. Rousseau (1764, 841-842).
26. Reynaud (1989).
27. Bourdieu (1972, 1980).

être désormais homologuées) et à renforcer les effectifs de police des manifestations sportives, et plus particulièrement des rencontres de football. Il est frappant de constater que cette réglementation spécifique est, pour l'essentiel, récente (la plupart des textes étant postérieurs à 1992) et le plus souvent de nature publique (lois, décrets et arrêtés), même si la loi sur le sport a confié aux fédérations délégataires le soin d'édicter les règlements relatifs à l'organisation de toutes les manifestations dont elles ont la charge.

La même loi leur a interdit de déléguer leur compétence pour l'organisation de manifestations sportives nécessitant des conditions de sécurité, tout en leur imposant d'en signaler la tenue aux autorités détentrices du pouvoir de police. Pour ces manifestations à risque, la fédération concernée est considérée comme responsable de la sécurité et peut, à tout moment, imposer à l'organisateur de prendre des mesures appropriées (décret n° 93-708 du 27 mars 1993). Dans cet esprit, la ligue de football a édicté un « règlement intérieur du stade[28] ».

Les autorités publiques n'ont pas attendu cette date pour prendre des mesures[29], les premières études anglaises remontent aux années 1970, et les mouvements de foule ayant entraîné la mort sont apparus au siècle dernier, mais à compter de ce moment, des textes vont voir le jour. Pour la France, si des incidents réguliers[30] se font jour au début des années 1990, les premières dispositions spécifiques à la législation française ne commencent qu'à partir de 1993. Et très vite, l'écart entre l'encadrement législatif déterminé par la Fédération internationale de football association (FIFA) et l'Union Européenne de football association (UEFA) et le cadre national est de moins en moins important.

Plus généralement, c'est d'abord sur le plan des organisations supranationales, dans les rencontres internationales, qu'une législation s'est mise en place. À commencer par l'UEFA, organisatrice de la Coupe d'Europe des nations, ainsi que des rencontres opposant les clubs européens (coupe des clubs champions, devenue Ligue des champions ; coupe des vainqueurs de

---

28. Miège (2001, 29).
29. Les pouvoirs publics sont alors présents à l'intérieur et à l'extérieur des stades. Ils interviennent aux entrées pour les palpations de sécurité et pour tout débordement à l'intérieur du stade.
30. Le seul exemple parisien témoigne de l'ampleur des contrôles à partir de cette période : 1990-1991 : 123 interpellations dont 28 mises à disposition ; 1991-1992 : 299 interpellations dont 59 mises à disposition ; 1992-1993 : 246 interpellations dont 36 mises à disposition. Rouibi (1994).

coupe, coupe de l'UEFA) où les manifestations de violence et les drames furent les plus préoccupants ou, du moins, dont on a le plus parlé.

Ensuite, sur le plan des réglementations nationales, avec comme fer de lance l'Angleterre qui fut la nation la plus touchée par des accidents majeurs et qui va le plus réfléchir aux solutions à apporter en matière législative. Enfin, avec l'organisation de la Coupe du monde de football 1998, la France s'est également construit un encadrement législatif important.

Dernières remarques importantes qu'il faut garder à l'esprit, le but d'une réglementation n'est pas toujours le simple encadrement légal et préventif de ce type de comportements, mais il peut être également une campagne[31] visant à rassurer la population et à empêcher que ne se diffuse un sentiment d'insécurité préjudiciable à l'ensemble de la société ou, du moins, à l'institution sportive[32], ou plus généralement festive. Enfin, si le déploiement législatif est considérable se pose encore le problème de son application. En outre, la loi peut s'imposer sans qu'il y ait eu auparavant, paradoxalement, une réflexion sur son application. Prenons l'exemple de la palpation, qui a dorénavant donné une légitimité aux acteurs privés, la loi s'impose alors qu'elle ne définit pas les missions, les qualités et les statuts des agents qui auront à effectuer cette tâche. La même chose est vraie pour les stadiers. La loi a imposé à l'organisateur d'assurer dans l'espace privé un service d'ordre, sans établir la qualité de ces agents, leurs missions. On trouve ainsi, à ces fonctions, tous les profils, avec du bon et du moins bon.

L'évolution législative en matière de régulation des manifestations sportives et culturelles est intimement liée aux incidents survenus lors de ces spectacles. Chaque pays et chaque continent ont ainsi cherché à intégrer cette dimension dans sa réflexion. Si nous avons ici parlé exclusivement du cas européen, ce même questionnement se retrouve dans le cadre nord-américain.

Une application de la loi aléatoire et relativement restreinte

Les responsabilités civile et pénale des auteurs de violences sportives sont biens établies[33]. Les motifs de peines sont nombreux et lourds[34]. Pourtant,

---

31. Becker (1963).
32. Bodin, Trouilhet (2001, 148).
33. Lassalle (2000).
34. Pour avoir une idée des peines et de l'arsenal juridique, on se reportera à la loi n° 93-1282 du 6 décembre 1993, dite «loi Alliot-Marie».

paradoxalement, le nombre d'individus condamnés (moins d'une cinquantaine) est tout aussi dérisoire qu'imparfait et peut être contesté à l'instar des chiffres du hooliganisme anglais. On peut effectivement se demander si ces interdictions de stade représentent la totalité des faits. Ou encore si certains faits ne sont pas comptabilisés, à tort ou à raison, sous d'autres rubriques statistiques. Certes, ce n'est pas parce qu'une norme existe qu'elle est automatiquement en vigueur[35], mais il convient d'observer l'influence que peut avoir la non-application d'une loi, c'est-à-dire la «déréglementation juridique», sur l'évolution des comportements violents des spectateurs et des supporters[36].

La non-application de la loi par les tribunaux ou les différences d'application de l'un à l'autre est une évidence. De plus, pour une même faute, les sanctions sont très différentes d'une juridiction à une autre. L'application des normes dépend en effet d'un contexte particulier provoqué par un événement qui, rendu public, ne peut plus être négligé. C'est ce que Becker qualifie de «campagnes périodiques» dans l'imposition des normes contre tel ou tel type de déviance.

Un second problème est celui de l'application géographique d'une loi qui s'impose uniquement dans le cas des manifestations sportives. Comment délimiter l'espace d'une manifestation? Jusqu'au 25 février 1998, la délimitation de compétence, selon la loi, comprenait l'enceinte sportive et les parties neutralisées aux abords par les forces de l'ordre. Ce qui revenait à dire que tout acte répréhensible commis dans cette zone était soumis à la loi Alliot-Marie et tout acte commis en dehors, fût-ce par un groupe de supporters identifié et reconnu, était assujetti au nouveau Code pénal. Il s'agit là d'un élément très important à prendre en considération, puisque la loi Alliot-Marie prévoit souvent des peines plus sévères que le Code pénal pour les mêmes délits[37]. Cette délimitation territoriale et la présence des forces de l'ordre dans le stade a provoqué non seulement un déplacement de la violence et des exactions commises par les supporters du stade sur la voie publique, mais également l'apparition de *casuals*, hooligans anonymes,

---

35. Becker (1963, 145).
36. Bodin, Trouilhet (2001, 159).
37. À titre d'exemple, les peines maximales prévues pour des dégradations légères commises sur la voie publique sont passibles, selon l'article 322-1 du nouveau Code pénal, de 3 811 euros d'amendes, et de 15 245 euros d'amendes et de 3 ans d'emprisonnement dans le cadre de la loi Alliot-Marie. Pour des données complètes sur ces questions, on se reportera à Lassalle (2000).

dont la tenue ne laisse pas apparaître l'appartenance aux groupes de supporters. Ce problème a entraîné l'adoption par le Parlement d'un projet de loi, en date du 25 février 1998, qui étend la compétence et la portée territoriale de la loi Alliot-Marie aux infractions commises à l'extérieur de l'enceinte sportive dès que celles-ci sont en relation directe avec l'épreuve ou le fait de supporters[38].

On note aussi l'influence que peut avoir le mouvement sportif dans la minimisation des affaires et l'abandon des poursuites. C'est le cas d'un président de club qui vient de demander de cesser des poursuites contre des supporters qui en sont venus aux mains et d'essayer de trouver des solutions «en interne». Il s'agit de préserver l'image d'un sport propre vis-à-vis des médias, des commanditaires, des collectivités[39], tout autant que de préserver les relations entre le club et les supporters[40].

Les sports ne trouvent pas leur compte ou, du moins, une contrepartie aux activités déviantes de leurs supporters par l'ambiance, l'animation des stades et la logique partisane qu'ils apportent; les normes sont transgressées impunément parce que deux groupes [...] trouvent leur avantage mutuel à fermer les yeux sur ces transgressions[41].

La non-application de la loi contribue à entretenir la violence et offre la possibilité de pouvoir enfreindre les règles en toute impunité [...]. Elle est un facteur parmi d'autres. La déviance au sens restreint définie par Becker (1963), comme la transgression des normes, est bien *un construit social* qui s'apprend dans le cadre d'interactions et d'expériences. C'est dans la répétitivité de ces petites infractions et la participation à des actions délinquantes que l'on donne la possibilité à certains supporters de devenir des déviants à long terme, des hooligans qui vont trouver la violence agréable et multiplier les exactions.

Les normes participent à la socialisation des individus qui apprennent à vivre avec elles et à respecter les autres avec les interdits et les possibles, les droits et les obligations, en s'autocontrôlant. Les normes confortent et assurent la cohésion sociale. La socialisation comporte obligatoirement une dimension répressive. La transgression des normes établies est sanctionnée sous peine de voir disparaître la volonté de chaque individu à

---

38. Bodin, Trouilhet (2001, 162).
39. Ehrenberg (1991).
40. Bodin, Trouilhet (2001, 164).
41. Becker (1963, 150).

s'autocontrôler, condamnant à terme toute forme de vie en société. Sans adhérer forcément au tout sécuritaire, il est indéniable que les manifestations de violence sont contrôlées et donc sanctionnées. Ce n'est qu'à ce prix que les débordements de supporters ou de spectateurs seront peut-être contenus[42].

Le travail des policiers et des magistrats est complexe car si la non-application de la loi conduit inévitablement aux débordements et à la violence, à l'inverse, la stricte application de la loi déplace fatalement le problème de la violence en d'autres lieux, tout autant que nous savons que trop punir provoque des sentiments d'opposition et que cela peut être le début d'une chaîne sans fin: transgression-punition-agression[43]. Si la sanction doit être adaptée et juste, de nombreux travaux ont cependant montré que la menace de la répression suffit à éviter bien des crimes et des délits[44].

1.5 Analyser les risques comme fondement à l'action

L'analyse de risques permet de déterminer les principales menaces d'ordres naturel, accidentel et intentionnel présentes dans un environnement donné. Suivant le choix de l'espace, du type de manifestation et des enjeux politiques, économiques, sociaux, culturels ou sportifs, ainsi que du type de public, il convient de penser le risque, l'urgence et la crise.

Ces risques peuvent compromettre la sécurité des personnes présentes sur le site et la viabilité de l'organisation à travers les retombées susceptibles d'entacher son image. Une fois établis, la seconde étape consiste à déterminer leurs niveaux de probabilité et d'impact afin de cibler le degré de vulnérabilité de la manifestation et de motiver les actions futures à apporter. L'objectif est alors tant d'évaluer la menace que de se donner des outils pour chercher à réfléchir sur les moyens de répondre à telle ou telle problématique à partir de l'évaluation de ses besoins et de ses capacités.

---

42. Bodin, Trouilhet (2001, 165-166).
43. Debarbieux (1992, 23).
44. Boudon (1991, 8).

Penser le risque, l'urgence et la crise

Une situation d'urgence se caractérise par un événement susceptible de mettre en danger la sécurité du public (spectateurs, employés, artistes, etc.). L'ensemble des actions en réponse à la situation s'élabore et s'imagine, comme nous l'avons vu, dans une double logique d'espace et de temps. Celle-ci apparaît dès les années 1970, période où commence à apparaître ce type d'événement. Les professionnels s'attachaient alors uniquement à améliorer la qualité artistique des programmations, occultant toutes les questions liées à la sécurité. Puis, à partir du milieu des années 1980, à la suite des problèmes de sécurité de divers ordres (violence entre supporters, incendie, écroulement d'estrades, mouvements de foule, envahissement de terrain, assassinat d'artistes, menace terroriste, etc.), les pouvoirs publics et les sociétés privées se sont penchés sur des modes de gestion de la sécurité les mieux adaptés pour répondre aux exigences de toutes les personnes participant au spectacle (artistes, techniciens, médias, commanditaires, personnalités, spectateurs, etc.). Ces gestionnaires et décideurs ont alors adopté un mode ferme de résolution des problèmes, ce qui s'est traduit par une démarche complexe, structurée et systématique. Il s'agissait d'abandonner une prise de décision fondée uniquement sur l'intuition ou sur des éléments issus d'expériences passées ayant plus ou moins fonctionné pour laisser place, de plus en plus, à une structuration ordonnée et raisonnée de la pensée et de l'action.

La gestion du risque de manière générale, de l'urgence et de la crise de manière spécifique se déroule comme une gestion intégrée en commun où il ne s'agit pas de reporter la responsabilité sur l'autre, mais de travailler sur la façon dont on peut l'aider. Il s'agit d'abord d'évaluer le risque et les menaces, puis de définir les responsabilités et les missions de chacun des partenaires privés et publics, et, enfin, de déterminer les modes de leadership, de coordination, de communication et de formation. C'est un système intégré de prévention et de gestion où le regard est collectif entre acteurs privés et publics (police, pompier, service des urgences). L'ambition, par l'analyse des risques, est ainsi de mieux prévenir et gérer le risque et une crise, ainsi que de former au mieux son personnel. Il faut gérer efficacement et rapidement toute situation problématique pouvant entraîner un danger pour la sécurité des personnes, non seulement sur le plan opérationnel dans les stratégies de prévention et de gestion propres à l'organisation et en partenariat avec les pouvoirs publics, mais aussi sur le plan des stratégies de communication auprès du public, des médias, des commanditaires et des employés.

Dresser, à partir de l'expérience, une image plus précise des risques lors des manifestations festives

Avant de pouvoir apporter de quelconques réponses à un problème, il faut apprendre à le connaître, à le comprendre. Et là, paradoxalement, en ce qui concerne les manifestations sportives et culturelles, rares sont les études à s'y intéresser et quand elles existent, elles sont le plus souvent limitées. Il s'agit donc ici de dresser un bilan des problèmes éprouvés lors de ces événements pour mieux comprendre par la suite les moyens mis en place et les réponses apportées. C'est chercher à en parler sans caricaturer. Deux principes vont nous y aider: l'étude des événements à long terme et le croisement des approches: historique, sociologique, psychologique.

Historique pour rendre compte des événements graves qui ont eu lieu au cours de ce siècle, et principalement ces quarante dernières années; sociologique et psychologique, dans le cadre particulier des violences, et particulièrement le hooliganisme. Nous nous attacherons également tant aux manifestations internationales réunissant de grands concours de populations qu'à des manifestations plus localisées et de moins grande importance.

C'est l'approche cindynique[45] qui sera exploitée ici afin «de connaître, de comprendre et de représenter les différents aspects du danger, pour pouvoir ultérieurement adopter les mesures appropriées afin d'en limiter les effets[46]».

Tout d'abord, un constat: un travail de mémoire historique doit servir d'expérience, de référence, de manière à prendre de la distance par rapport à ce que cela peut entraîner en termes, notamment, de dramatisation et de surdimensionnement du champ de la sécurité. C'est le fameux paradoxe de Tocqueville où plus un phénomène désagréable diminue (ici, la violence) et plus ce qu'il en reste est insupportable.

---

45. Sciences qui étudient les risques et les formes de danger. Ce terme a été créé à la suite du colloque tenu à la Sorbonne, en France, en 1987.
46. Coste (1994, 6).

On se posera ainsi notamment cette question légitime : Pourquoi, para-doxalement, assiste-t-on à un surdimensionnement du champ de la sécurité alors que les déviances sont marginales[47] ? Qu'est-ce qui pousse donc les responsables à agir dans ce sens, à faire ainsi plus en matière de sécurité qu'ils ne le feraient naturellement ? Dire et écrire la sécurité n'est jamais un acte innocent. Il y a toujours le risque d'offrir une fenêtre de possibilités à une « mobilisation fasciste ou à une idéologie du déficit de sécurité inté-rieure[48] ».

Ensuite, on abordera une question centrale : Comment prendre la me-sure des déviances et des risques en général quand il n'existe que de trop rares données fiables des problèmes éprouvés lors de ces événements ?

On peut souligner que les précautions méthodologiques relevées par Robert et Pottier[49], « croiser les sources d'information : chacune étant par-tielle, chacune possédant des limitations qui lui sont propres ; replacer les variations à court terme dans un contexte de plus longue durée », sont dif-ficiles à respecter dans le domaine de la sécurité des manifestations sportives et culturelles. Nous sommes, en effet, la plupart du temps sur des organi-sations qui ne tiennent que très rarement des registres des problèmes éprouvés et des réponses apportées. C'est l'expérience des personnes qui prime d'une année à l'autre et le vécu de chacun face aux problèmes éprou-vés, sans, le plus souvent, retour d'expériences. Pour les pouvoirs publics, les données obtenues ne sont représentatives que de leur activité et, selon la critique habituelle, ces données sont partielles, partiales et parcellaires.

Les phénomènes rapportés concernent le champ du football profes-sionnel avec deux manifestations particulières : le hooliganisme ou, plus réellement pour la France, un supportérisme parfois violent. Plus récem-ment, on s'est intéressé au monde du football amateur et aux violences qui pouvaient s'y attacher.

La recherche est en revanche quasi vierge en ce qui concerne les manifestations culturelles. Il s'agira donc de dresser un état des principaux problèmes éprouvés à partir des terrains étudiés. La sociologie du risque

---

47. Certains auteurs n'hésitent pas à dénoncer ce nouveau « sens commun punitif » éla-boré en Amérique, d'une « criminalisation de la misère », « d'une machine à punir », Wacquant (1999) ; Bonelli, Sainati (2000).
48. Huysmans (1998, 179).
49. Robert, Pottier (2002, 13).

rapportée à ces manifestations nous servira de soutien pour la compréhension du phénomène. Les manifestations étudiées nous ont amenés à déterminer des circonstances plus ou moins favorables à l'émergence des risques. Sans être exhaustifs, il s'agira d'extraire les éléments qui semblent les plus pertinents dans la prise en compte des facteurs d'émergence du risque.

Des accidents rares et paradoxalement un surdimensionnement du champ de la sécurité

Quoi qu'on en dise, si on regarde à long terme, il y a de moins en moins de problèmes de déviances et autres désordres lors de ces grandes manifestations sportives et culturelles. Par ailleurs, les accidents graves (entraînant la mort de personnes) sont de plus en plus rares. Ils ne concernent quasiment plus la zone des pays industrialisés pour se concentrer sur des pays d'Afrique, d'Asie et d'Amérique latine. Les déviances sont donc de plus en plus marginales mais, paradoxalement, on assiste à un surdimensionnement du champ de la sécurité. La sécurité, qui était marginalement prise en compte, jusqu'au début des années 1990, dans l'organisation de ces grands rassemblements, devient au fil du temps un domaine omniprésent. Elle représentait une part négligeable dans les budgets de ces manifestations et apparaissait uniquement comme un coût sans donner à voir ce qu'elle pouvait rapporter. À partir des années 1990, elle devient un domaine incontournable.

Les diverses formes de dangers : l'apport de l'histoire[50]

Les faits divers qui ont marqué le monde du sport ont touché tout particulièrement le football. Au cours du xxe siècle, on dénombre un peu plus de 1 000 morts dans les stades. Les causes sont diverses : les accidents de foule, les mouvements de panique du fait du déroulement du jeu par des comportements fanatiques ou des causes imprévisibles, ou encore des accidents dus à l'infrastructure du stade (vétusté ou inadaptation des stades).

Les accidents de foule

C'est un phénomène qui s'est produit à plusieurs reprises, notamment dans certains stades anglais : une tribune populaire, généralement située dans un virage, derrière les buts, sans places assises, est prise d'assaut par

---

50. Pour une étude détaillée, on se reportera à Coste (1994). La structure du texte et les éléments se trouvant dans cette partie empruntent à son travail.

quelques centaines de spectateurs non prévus; les premiers rangs sont alors poussés et écrasés contre les grillages. Le cas le plus marquant fut celui du stade du Heysel lors de la finale de la Ligue des champions en 1985.

Les mouvements de panique

L'origine de ces drames peut être liée à trois causes principales: le déroulement du jeu, les comportements fanatiques, les causes imprévisibles. Un but refusé, des animosités passées entre clubs dont l'origine est même parfois oubliée, ou encore un mouvement de foule causé par des causes stupides (feu de joie, des supporters qui urinent sur d'autres en contrebas) peuvent entraîner des conséquences dramatiques (Lima, Pérou, 1964; Kayseri, Turquie, 1967; Buenos Aires, Argentine, 1968; Moscou, URSS, 1982; Amsterdam, Pays-Bas, 1989; etc.).

Les accidents dus à l'infrastructure d'accueil

La vétusté (effondrement de tribunes [Tripoli, Lybie, 1988], feu dans des tribunes en bois [Bradford, Grande-Bretagne, 1985], etc.) d'un stade comme son inadaptation par manque de place (ajout de gradins pour augmenter la capacité du stade, Bastia, France, 1992) peuvent également avoir de lourdes conséquences.

À travers l'énumération de ces faits divers, il s'agit de se rendre compte de l'ensemble des incidents qui ont touché le sport. Ils appellent différentes remarques:

- Les événements graves ayant causé la mort de personnes sont rares. Ils sont encore plus rares en Europe et quasi nuls en France si on excepte le drame de Furiani.

- L'Angleterre a été le pays le plus touché en Europe, tout particulièrement dans les années 1980. C'est donc dans ce pays que l'on connaîtra les premières avancées en termes de sécurité dans les stades. La plupart des pays européens vont en effet adapter les dispositifs mis en place en Angleterre.

- Les causes ont très souvent été liées aux infrastructures et ont donc appelé une évolution radicale des structures d'accueil pour ces publics.

- L'accident devant les télévisions a entraîné une réponse à la hauteur des images montrées. «Ce qui frappe l'imagination, ce n'est pas seulement la violence, c'est la mondialisation de l'événement par la télévision

[...]. Les Romains avaient la franchise d'offrir de tels spectacles, avec les bêtes et les gladiateurs, directement dans l'arène, sur scène; nous ne nous les offrons que dans les coulisses ou dans les tribunes, et nous les réprouvons au nom de la pureté du sport[51]. »

L'État fait ainsi très vite peser de lourdes charges sur les organisateurs et exige des réponses pour que cela ne se reproduise pas. On assiste dans le même temps à une homogénéisation de la demande des pouvoirs publics et une migration des attentes envers le monde du sport vers les manifestations culturelles. Les pouvoirs publics ont voulu inclure tout le monde. Ayant constaté que l'accueil de 20 000 personnes dans un stade posait un problème, ils en ont conclu qu'il en allait de même pour les autres manifestations sportives et culturelles.

Les autres manifestations sportives et culturelles, espaces de déviances et de risques

La recherche ne s'est que très marginalement intéressée jusqu'à présent aux autres formes de déviances et de risques vus lors de ces événements. Elle s'est focalisée sur l'objet football mettant de côté les autres manifestations, mais aussi les autres formes de déviances et les risques attachés à ces événements.

Les pathologies vues lors des matchs[52]

C'est la traumatologie qui prédomine du fait:

- des structures en béton des stades;

- du plus ou moins grand nombre de marches, parfois en zone mal éclairée, et le dénivelé quelquefois très prononcé des tribunes qui expliquent la gravité des chutes (fractures du crâne, du rachis, du bassin, du fémur);

- des grilles de protection de la pelouse munies de pointes (plaies pénétrantes dans les mains).

À ces facteurs matériels s'ajoute l'excitation des spectateurs, voire un certain état d'ébriété. Les rixes existent, notamment entre ultras des diverses équipes, entre les supporters et les forces de l'ordre. Les lancers de feux de

---

51. Baudrillard (1986, 159).
52. Coste (1994, 9-11).

Bengale provoquent également des lésions oculaires et des brûlures. Moins fréquente, plus grave, la pathologie cardiovasculaire justifie tout à fait la mise en place d'un sas de déchocage minimum; des douleurs thoraciques ont été soignées. Les statistiques montrent également qu'aucun problème cardiaque ne survient au cours de la première mi-temps, mais plutôt durant la seconde, voire à la fin du match.

En réalité, ces statistiques varient en fonction d'un certain nombre d'éléments, ce qui amène à dégager certains facteurs de risques:

- Les conditions climatiques: elles jouent dans les deux sens en ce qui concerne les pathologies cardiovasculaires. Le froid peut déclencher des crises d'angor (angine) et les grosses chaleurs peuvent générer des malaises. Les problèmes d'éthylisme se voient surtout par temps chaud et ensoleillé;

- Le nombre de spectateurs: il augmente le risque statistique, mais c'est davantage leurs modalités d'arrivée et d'installation dans le stade qui conditionnent les phénomènes de traumatologie et les malaises d'origine neurologique;

- La nature du match concerné: l'enjeu conditionne, bien évidemment, le profil réactif du spectateur, qu'il soit supporter ou non.

Trois types de déviances principales: les violences contre les personnes, les vols et les trafics de stupéfiants

La violence dans les autres manifestations sportives et culturelles

La recherche s'est focalisée sur la violence dans le champ du football professionnel et, plus tard, du football amateur. Les autres manifestations sportives et culturelles échappent à ces formes de violence, ou plutôt, les rares cas de violence n'ont pas donné lieu à des recherches empiriques.

Pour notre part, qu'avons-nous constaté en termes de violence sur les divers terrains étudiés? La violence, quand elle apparaît, n'est pas le but premier de l'action, les personnes ne sont pas venues pour cela, c'est le contexte qui a entraîné deux personnes ou un groupe de personnes à agir avec violence. On trouve cette violence, par exemple, autour des divers trafics de produits stupéfiants lors des festivals de musique. C'est, notamment, deux bandes rivales qui vont en venir aux mains pour préserver leur territoire de revente sur le site. C'est un consommateur qui se sent floué par son achat de produits stupéfiants et qui veut récupérer son argent, etc.

Sur les concerts observés, le public de la musique rap est particulièrement remarquable. Ce sont les rares concerts où l'on a constaté des coups de couteau entre bandes rivales. Ce fut particulièrement visible aux Francofolies de La Rochelle, en 1999, lors de la dernière journée du festival consacrée aux musiques hip hop. Mais ce type d'incident reste rarissime. On ne note que quelques cas en général (deux blessés graves à la suite de coups de couteau, emmenés à l'hôpital pour la soirée hip hop lors du dernier soir du festival).

Quant aux autres manifestations sportives, on ne peut parler de violence, mais plutôt de différends où deux personnes peuvent en venir aux mains. Mais ces cas sont rares et très vite gérés par les agents de sécurité.

Si la violence n'a donc qu'une place limitée, quelles sont les autres formes de déviances relevées lors de ces événements?

Les vols dans les manifestations sportives et culturelles

Les grands rassemblements attirent avec eux des «professionnels» du vol. Il est cependant difficile de faire une estimation de ces vols. Les plaintes n'étant pas le plus souvent déposées sur le lieu de l'événement mais au domicile du plaignant, voire pas du tout, les chances, notamment, de pouvoir retrouver le bien perdu restent très faibles.

Sur les différents événements étudiés, les vols sont particulièrement visibles pendant les festivals. Des groupes organisés opèrent pendant le temps des concerts, très souvent sur les stationnements et dans les campings durant l'absence des propriétaires. Les équipes de sécurité repèrent assez rapidement ces groupes, mais la difficulté est de les surprendre sur le fait. Il faut alors alerter la police pour déposer plainte. Mais le plus souvent, il ne s'agit que de petits larcins qui ne représentent pas une grande valeur pour les pouvoirs publics. En effet, les pilleurs mettent chaque fois les biens volés à l'abri.

Ce principe de ne garder sur soi que le minimum fait également partie de la manière d'opérer des revendeurs avec les produits stupéfiants. Le vol à la tire fait aussi partie de ce type de manifestation, notamment dans les files d'attente où les personnes gardent dans leur main les billets pour rentrer et se les font voler.

Les trafics et la consommation de produits stupéfiants et le trafic de billets dans les manifestations sportives et culturelles

Les trafics en général

La déviance la plus visible principalement lors des manifestations culturelles (même si elle existe aussi lors de manifestations sportives) est de loin la pratique de trafics stupéfiants. On trouve principalement une revente de cannabis et d'ecstasy pendant les festivals de musique (Francofolies, Printemps de Bourges, Eurockéennes de Belfort, Vieilles Charrues de Carhaix). Sur Aurillac et son Festival international de rue, on trouve aussi un trafic d'héroïne (plus de 500 seringues par jour étaient distribuées par un bus prévention des drogues et des toxicomanies).

Ces trafics sont à l'image des publics présents lors de ces manifestations. On trouve ainsi une forte proportion de consommateurs dans la population de ces festivals. Et dans la logique de l'offre et de la demande, on trouve donc de nombreux revendeurs sur les sites.

Les groupes fonctionnent par zone sur le site. Prenons le cas des Eurockéennes de Belfort où les trafics sont certainement les plus visibles et les plus organisés dans l'espace concert. Trois groupes de revendeurs se partagent l'espace : un groupe provenant de Paris, un provenant de Lyon et un provenant de la banlieue de Belfort. Ces groupes reviennent d'année en année et se trouvent sur les mêmes espaces dans des zones où les passages de consommateurs potentiels sont importants et où les transactions peuvent se faire le plus discrètement possible (zone cachée sous les arbres, espace au milieu de la foule). Très organisés, ils connaissent parfaitement les règles du jeu. Ils ne portent sur eux que de petites quantités de produits et d'argent au cas où ils seraient pris sur le fait lors d'une vente. Ces ventes se font en général en toute impunité, les organisations privées laissant faire et les pouvoirs publics n'intervenant pas dans ces espaces privés. Pour donner un ordre d'idées, pour les Eurockéennes de Belfort, en 2000, où une équipe d'agents a été mise en place pour interpeller les revendeurs et les amener à une permanence de la police judiciaire sur le site, on a procédé, sur les trois jours du festival, à onze interpellations, le plus souvent pour des quantités négligeables, une seule fois pour la détention de 400 grammes de cannabis, ainsi que de l'ecstasy et de l'héroïne.

Aux entrées, un trafic de billets a lieu, selon l'importance de la manifestation et de manière plus ou moins affirmée. Mais dans tous les cas, que ce soit pour une manifestation sportive ou culturelle, pour une salle de concert ou en plein air, des revendeurs sont présents. C'est la pratique la plus visible, d'autant plus quand les billets sont distribués gratuitement dans les quartiers par le Conseil Général[53]. Le plus souvent, la revente se passe plutôt bien, un accord étant trouvé entre l'acheteur et le revendeur. On peut noter cependant des cas où la transaction se passe mal, le vendeur de billet profitant de l'occasion pour tenter de voler l'argent de l'acheteur ou encore l'acheteur s'apercevant que la place vendue est une fausse et qu'il veut récupérer son argent.

La consommation en particulier

Sur les manifestations étudiées, je n'ai pas mesuré avec précision la consommation du public. Cela dit, la prise de cannabis est très généralisée, principalement dans les festivals. Elle est dorénavant moins visible dans les salles de spectacle où même si c'est toléré, il est interdit de fumer. Cette consommation dépend grandement du type de spectacle. Un concert de reggae entraînera une consommation beaucoup plus importante de cannabis qu'un concert de variété ou même de rock'n'roll.

Le risque de panique comme risque premier de ces grands rassemblements

La gestion de la foule, des flux de personnes ou de véhicules est omniprésente dans l'organisation de la sécurité de ces événements. C'est par des manquements à ces principes que des faits graves ont eu lieu (Penfeld) ou, à l'inverse, parce que les dispositifs de sécurité avaient bien été mis en place que le pire a été évité (Eurockéennes de Belfort).

Il reste que ces événements sont rares même s'il ne faut pas pour autant les minimiser. On peut noter, enfin, la différence de retentissement entre le drame de Penfeld et un événement similaire qui aurait eu lieu lors d'une rencontre de football. On a ainsi l'impression que les pouvoirs publics font «deux poids deux mesures».

---

53.   Composés des membres élus, chargés de régler les problèmes des Communes, en France.

La tragédie du parc de Penfeld (Brest) comme un enchaînement de faits inacceptables

Dans la nuit du 7 au 8 février 2002, la société Mell organise une soirée étudiante baptisée «Planète Ibiza» qui tourne au drame, au parc des expositions de Penfeld, à Brest. Cinq étudiants trouvent la mort dans un mouvement de panique survenu à l'entrée de la salle de spectacle.

Le parc des expositions est géré par la SOPAB, société d'économie mixte de la Communauté urbaine de Brest qui gère la plupart des grands équipements de l'agglomération brestoise, la ville de Brest étant actionnaire de la SOPAB.

Ce soir-là, toute la jeunesse estudiantine brestoise converge vers le parc de Penfeld pour fêter la fin des examens et l'approche des vacances. Aux deux portes d'accès, les jeunes s'agglutinent et forment une masse compacte. À 0 h 30, les services de sécurité et les huit membres de la protection civile sont déjà débordés par les gens pris de malaise. Ça pousse, puis ça dégénère en un mouvement de panique à la suite d'une forte averse de pluie. Et l'accident se produit un peu après 1 h.

L'organisateur avait déclaré de 2 000 à 2 500 personnes aux autorités locales et doublera quasiment la capacité d'accueil autorisée. Ce drame va entraîner le décès de cinq jeunes âgés de 18 à 24 ans, morts par asphyxie (résultat des autopsies) à la suite des compressions thoraciques entraînant un manque d'oxygène et des arrêts cardiovasculaires. Ces blessures sont identiques à celles du stade Heysel (39 morts en mai 1985 à Bruxelles) ; 22 blessés seront également dénombrés.

Comme pour tout accident de ce type, les causes du drame ont été multiples et ont reposé sur un enchaînement de faits, et en l'espèce :

- Un nombre de billets mis en vente qui dépasse la capacité de la salle ;
- Un nombre insuffisant d'agents de sécurité sur le site ;
- Les prescriptions de la commission de sécurité non respectées ;
- L'orage qui a accéléré le mouvement de panique.

Dernière remarque, on peut noter les différences qui sont faites entre tel ou tel spectacle. Les pouvoirs publics exigent des mesures très contrôlées pour des rencontres de football ou des grandes manifestations comme pour la région le festival techno Astropolis ou les Vieilles Charrues de Carhaix, comme si les publics étaient différents.

Un accroissement des risques de panique: l'espace en plein air et le risque météorologique

C'est, notamment, du côté de Strasbourg, en 2001, que ce risque a pris tout son sens. Ce soir-là, vers 22 h, c'est le déluge. Le groupe qui donnait jusque-là sa représentation arrête son concert et se met à l'abri. Le public fait de même sous une tente qui tient lieu de buvette. En quelques minutes, c'est le drame: un vent violent s'engouffre dans le parc et l'arbre sous lequel était dressée la buvette se déracine. Au total, on déplore 11 morts et 60 hospitalisations.

Dans le même temps, de violentes bourrasques et un véritable déluge se sont abattus sur la presqu'île de Malsaucy, lieu des Eurockéennes de Belfort, trempant les scènes et endommageant les installations électriques, nécessitant l'arrêt des concerts et l'évacuation des 22 000 spectateurs. Le matin, Météo France avait donné l'alerte, estimant le risque d'orage entre 10 % et 20 %. Mais les organisateurs ont tenu à ce que les spectacles se déroulent normalement. C'est vers 21 h que des vents avec des pointes à plus de 100 km/h ont menacé les structures métalliques et entraîné la fin des concerts ainsi que la demande d'évacuation du public. Une demande tardive, certains rétorqueront, puisqu'elle s'est faite après l'orage, mais au final, la chance aidant, aucune victime ne fut à déplorer.

La question est de savoir maintenant si l'accident est, d'une manière générale, évitable. Faut-il interdire l'organisation de ces spectacles? Comment interpréter les procédures d'alerte de Météo France en cas d'annonces d'orages violents? Autant de questions que se posent les victimes de ces drames, mais que devraient se poser avant tout ceux qui s'apprêtent à organiser ou à participer à un événement en plein air. Jusqu'ici, on a évoqué la fatalité. Mais ne faudrait-il pas revoir le dispositif d'alerte à la population en cas de menaces d'orages violents? Les Eurockéennes de Belfort, l'organisation et les pouvoirs publics ont apporté un début de réponse, en se penchant l'année suivante sur cette question et en mettant en place un dispositif d'évacuation en cas de nouvelles menaces. Mais la généralisation de ce type de réponse est lente. Elle reste confinée à un événement et les généralisations ne se font pas. Certains événements plus sensibilisés à ce type de problématique poussent très loin la réflexion. Ils trouvent des logiques d'évaluation et de gestion. Mais ce travail touche seulement certains sans chercher à véhiculer les « bonnes manières ».

Les autres «désordres» lors de ces manifestations

Ils peuvent prendre plusieurs formes.

- La resquille d'abord est un véritable «jeu» pour de nombreux jeunes. Il s'agit de rentrer sur le site sans payer. On trouve ce type de procédé principalement dans les festivals où les possibilités de «resquiller» existent. C'est très marginal dans des salles ou des stades. Cela peut prendre des formes assez remarquables aux Eurockéennes de Belfort dont le site est entouré d'eau. Certains n'hésitent pas à y plonger pour atteindre l'espace des concerts. Ils sont le plus souvent repérés de loin par un agent qui, dès la sortie de l'eau, raccompagne le resquilleur vers la sortie.

- Tous les moyens sont bons pour essayer de rentrer sans payer. La menace fait elle aussi partie du jeu, principalement sur le personnel appartenant à la région et qui est connu des personnes voulant rentrer. On peut citer aussi le charme qui peut être utilisé, par certaines demoiselles, afin de rentrer dans des espaces privilégiés (espaces presse, VIP) pour entrevoir leur vedette préférée.

- Enfin, des dégradations contre l'espace, peu visibles dans des festivals en plein air, mais qui sont biens présentes dans les villes, notamment à Bourges et à Aurillac, avec des graffitis.

À partir des différents incidents décrits, il faut à présent chercher à les regrouper et à les catégoriser.

Repérer les éléments qui vont définir les risques et les menaces

Les manifestations étudiées nous ont amenés à déterminer des circonstances plus ou moins favorables à l'émergence des risques[54]. Sans être exhaustifs, il s'agit, maintenant, d'extraire les éléments qui semblent les plus pertinents dans la prise en compte des facteurs d'émergence du risque. «En d'autres termes, essayer de répondre aux questions: pourquoi et comment certains spectacles sont investis d'enjeux forts et quels sont les facteurs qui

---

54. Ces éléments sont empruntés en partie aux recherches de Stefan De Vreese (1996) qui a proposé une étude pour déterminer les circonstances plus ou moins favorables à l'émergence de la violence, et à celle de Le Noé (1998).

rendent un événement risqué et sont plus ou moins favorables à l'émergence des risques[55]?» Ainsi, un certain nombre de facteurs ressortent de cette analyse et réunissent un ensemble de variables clés que tout organisateur doit savoir appréhender. C'est ce que nous avons discuté dans la section 1.3 et avons défini comme des éléments de vulnérabilité pour l'organisation.

Pour aller plus loin, deux grilles vont nous permettre de délimiter des éléments qui nous amèneront à détailler des facteurs influençant le degré de risque attaché à l'événement.

Généralement, cet exercice est réalisé pour des risques généraux par les pouvoirs publics (incendie, criminalité, terrorisme, mouvements sociaux, flux de circulation, accidents de la circulation, intempéries, accident nucléaire, pandémie, catastrophe aérienne, accident à victimes multiples, empoisonnement alimentaire, etc.).

Les pouvoirs publics procèdent annuellement et spécifiquement pour les événements à trois types d'analyse de risque[56]:

- les risques naturels: désordres climatiques, risques sismiques ou d'inondations majeurs;

- les risques technologiques: accidents industriels majeurs (site fixe); risques liés au transport des matières dangereuses, des personnes (avion, train, métro, autobus) et issus des plus récentes technologies telles que l'informatique, la biotechnologie, le nucléaire, etc.;

- les risques sociaux: émeutes, contaminations, attentats terroristes, pillages, prises d'otages, sabotages, tueries massives, etc.

Pour des grands événements internationaux (Jeux olympiques, Coupe du monde de football), l'organisateur privé procède de la même manière pour d'autres types de risques (technique, électrique, informatique), de tentative d'intrusion, de violence interpersonnelle, de dégradation de l'espace, de vol de biens, de protection des personnes (disparition, blessure, décès): artistes, spectateurs, etc.

---

55. Ces deux questions, ainsi que les grilles, ont trouvé une première forme, dans le cadre d'une recherche, où il s'agissait de modéliser un outil d'analyse pour évaluer les risques lors des grands rassemblements pour des manifestations sportives et culturelles. On lira sur ce sujet Diaz, Signorello (1999, 52-54).

56. Source: Ville de Montréal, http://services.ville.montreal.qc.ca.

Pour certains, les risques peuvent être exacerbés à partir de facteurs suivant trois angles: organisation matérielle (emplacement, construction et architecture, voie d'accès, etc.), contrôle des spectateurs (organisation de la foule, déplacement, contrôle des points d'accès et des issues, etc.) et protection publique (sécurité, hygiène, soins médicaux, etc.)[57].

Mais, de manière générale, la grille *infra*[58] met en lumière les différents éléments que l'on retrouve, pour tout ou en partie, dans chacune des manifestations pour penser le risque et que tout organisateur prend en

Tableau 6   Éléments, acteurs et facteurs du risque

ÉLÉMENTS DU RISQUE	FACTEURS DU RISQUE
• les rencontres, les concerts • la gestion des flux (véhicules, personnes) • la billetterie • l'alimentation proposée • des objets particuliers : fumigènes, couteaux, alcool, etc. • des lieux particuliers : zone des médias, des VIP, des officiels, vestiaires, loges des artistes, entrées des spectateurs, etc. • le temps (chaud, pluvieux)	• le contexte politique, économique, social, local, national et international • l'environnement du lieu d'implantation de la manifestation (risque de pollution) • les budgets • les philosophies des différents acteurs : forces de l'ordre, organisateurs, etc. • la structure et la dimension de l'espace d'accueil de la manifestation (architecture moderne ou vétuste) • la formation • les enjeux financiers, économiques, médiatiques, sportifs
ACTEURS DU RISQUE	
• les joueurs, les artistes • les arbitres • les preneurs de son, les éclairagistes, les décorateurs • les spectateurs • les personnalités, les officiels, les VIP • les médias • les publicitaires, les commanditaires • les organisateurs • les agents de la sécurité privée • les services de secours • les forces de l'ordre public • les autorités administratives • les potentiels délinquants, les revendeurs, voire les terroristes, etc.	 LES CINQ INGRÉDIENTS DE L'ÉMERGENCE DES RISQUES : **L'ASPECT JURIDIQUE** **L'ESPACE (LA SÉCURITÉ PASSIVE)** **LA SÉCURITÉ ACTIVE** **LES SPECTATEURS** **LE SPECTACLE ET LES ENJEUX**

---

57.   Hanna (1994).
58.   Cette grille a trouvé une première forme dans le cadre d'un travail universitaire. Diaz, Signorello (1999).

considération. Ces variables se conjuguent dans une double approche, à la fois spatiale (intérieur et extérieur de l'espace d'accueil de l'événement) et temporelle (avant, pendant et après l'événement).

Cinq facteurs de prévention, qui ressortent de cette grille, conditionnent la mise en sécurité des personnes, des espaces et des biens :

- *Les aspects juridiques* : orientent les dispositifs à mettre en place et les responsabilités juridiques des personnes ;

- *La sécurité passive* : la structure, les équipements, les installations sont autant d'éléments pris en compte ;

- *La sécurité active* : leur nombre, leur position sur le terrain, les dispositifs stratégiques, le travail de prévention en amont, la collaboration entre institutions privées et publiques sont des éléments essentiels ;

- *Le public* : trois indices permettent de mieux les appréhender, soit le nombre, leur nature (âge, profession, origine géographique) et leur degré de «passion».

- *Le spectacle et les enjeux* : non seulement la nature et l'atmosphère pressentie, mais aussi les enjeux qui l'accompagnent (économiques, médiatiques, politiques, sociaux, culturels), sont des variables incontournables pour optimiser l'organisation de la sécurité.

Il n'est pas évident, de prime abord, de mettre sur un même plan les risques et les menaces de manifestations sportives ou culturelles. Il ne va pas forcément de soi que des manifestations aussi différentes que des compétitions de cyclisme, de rugby, de tennis ou qu'un festival de cinéma, de théâtre de rue, ou encore qu'un concert de rock'n'roll en plein air ou un concert classique dans une grande salle reposent sur des variables identiques. Or, à chaque manifestation, à des échelles différentes, correspondent divers risques que l'on peut répertorier en trois catégories : ceux contre les personnes (vol, violence, insultes, etc.), contre l'espace (occupation illégale, resquille, pollution, etc.) et contre les biens (dégradation, vol, etc.). Chacune de ces formes engendre différentes pratiques de contrôle (dispositifs humains et technologiques) et de régulation sociale. Leur prise en compte conditionne la mise en sécurité des espaces, des biens et des personnes.

La seconde grille met en relief les différents éléments se rapportant à chacun des ingrédients de l'émergence des risques. Tout organisateur doit porter une attention spécifique à chacun d'eux de la figure *infra*.

Tableau 7 Les cinq facteurs de risque

L'aspect juridique	La sécurité passive	La sécurité active	Les spectateurs	Le spectacle et les enjeux
Normes du bâti	Type d'espace	Ressources humaines	Nature du public	Type de spectacle
Obligations de l'organisateur	Situation géographique	Protection spécifique	Origine géographique	Type de rencontre
Assurances	Type de structure	Ressources suffisantes	Nombre attendu	Type de sport
Obligations fédérales	Nature des places	Formation	Incidents précédents	Type de musique
Obligations des spectacles musicaux	Nombre de places	Structure humaine	Nature des incidents	Période du spectacle
Lois et règlements	Mesures structurelles	Ressources techniques sport ou musique	Accueil des spectateurs	Ambiance pressentie
Jurisprudence	Mesures de protection des spectateurs, des joueurs, des artistes et des officiels, des voies et des accès	Dispositif de coordination	Trajets particuliers	Qualité du spectacle
	Contrôle des flux	Dispositif de crise		Enjeux politiques, économiques, sociaux, médiatiques, sportifs
	Mesures de sécurité spécifique	Service de sécurité reconnaissable		
	Billetterie	Dispositif d'entrée et de sortie		

À partir de ces grilles, il serait alors possible et pertinent de référencer pour chaque manifestation étudiée, de manière exhaustive, chacun des problèmes de sécurité et de procéder à une cartographie des incidents ainsi qu'à une évaluation des réponses apportées par les divers acteurs.

Chercher à déterminer les niveaux de probabilité et d'impact

Le travail suivant est celui d'appréhender les risques. En presque quatre décennies, nous avons assisté à un véritable perfectionnement des outils utilisés. Que le problème soit très large (organiser et assurer la sécurité d'un événement festif) ou plus restrictif (faire entrer en une heure 12 000 personnes dans un espace privé ; limiter l'intrusion dans certains espaces ; diminuer la menace terroriste ; assurer une fluidité dans les déplacements des personnes ou des véhicules ; contrôler l'entrée de matériaux non souhaités ; augmenter la capacité de réaction face à un problème, etc.), il s'agit, pour ces professionnels, de déterminer des niveaux de risque d'après les expériences passées, d'évaluer les vulnérabilités et, dans le même temps, de trouver les manières pour arriver à mieux les contrôler et donc à mieux les accepter.

Après avoir dressé une liste des menaces et l'avoir organisée sous forme de tableaux, il faut chercher à déterminer quelle est la probabilité de leur occurrence et quel impact ces incidents produiraient s'il advenait qu'ils se réalisent. Les modes de calcul peuvent varier et être plus ou moins perfectionnés. Il reste que leur évaluation est encore aléatoire. Elle ne repose pas, comme pour les accidents de la route, sur de grands nombres, puisque, comme nous l'avons vu, les événements sont rares. C'est davantage sur l'expérience de chacun, en fonction des événements du passé rattachés à son événement et, pour le mieux, suivant une comparaison avec d'autres événements du même type, que se dessineront une cotation et une évaluation.

Pour le principe, la probabilité correspond à la fréquence d'occurrence ; on la notera « F ». L'impact correspondrait au dommage si le risque se réalisait ; on le notera « I ». Le degré de risque est la multiplication des deux « F × I ». Pour chacun, on donne une cotation ; la probabilité peut ainsi être (1) très faible, (2) faible, (3) probable, (4) élevée, (5) très élevée. L'impact peut être (1) très faible, (2) faible, (3) modéré, (4) important, (5) critique. On peut aller plus loin concernant l'impact, en distinguant celui sur les personnes, les biens, les espaces, l'image, l'économie de la société, les actions de la société. On additionne alors les différentes données. Pour bien faire, on détermine ensuite des mesures de mitigation (mesures qui viennent adoucir ou diminuer la fréquence et/ou l'impact), que l'on peut nommer « M », à partir des moyens internes et externes de l'organisation pour contrer l'incident. C'est en quelque sorte la capacité de l'organisation à faire face à l'incident et de tous les partenaires extérieurs qui lui apportent leur aide. C'est ce que l'on nomme indice de vulnérabilité.

$$(F \times I)/M = \text{Indice de vulnérabilité}$$

Cet indice peut être coté de faible à critique et nécessiter plus ou moins d'intervention de la part de l'organisation et de son environnement.

Le tableau simplifié suivant peut résumer, à partir de cas imaginaires, comment cela peut être construit grossièrement.

Tableau 8   Exemple de présentation d'analyse des risques

Menace	Probabilité	Impact	Degré de risque	Action	Degré après action
Terrorisme	Possible (3/10)	Critique (9/10)	Moyen (27/100)	Renseignement Surveillance Contrôle	Faible (20/100)
Vent, orage violent, canicule	Forte (8/10)	Modéré (6/10)	Moyen (48/100)	Surveillance Plan de gestion	Faible (24/100)
Violence	Rare (2/10)	Important (7/10)	Faible (14/100)	Surveillance Limitation de la probabilité et de l'impact	Faible (8/100)

Construire une analyse des risques

Une méthode scientifique pourrait sembler parfaitement répondre à l'analyse de risque, mais elle n'a jamais encore été utilisée dans l'organisation de la sécurité des grands rassemblements. Il s'agit de la MOSAR (pour méthode organisée et systémique d'analyse des risques) de Pierre Perilhon[59]. Elle se compose de cinq temps à partir d'une modélisation de l'installation ou de l'événement :

- Reconnaître les sources de danger ;

   Il faut examiner l'événement ou la structure et repérer successivement : les faiblesses de la structure ou celles de l'organisation (on fait une comparaison terme à terme avec la structure ou l'organisation « idéale »

---

59.   Périlhon (2007).

qui existe dans une banque de données); les données de l'expérience (on recense les désordres, les incidents ou les accidents ayant existé dans ce type de structure ou d'organisation, et on effectue un classement hiérarchisé en fonction de la gravité de l'impact).

- Déterminer les scénarios de danger;

  On repère les éléments déclencheurs et leurs causes, puis les mécanismes d'action. On imagine et on hiérarchise les scénarios en fonction de leur gravité.

- Établir les scénarios de risque;

  On estime l'impact des scénarios et on les hiérarchise en fonction de leur probabilité de survenue.

- Négocier des objectifs et hiérarchiser les scénarios;

  Dans les scénarios, on estime l'acceptable, le moyennement acceptable et l'inacceptable.

- Définir les moyens de limitation des risques et des dangers.

  On définit les moyens et on les organise dans leur mise en œuvre.

Il pourrait sembler intéressant de construire un modèle d'organisation «idéale» à partir d'une synthèse des dispositifs mis en place sur les terrains étudiés, que nous aborderons dans le chapitre 3, et de procéder à une évaluation à partir de cette méthode sur de nouveaux terrains.

Les organisations de ces manifestations s'orientent de plus en plus vers une prévention proactive. «On ne se contente plus de protéger passivement un site et de réagir aux incidents coup par coup, mais on [veut] identifier précocement les problèmes criminels en émergence pour ensuite concevoir une action stratégique visant à réduire la menace. Cela [exige] des capacités d'analyse et d'anticipation qui [doivent] s'appuyer sur un solide bagage de connaissance[60].»

De la prise en compte de ces sources ou facteurs de risque, des dispositifs de sécurité et des modes de réponse ont été mis en place pour contrer ces déviances et autres risques.

---

60.   Cusson (1994, 18).

Planifier les échéances

L'essentiel de la sécurité pour de telles organisations se pense en amont : planification des postes, des horaires, des équipements, sélection et formation du personnel de l'agence de sécurité et des bénévoles, structuration de l'organisation de la sécurité, analyse du risque, procédures d'urgence, rencontres avec les acteurs publics et privés, etc. De telles organisations, relativement aux services de sécurité, sont des structures très peu flexibles. En effet, le grand nombre de personnes concernées sur un événement demande aux différents planificateurs et coordonnateurs de prévoir au maximum les besoins et les attentes, car une fois l'événement commencé, il est trop tard pour changer les plans. Les formations sont données, les horaires planifiés, il est alors temps de tout mettre en branle. Il faut donc essayer ainsi de rendre cette période la plus structurée possible avec des marges d'action lui permettant de faire face aux changements qui sont courants pour de tels événements.

Définir l'outil et sa finalité

L'échéancier est un outil qui permet de déterminer les dates et les délais avant les termes d'une échéance, c'est-à-dire les dates auxquelles les exécutions des obligations doivent se faire. Il doit faciliter la construction des étapes qui doivent amener à la construction d'un projet en optimisant la variable temporelle. Il permet de mettre en parallèle plusieurs services et des projets au sein d'une organisation dans laquelle chacun estimera son activité au regard des autres.

Construire un échéancier, l'exemple d'un événement

Quel que soit le logiciel utilisé et son degré de perfectionnement, la présentation suit une logique sur deux axes :

- un axe horizontal indiquant une temporalité, selon le degré de précision souhaité (minute, heure, jour, semaine, mois, année, etc.) ;

- un axe vertical indiquant une action ou un dossier à régler. On peut classer ces actions selon des thématiques dont on aura estimé la pertinence au moment de la planification.

Si on ne veut pas utiliser de logiciels spécialisés sur le marché, Excel reste l'outil répondant idéalement à ce genre de besoin. Il permet de pouvoir déterminer ses besoins (en temps, en argent) et les étapes pour y arriver.

Pour comprendre la mécanique, prenons un exemple. Dans son emploi du temps, l'organisateur privé doit penser à tout ce qui va toucher à la société ou les sociétés de sécurité. Le cheminement pourrait suivre les étapes suivantes :

1. Évaluation et détermination des besoins : stratégie d'action, formation, matériel, espace et personnel (une semaine) ;

2. Préparation de l'appel d'offres (un jour) ;

3. Lancement de l'appel d'offres à plusieurs sociétés privées (trois semaines) ;

4. Dépôt des candidatures (un jour) ;

5. Sélection des soumissionnaires (trois jours) ;

6. Entente contractuelle avec les sociétés privées et détermination des besoins de chacun et des modes de fonctionnement (trois jours avec du temps entre chaque rencontre) ;

7. Planification des besoins humains (horaires) (deux semaines) ;

8. Sélection des candidats par la société ou les sociétés (deux semaines) ;

9. Formation des agents (de un à trois jours suivant le type d'agent [agent ordinaire, patrouilleur, superviseur, etc.]) ;

10. Mise en place des agents sur le site et coordination générale (temps de l'événement).

Graphiquement, on se reportera au tableau *infra* pour visualiser une représentation de ce type de document sur Excel.

Tableau 9   Exemple de présentation d'échéancier

	Lundi 21 mars 05	Mardi 22 mars 05	Mercredi 23 mars 05	Jeudi 24 mars 05

Dossiers et actions
Compétition Montréal 2005

Événement test
Ouverture billetterie
Arrivée Athlètes-Entraîneurs-Médias
Début entraînements
Cérémonie d'ouverture
Compétitions
Cérémonie de clôture

Événements dans la ville

Grand Prix de formule 1 Canada
Festival international de jazz
Saint-Jean-Baptiste

Installations

Installation clôture
Entreposage matériel sportif
Aménagement intérieur, pavillon des baigneurs
Aménagement du centre de presse
Installation régie vidéo

Sécurité et procédures d'urgence
Analyse du risque et des besoins

Déterminer l'ensemble des besoins en termes de sécurité : stratégique, humain et technique
Préparer les prévisions budgétaires
Déterminer les types de besoins en matière de contrôle d'accès et de sécurité
Déterminer le choix de la société sécu. privée et le type de personnel
Établir les sources réelles ou potentielles de danger sur les sites et hors des sites
Évaluer les biens, les menaces, les vulnérabilités et les risques
Déterminer des options de contrôle des mesures et de suivi des incidents
Évaluation SPVM - Antiterrorisme

Société sécurité privée

Lancement de l'appel d'offres Société privée
Évaluation et détermination des besoins : stratégie d'action, formation, matériel, espace et personnel
Dépôt des candidatures
Formation des agents pour le gardiennage
Mise en place des agents pour le gardiennage : matériel et locaux
Planification des horaires
Formation des agents pour la sécurité hors site : Entraînement? Hôtel? Aéroport?
Mise en place des agents pour la sécurité hors du site
Formation des agents pour la sécurité du site
Journées spéciales événements tests

Bénévoles (sécurité et contrôle d'accès)

Détermination des postes de sécurité et des accréditations du site et hors du site
Sélection du personnel bénévole
Formation du personnel bénévole
Journées spéciales événements tests

Dossier sécurité et procédures d'urgence

Organisation du dossier de sécu. générale : L'événement, la sécurité et les secours
Remise du dossier de sécurité
Mise en place d'un plan d'action en intervention et en situation d'urgence
Mise en place des équipes médicales (public)
Mise en place de la base des communications
Mise en place du poste de commandement (quartier général)

Commande matériels divers

Commande des extincteurs
Installation des extincteurs
Commande des *talkies-walkies*

Sélection, formation et entrée en fonction des assistants
Sélection des assistants

Sélection des assistants

Formation des assistants

Superviseur et chef d'équipe bénévole
Régisseur aux équipements
Répartiteur
Adjoint sécurité

Entrée en fonction

Superviseur et chef d'équipe bénévole
Régisseur aux équipements
Répartiteur
Adjoint sécurité

Au sujet des agences de sécurité privées, nous avons détaillé les étapes à suivre avec, notamment, le besoin, l'appel d'offres, la sélection, le choix, la planification, la formation, la mise en place et la coordination. Pour chacune des grandes actions, il convient d'agir de la même façon et de la détailler.

De manière générale, plusieurs thématiques sont abordées plus spécifiquement dans un échéancier :

1. Ce qui est propre à l'événement et, plus particulièrement, tout ce qui touche à l'aménagement (montage, démontage, arrivée des artistes, etc.) ;

2. Les événements qui toucheront la ville au même moment ;

3. Les prises de contacts, réunions à petits comités et générales avec l'ensemble des partenaires publics (ville, police, pompiers, urgences, transport, etc.) ;

4. L'analyse des risques et les procédures d'urgence ;

5. L'accréditation et son centre ;

6. Tout ce qui touche au déploiement humain (dont fait partie la sélection des agences), ainsi que l'équipe de supervision, la répartition des moyens de communication, les bénévoles dans certaines organisations. On s'attachera alors aux modes de sélection, de formation, d'opération, etc. ;

7. Enfin, tout ce qui touche au matériel (extincteurs, *talkies-walkies*, détecteurs de métaux, lampes de poche, etc.).

L'essentiel est de déterminer un calendrier d'actions qui sera utile pour réaliser les opérations. Les étapes s'enchaînent suivant une certaine logique. On ne peut planifier des moyens qu'à partir de la connaissance du lieu, des opérations à effectuer et des risques évalués, etc.

Étape incontournable, il est un outil indispensable pour tout coordonnateur public ou privé chargé de la sécurité ou des secours. Il est souvent construit dans ses grandes lignes dès la prise en fonction pour évaluer le travail à effectuer dans deux dimensions : en argent et en temps.

La mise en œuvre des éléments de planification de la sécurité s'inscrit à l'intérieur d'un processus plus complexe et plus important. En amont sont décidés les éléments qui compteront pour la sécurité, mais qui ne pourront plus être discutés une fois la «machine» lancée. Nous pensons ainsi au choix du lieu, aux obtentions des autorisations administratives, aux prévisions des aménagements nécessaires, aux garanties et aux assurances, au choix du type de spectacle et de l'identification des publics potentiels, au budget prévisionnel des opérations (dont la sécurité fera partie) avec l'évaluation des dépenses et des recettes, ainsi que la mobilisation du financement public et privé[61].

---

61.   Bayle, Humeau (1997).

Négocier et répartir les espaces, les responsabilités et les coûts[62]

Les événements festifs, de par les incertitudes qui peuvent peser sur eux, deviennent de plus en plus structurés et codifiés.

À côté d'une réglementation de plus en plus précise et diversifiée, l'enjeu est d'intégrer les différents niveaux de responsabilités et de répartir les compétences et les responsabilités financières occasionnées par la manifestation entre les différents acteurs privés et publics.

1.1 Négocier la sécurité d'un événement festif: comprendre le contexte structurel

1.2 Analyser les répartitions *a priori* strictes des compétences: une multitude d'acteurs à la table des négociations

1.3 Déterminer les divers niveaux de responsabilités et d'obligations des acteurs privés et publics

1.4 Élaborer des stratégies de négociation et de partenariat

1.5 Planifier les procédures d'urgence et de la crise

---

62. Ce chapitre retravaillé a trouvé une première forme dans la *Revue internationale de criminologie et de police technique et scientifique*. Diaz, Rossi (2007).

À retenir dans ce chapitre...

- Les événements festifs sont dorénavant très structurés et réglementés.

- Les obligations civiles et pénales deviennent de plus en plus pesantes pour les organisateurs qui doivent montrer leur capacité à intégrer la sécurité des publics dans leur réflexion et souscrire aux assurances nécessaires.

- L'organisation de ces événements passe par le partage des compétences et des responsabilités entre les acteurs privés et publics, et à une double dimension sécurité et secours.

- La répartition des pouvoirs se négocie sur trois plans : l'espace, les missions et les coûts.

- Les stratégies utilisées mettent en avant l'idée qu'il n'est pas pertinent de réfléchir à la sécurité sur un plan individuel mais qu'il est maintenant temps de l'intégrer à un plan collectif.

- Les relations qui s'en dégagent sont de l'ordre des «associés-rivaux». Elles sont, de plus, très liées aux individus qui composent les tables de réflexion ainsi qu'à leur degré de confiance et de légitimité qu'ils s'accordent mutuellement.

- Une fois les responsabilités délimitées, il s'agit pour chacun de définir les modes de gestion qui seront organisés pendant l'événement, notamment : les procédures de gestion des incidents et des mesures de crise qui seront mises en œuvre, les modes de gestion des opérations, les modes de communication et de leadership.

- Ces procédures servent de fondement à la création d'une réflexion entre acteurs privés et publics à long terme.

Négocier la sécurité d'un événement festif : comprendre le contexte structurel

Il peut paraître étonnant de consacrer un chapitre au thème de la négociation. Or, ce n'est pas anodin tellement l'enjeu est aujourd'hui de taille pour ce qui est de l'organisation d'un événement festif. On l'a vu, il y a pléthore d'acteurs[63], venus d'institutions diverses tant publiques que privées, et toutes ces personnes doivent, à un moment donné, s'asseoir à une table pour discuter de leurs rôles et de leurs responsabilités respectives.

Il s'agit tout d'abord de définir le contexte dans lequel la négociation s'inscrit. En d'autres termes, comment se construit «le consensus de la négociation, de la transversalité et du partenariat[64]». Pourquoi la sécurité et l'évaluation du risque sont-elles une affaire de négociation ? Comment le risque et les dispositifs de sécurité se définissent-ils et se construisent-ils ? Quels sont les enjeux qui pèsent sur la négociation des dispositifs de la sécurité ? Nous ne nous contenterons pas de la parole des acteurs, mais nous tenterons de comprendre le contexte dans lequel elle s'inscrit et les contraintes que le milieu impose au travers des acteurs en présence et du concept de structure[65].

Ces espaces sont donc devenus, en quelques années, les terrains privilégiés d'une évolution dans la répartition des pouvoirs et des responsabilités

---

63. Pour donner une idée du nombre d'acteurs différents lors d'un événement, je prendrai l'exemple du Grand Prix de formule 1 du Canada. L'organisateur est ainsi en contact, pour la sécurité et les secours, avec divers acteurs publics et privés : un représentant de la ville (Parc Jean-Drapeau), du Casino, placé au centre du circuit et ouvert jour et nuit, de la police de Montréal, de la Sûreté du Québec, des services de transport du métro, de la voie maritime (site bordé d'eau), du Canada National (voie ferrée à proximité), de Transport Canada, de NAV Canada et d'une société privée de transport d'hélicoptères pour les pilotes et autres (pour la voie aérienne), et de quatre sociétés de sécurité privées ; pour ce qui est des secours, un service de secours à personnes pour la «bobologie», un service d'urgence pour les cas les plus graves vers les hôpitaux, un service d'urgence sous-marine, et les services incendies de la ville ; pour la prévention, on pouvait noter la présence du service de lutte anti-tabac.

64. Castel (1990, 298).

65. Faure, Kremenyuk, Lang, Rubin, Sjöstedt, Zartman ont élaboré, dans le cadre d'une institution internationale, un modèle théorique à cinq termes pour saisir toute négociation : les acteurs, la structure, la stratégie, le processus, le résultat (Faure, 1999, 361).

entre acteurs publics et privés[66], motivant par là même une négociation entre différents acteurs publics (ville, police, pompiers, service des urgences, service médical, etc.) et privés (propriétaires privés des espaces festifs, sociétés de sécurité privée, etc.). Du même coup est apparue une nouvelle forme de gestion négociée de l'ordre.

Cependant, cette répartition d'un ordre négocié n'est pas aussi claire qu'elle peut paraître en théorie, en fonction, entre autres, du type de manifestation ou du niveau de risque évalué par les acteurs, l'implication de l'État et des organismes privés est plus ou moins importante et varie selon les cas. On peut distinguer, pour les manifestations qui nous concernent, trois groupes où un processus dynamique d'interaction entre police et services de sécurité privés se manifeste. Selon la figure 2, de manière simplifiée, les groupes 1 et 3 se trouvent davantage dans une position où l'une des parties a la possibilité de contraindre l'autre unilatéralement. On parle donc de décision unilatérale et non de négociation. Dans le groupe 1, les propriétaires privés des lieux sont quasi autonomes dans leur décision. L'usage de l'espace est laissé au libre arbitre du propriétaire. Dans le groupe 3, ce sont les pouvoirs publics qui imposent de manière unilatérale leurs décisions. Le privé ne joue alors qu'un rôle d'exécutant[67]. Dans le groupe 2, le processus de négociation se constitue autour d'un lien de dépendance (encadrement législatif et intérêt économique, notamment) entre les acteurs publics et privés qui cherchent à atteindre une forme de contrôle des espaces et à satisfaire le besoin de sécurité des personnes. Mais l'un comme l'autre montrent des limites à assumer seuls la sécurité des citoyens et doivent donc négocier ensemble pour atteindre cet objectif.

Cette évolution dans la répartition des pouvoirs entre acteurs privés et publics ne s'est pas faite du jour au lendemain. Plusieurs événements sont venus poser les jalons de la nouvelle gouvernance de la sécurité. En France, par exemple, le principe de répartition des missions suivant les espaces privés et publics a été décidé à la suite des violences lors d'une rencontre de

---

66. On constate ce même phénomène en Europe dans les pays qui ont organisé des grandes manifestations sportives à l'image de l'Euro 96 en Angleterre, l'Euro 2000 en Belgique et aux Pays-Bas, les Jeux olympiques d'Athènes en 2004, la Coupe du monde de football 2006 en Allemagne, ou encore, dans le cadre d'un des événements étudiés: les Mondiaux de natation à Montréal en 2005.

67. Pour un développement de la position des acteurs des groupes 1 et 3, nous envoyons le lecteur à Diaz (2003a, 447-451).

football[68], où plusieurs policiers furent frappés par des supporters. Cet événement a débouché sur le rapport de Philippe Swinners-Guibaud et, un peu plus tard, sur l'article 23 de la loi n° 95-73 du 21 janvier 1995 (Loi Pasqua ou LOPS) qui a responsabilisé juridiquement l'organisateur en matière de sécurité et qui s'est concrétisé par le décret n° 97-646 du 31 mai 1997. Jusque-là, en effet, les services concernés de l'État étaient présents à

Figure 2 Ordre plus ou moins négocié selon un niveau général de risque théorique

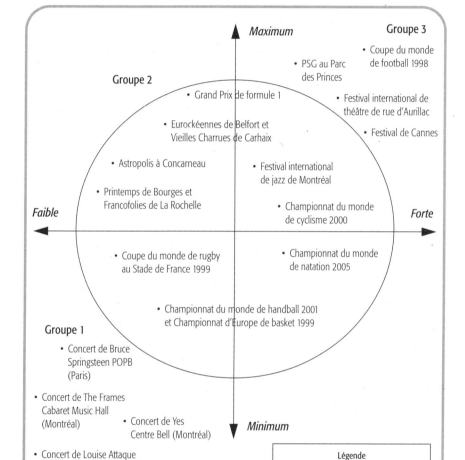

---

68. Le 27 août 1993, à Boulogne, lors de la rencontre de football Paris-Saint-Germain/Caen, à l'intérieur du Parc des Princes, en France.

l'extérieur comme à l'intérieur des enceintes. À partir de cette date, selon le modèle adapté du *stewarding* anglo-saxon, des stadiers (agents de sécurité présents principalement pour accueillir, orienter et placer le public) furent désormais engagés dans l'enceinte des stades. Imposé de manière unilatérale pour des rencontres de football, ce principe fut discuté et négocié ensuite dans tout rassemblement pour des manifestations sportives ou culturelles, afin de déterminer les espaces d'intervention de chacun, les modes et les procédures d'intervention, etc.

2.2 Analyser les répartitions *a priori* strictes des compétences : une multitude d'acteurs à la table des négociations

Si, pendant des années, des phases de monopole des acteurs privés, puis publics s'enchaînaient à tour de rôle, on assiste, depuis une trentaine d'années, à l'essoufflement d'un État incapable de faire face seul à une demande citoyenne de sécurité[69]. Par conséquent, sont entrés en jeu, pour essayer de pallier cette carence, une multitude d'acteurs privés[70] qui ont posé la question de la redistribution des pouvoirs et par là même de la négociation qui en découle. Telles sont désormais les nouvelles règles de la distribution des pouvoirs dans la négociation. Mais toute négociation est subordonnée à des conditions structurelles spécifiques. Il devient alors déterminant de chercher à comprendre quels sont les acteurs en présence («nombre, expérience respective, représentation, etc.[71] »), et plus tard, quel est l'objet même de cette négociation («nature des enjeux, nombre et complexité des questions négociées, modes d'action alternatifs, etc.»).

L'organisation de la sécurité d'un événement festif de grande ampleur implique, le plus souvent, la présence de plusieurs acteurs de la sécurité et des secours. Chacun détient, suivant les pays et l'ampleur de l'événement, de plus ou moins grandes ramifications. Prenons le cas des XIes mondiaux

---

69. Diaz (2003b).
70. Pour une approche plus approfondie du transfert de responsabilités des questions de sécurité entre acteurs publics et privés, Robert (1999, 23-55). Pour une approche spécifique des manifestations sportives et culturelles, Diaz (2003a, 429-433).
71. Baszanger (1992, 260).

de natation 2005 à Montréal. Nous pourrions distinguer trois niveaux théoriques de gestion de la sécurité dans un processus d'englobement des entités suivant la figure 3 (l'armée n'étant pas présente, sauf en cas d'événement majeur qui nécessiterait son appui).

Figure 3 Principe d'englobement des acteurs de la sécurité

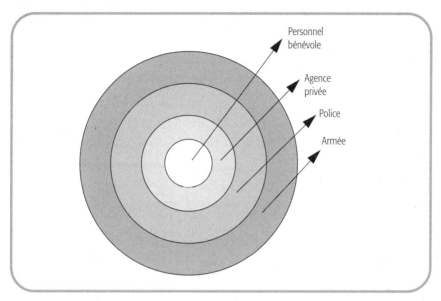

Dans la gestion de la sécurité au quotidien, on assiste à un mode de régulation sociale où il est laissé aux acteurs privés des fonctions mineures : contrôle d'accès, gardiennage du matériel, du stationnement, des lieux, accueil dans les estrades, etc. Certaines de ces tâches peuvent même être dévolues à un personnel bénévole. Leur gestion est exclusivement limitée à un périmètre appartenant à un propriétaire privé. La police, quant à elle, intervient majoritairement dans l'espace public. Mais, à la différence de l'organisation privée, elle peut aussi intervenir (normalement à la demande du propriétaire des lieux) dans l'espace privé. Sa fonction principale est de maintenir l'ordre public, mais on peut y ajouter : surveillance de sites (aéroport, hôtels, etc.), enquête policière, renseignements, évaluation des risques, accompagnement de personnalités, gestion des flux de circulation, etc.

Pour les seuls Mondiaux de natation en 2005, on pouvait comptabiliser, dans une organisation hiérarchique que nous pourrions qualifier de type militaire :

1. 300 bénévoles à la sécurité (patrouille autour des sites de compétition, contrôle des accréditations et des billets) et 250 placiers dans les gradins (pour l'ensemble de l'événement). Ces équipes étaient organisées selon divers niveaux hiérarchiques, parmi lesquels : le simple bénévole, le chef d'équipe d'un groupe de bénévoles affecté à une certaine zone, le superviseur pour encadrer les différents chefs d'équipe. Un roulement horaire était aussi prévu, divisé en trois plages : matin, après-midi et soir ;

2. 300 agents de sécurité professionnels (150 par jour) pour les patrouilles, le contrôle des accès et la palpation des personnes ; 20 agents de sécurité pour le contrôle des stationnements ; 10 agents pour la sécurité du parc ;

3. 500 agents et 55 officiers du Service de police de la Ville de Montréal (SPVM) déployés pour assurer la sécurité des athlètes, dignitaires et spectateurs pendant la durée des événements (notamment avec les chiens de déminage). Ceux-ci furent affectés tant aux patrouilles sur les lieux de compétition et auprès des résidences des athlètes qu'au service des enquêtes[72]. Une division spéciale sur les renseignements reliés à la lutte antiterroriste et à la sécurité des dignitaires étrangers fut également créée ;

4. Si le SPVM coordonnait les actions en matière d'intervention et de planification policière, il était assisté dans certains lieux par la Sûreté du Québec et la Gendarmerie royale du Canada.

Puisque Montréal accueillait pour la première fois un événement de cette ampleur depuis les Jeux olympiques de 1976, il s'agissait de s'appuyer au maximum sur des personnes qui avaient le plus d'expérience possible dans ce type d'événement. Pour les seuls membres de l'organisation participant à la sécurité, on comptait ainsi, par ordre hiérarchique, un vice- président exploitation ayant travaillé de nombreuses années au Grand Prix de formule 1 de Montréal, un directeur des installations spécialisé dans l'organi-

---

72. Le SPVM a tenu, notamment, à procéder à une enquête policière auprès de chaque candidature de bénévole. Il voulait ainsi s'assurer qu'il n'y avait pas au sein même de l'organisation privée des personnes recherchées par les services policiers.

sation d'événements festifs de type festivals en plein air, un directeur des opérations connaissant de manière fine l'espace de la manifestation, un coordonnateur de la sécurité[73] ayant participé à de nombreuses manifestations sportives et culturelles en Europe et au Québec, une société privée (et son président) spécialisée depuis de nombreuses années dans l'organisation de ces événements festifs (rencontres de football et de football américain, concerts en plein air, etc.). Nous trouvons chaque fois ce phénomène où il est demandé aux personnes une solide expérience. Autre phénomène, déjà observé sur certains sites en France[74], on note, dans l'organisation privée, la présence d'anciens fonctionnaires de police. On comprend alors l'utilité de ces particularités : tant la confiance qu'inspire une personne appartenant déjà à l'institution que la légitimité de son expertise seront des éléments clés dans la démarche de négociation. Pour la Ville de Montréal, chacun des directeurs des opérations pour les secours, la police et le service des incendies, notamment, sont les mêmes qui travaillent toute l'année, et depuis longtemps, pour chaque événement festif que la ville organise. Le fait que le maire a été le président de l'organisation des Mondiaux de natation participe, enfin, à une volonté commune de participation active dans l'organisation de l'événement pour donner un statut privilégié à la Ville de Montréal sur le plan international.

2.3 Déterminer les divers niveaux de responsabilités et d'obligations des acteurs privés et publics

Lorsque les acteurs de la sécurité ont conscience non seulement de leurs vulnérabilités, mais aussi de leurs forces et faiblesses, il s'agit pour eux de délimiter leurs responsabilités respectives et de répartir, notamment entre les organisateurs privés et les institutions publiques, les risques d'organiser l'événement et les procédures pour y faire face. Mais avant de négocier,

---

73. Les Mondiaux de natation ont été étudiés pendant quatre mois en travaillant en tant que coordonnateur de la sécurité. Sur l'intérêt et les limites du chercheur à être impliqué directement dans l'organisation de l'objet étudié et de l'étudier sous l'angle de l'observation participante, lire Diaz (2005a).
74. Diaz (2003a, 448).

il faut bien connaître la législation et les réglementations. Ensuite, c'est une affaire de discussion entre les acteurs afin de se partager les missions et les coûts s'y rattachant.

Une délimitation encore floue où chacun cherche à se protéger

Pour le moment, il existe un flou quant à la délimitation de ce que doivent produire les acteurs en termes de sécurité (au regard des responsabilités). Ces divers acteurs ne savent pas jusqu'où ils doivent aller pour assurer la sécurité, notamment des personnes, alors qu'ils savent, dans le même temps, que le risque nul n'existe pas, et que, quoi qu'ils fassent, il sera toujours possible que leur responsabilité soit engagée.

Une organisation cherche donc à se prémunir au maximum d'une quelconque responsabilité lors d'un incident. La démarche est active, progressive, et collective. Le travail de responsabilisation est l'enjeu des prochaines années. La démarche est extrêmement complexe, les hypothèses de travail nombreuses, mais elle est également un moteur dans les engagements respectifs des acteurs privés et publics sans pour autant être perçue comme un handicap. Or, pour le moment, on assiste davantage à une immobilité collective. Les deux camps, privé et public, cherchent individuellement à se protéger ainsi que leur image, ce qui est légitime. Mais pour avancer, les acteurs ne sembleraient avoir d'autre choix que de prendre leurs responsabilités, les définir ensemble dans les spécificités de chaque manifestation.

En définissant plus clairement ce qu'attendent les pouvoirs publics des acteurs privés (et inversement), il serait envisageable de créer une dynamique de réflexion avec les acteurs les plus concernés par la problématique. L'incertitude du risque tend à mettre en place une forme d'immobilisme. Elle empêcherait la création, le changement et provoquerait un certain repli de chacun face au poids des responsabilités.

Pour pallier cela, nous proposons, à terme, d'établir une logique de déresponsabilisation (*deliability*, en anglais) des acteurs en présence chez qui se dégagerait cette motivation de prévenir le risque et qui répondrait aux exigences du droit (responsabilités civiles et pénales) et des obligations face aux assurances. Toutefois, ce changement de cap radical ne peut se faire de n'importe quelle façon. Il s'agirait d'entreprendre à plusieurs la création d'une norme qualité, comme il peut en exister pour certains produits vendus sur le marché (de type ISO). La responsabilité ne serait plus le résultat (éviter qu'un événement quasi impossible à prévoir arrive), mais une responsabilité de moyen (si un incident arrive, toute organisation doit être en mesure de répondre à l'événement). Une fois atteint ce niveau, chaque organisation serait en somme déresponsabilisée de poursuites que personne n'aurait en fin de compte pu prévoir.

Autre élément essentiel, un tel projet permettrait de faire profiter les organisations les moins outillées des connaissances les plus avancées sans faire peser tout le poids des responsabilités sur ceux qui investissent (en temps et en argent), et de motiver ce partage avec un idéal d'amener les plus démunis vers des moyens minimaux.

Pour le moment, le premier pas est de s'asseoir à plusieurs autour d'une table pour définir le rôle, les responsabilités et la place de chacun dans le dispositif. De manière pragmatique, il s'agit de penser d'abord aux opérations. Puis, la législation statuera sur une éventuelle évolution de la philosophie en termes de responsabilisation.

Une négociation des responsabilités et des obligations imposée par les assurances et par l'État

L'encadrement légal, tout comme les obligations imposées par les assurances, sont des variables fondamentales. Cependant, celles-ci fluctuent selon la période considérée et varient selon l'espace utilisé.

Les responsabilités sont définies par le droit pénal, le droit civil, le droit des assurances, le droit administratif et bien d'autres. Mais il n'est pas simplement question de loi. L'encadrement légal peut être national ou international et, surtout, plus ou moins formel. Il comprend aussi la petite réglementation (décrets, règlements, contrats, etc., voire, pourquoi pas, des règles de coutume, de savoir-faire, des contrats verbaux ou autres particulièrement informels). Et si des textes législatifs ont vu le jour en France pour encadrer les organisateurs de spectacles sportifs et culturels avec une harmonisation sur le plan national, la législation québécoise, par exemple, est plus délicate à envisager du fait des principes de common law, de l'existence de textes de loi codifiés et de la nécessité de différencier les normes fédérales des lois provinciales. Consacrer un simple paragraphe à un domaine aussi complexe n'aurait vraisemblablement pas plus de sens que d'intérêt. Néanmoins, les différents pays en Europe et en Amérique du Nord restent comparables sur divers points:

- La nécessaire contribution de la municipalité d'accueil de l'événement et, notamment, l'obligation d'un dépôt par l'organisateur d'un dossier de sécurité pour la France ou d'un protocole d'entente pour le Québec, présentant la manifestation et les éléments permettant d'assurer la sécurité des personnes ;

- La participation et la contribution de la police ;

- La mise en place de services de sécurité privés ;

- La souscription d'un contrat d'assurance ;

- La responsabilisation civile et pénale des personnes (depuis peu, en France, des personnes morales également) et la recherche de la faute en cas d'incident.

La réglementation s'est construite au fil des incidents à partir du milieu des années 1980. Pour la France, la législation s'est ensuite étendue à l'ensemble du pays, quel que soit le spectacle (sportif ou culturel) qui accueille au moins 1 500 personnes (plus récemment 250 personnes dans les manifestations de musique électronique). Elle repose sur plusieurs textes dont le premier n'apparaît qu'en 1988 et concerne l'organisation des moyens de secours pour de grands rassemblements. Il faut attendre le milieu des années 1990 pour voir d'autres textes qui organisent les moyens de sécurité et, notamment, la répartition des responsabilités et des dispositifs entre acteurs privés et publics. Divers textes plus anciens, relatifs aux règlements de sécurité contre les risques d'incendie et de panique (notamment pour les établissements recevant du public), viennent compléter l'appareil législatif. Au Canada, il n'existe pas d'encadrement légal qui définisse de manière systématique les responsabilités des organisateurs de manifestations culturelles. L'organisateur doit répondre aux demandes du propriétaire des lieux, et c'est la ville qui émet ses prérogatives. Les responsabilités seraient engagées selon le cas en recherchant si une faute a été commise et par qui. C'est davantage l'assurance qui fixe ce qu'elle attend de l'organisateur afin d'évaluer les risques et faire peser sur lui les coûts d'une éventuelle mise en responsabilité.

Une négociation à trois niveaux : l'espace, les responsabilités et les coûts

Les enjeux de la négociation portent sur trois points principaux : l'espace, ses modes de gestion et les stratégies d'intervention ; les diverses responsabilités des acteurs; les coûts et les moyens mis en œuvre. La première étape est celle de l'évaluation des risques. De celle-ci va découler une négociation autour des trois points principaux mentionnés précédemment, qui sont intimement reliés. L'objet de la négociation est à terme le partage de la sécurité sur les plans géographique, juridique et financier (figure 4).

Figure 4 Répartition géographique, juridique et financière théorique des pouvoirs publics et privés sur un espace festif

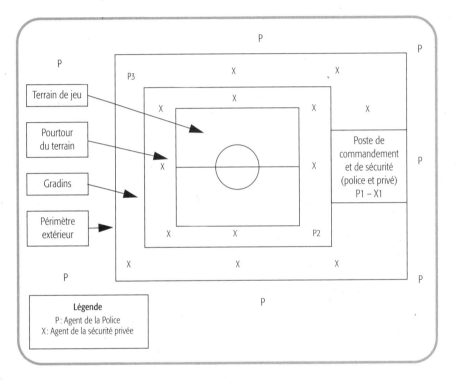

Une négociation de l'espace d'intervention

Si le principe de répartition entre les espaces publics et les espaces privés semble clair en théorie, la réalité est plus nuancée. En effet, il appartient au propriétaire de l'espace privé d'en organiser la sécurité, et aux pouvoirs publics de contrôler l'espace public. Pour l'organisateur et les sociétés privées, l'objectif est de gérer le spectacle, l'accueil des artistes ou des sportifs, des invités et du public. Pour la ville et la police, l'objectif consiste à assurer le maintien de l'ordre public. Comme le montre la figure 4, on voit bien que, tant en Amérique du Nord qu'en Europe, l'espace public en est un quasi exclusivement d'intervention des pouvoirs publics, tandis que l'espace privé (un stade, une salle de spectacle, etc.) en est un où des acteurs privés se trouvent en grande majorité. En effet, il est important de noter que, le plus souvent, à l'intérieur même d'un espace privé, on assiste à une cogestion privée/publique. En ce qui concerne les stades (cas P1-X1), entre autres lors de rencontres de football, les acteurs de la sécurité créent un poste de commandement de la sécurité, qui abritera notamment des autorités de la police (avec très souvent un représentant pour coordonner les transports et la circulation, un deuxième pour le travail de police judiciaire et l'enquête, et un troisième pour le maintien de l'ordre public), des secours, du service des incendies et un représentant du propriétaire des lieux ou de l'organisateur privé.

On trouve également, très souvent, aux abords de l'aire de jeux (cas P2), la présence du corps policier, qui peut être en uniforme (par exemple, pour une course de vélo). Si cela peut sembler normal de prime abord, puisque celles-ci ont lieu sur la voie publique, ce sera pourtant aussi le cas lorsque l'espace public se privatisera pour l'occasion. Il en fut ainsi lors des Mondiaux de cyclisme à Plouay, en 2000, où on a pu noter la présence des motards de la Garde républicaine ; ainsi que des agents de filtrage de la Gendarmerie nationale tout au long des 15 kilomètres du circuit pour lequel l'organisateur a fait payer un droit d'entrée. De la même manière, il y avait la présence des pouvoirs publics aux abords des piscines au cours des Mondiaux de natation en 2005. Mais les policiers peuvent également revêtir des survêtements pour être moins visibles, comme ce fut le cas pour assurer la sécurité des athlètes autour du terrain de jeu pendant les Mondiaux de handball en 2001.

Enfin, principalement dans les rencontres de football en Europe, le service de police peut assister les acteurs privés dans les gradins (cas P3). Cela n'est pourtant pas une exclusivité de l'Europe ni du football comme nous l'avons précédemment signalé. Nous trouvons, en réalité, ce phénomène chaque fois que les pouvoirs publics estiment (seuls ou à la demande des acteurs privés) qu'une intervention pour le maintien de l'ordre public est envisageable.

Une négociation des responsabilités

Le découpage géographique et la répartition des missions sont intimement liés avec les responsabilisations civiles et pénales des personnes physiques et morales. Sur le principe, que l'on soit en Europe ou en Amérique du Nord, le fait de mettre en place des dispositifs sur un espace engage juridiquement celui qui en est responsable. Mais les acteurs, notamment privés, ne savent pas toujours jusqu'où leur responsabilité pourrait être engagée si un événement dramatique se produisait. C'est cette zone floue qui nécessite des négociations. En France, il appartient à une commission de sécurité[75] de statuer avant toute ouverture de site pour savoir si l'organisateur a bien tout mis en ordre pour assurer la sécurité des personnes. Cependant, il s'agit davantage d'avis, de conseils, et son intérêt dépend grandement des intérêts et de la compétence de ceux qui en ont la charge. Pour le Canada, le principe est très similaire; il appartient au service des incendies de vérifier et d'approuver la manière dont toutes les structures ont été montées et d'imposer les changements qu'il jugera utile.

Tel que c'est décidé aujourd'hui, il n'y a pas encore d'harmonisation précise. On est davantage centré sur le jeu des personnes que sur le jeu des règles établies et reconnues par tous.

Il est alors déterminant pour les organisateurs de fournir le plus tôt possible les informations concernant la manifestation. Les pouvoirs publics, quant à eux, doivent motiver leur décision et proposer ce qui conviendrait pour que, à leurs yeux, il y ait le respect de l'intégrité de chacun.

Une négociation des coûts de la sécurité, ou *pay duty*

La sécurité a aussi un coût qui peut parfois atteindre des proportions considérables[76]. Il ne semble alors pas surprenant que les acteurs impliqués en discutent la répartition. Si la France a ouvert ce débat à la fin des années 2000, cette question n'a pas encore trouvé de réelle harmonisation sur le plan national. Il existe cependant un principe juridique depuis 1997, appliqué à certaines occasions depuis 2000, qui énonce que tous les services qui ne pourraient être rattachés aux obligations normales incombant à la puissance publique sur les questions de maintien de l'ordre sont soumis à remboursement. Ainsi, tout appel en renfort de la force publique par un

---

75. Cette commission de sécurité est rendue obligatoire par l'article 22 de la loi n° 92-652, depuis le 13 juillet 1992. Cette loi fait suite au drame de Furiani, où au cours d'une rencontre de football, à Bastia, une structure métallique provisoirement installée s'effondre et entraîne la mort de 18 personnes et plus de 1 000 blessés. Dorénavant, la loi impose que toutes les manifestations sportives recevant du public feront l'objet d'une homologation délivrée par le représentant de l'État après avis d'une commission de sécurité compétente.

76. On parle de 1,5 milliard de dollars pour l'organisation des Jeux olympiques d'Athènes en 2004 et de 455 millions de dollars pour les Jeux olympiques de Pékin en 2008.

organisateur engage ce dernier à rembourser les frais engagés par le déplacement des pouvoirs publics. Par contre, si des désordres menacent l'ordre public et que les pouvoirs publics décident d'intervenir d'eux-mêmes, même dans une organisation privée, il n'y a pas lieu à remboursement. Si ce principe, aussi appelé *pay duty*, semble clair, il varie pourtant suivant les contextes et les appréciations des divers responsables locaux, et ainsi les demandes de remboursement diffèrent-elles d'un lieu à un autre. Dans ce contexte, les sommes réclamées deviennent totalement arbitraires. Des événements d'un même type, en un même site, ne présentant aucun risque particulier et exigeant la présence d'acteurs strictement comparables, peuvent donner lieu à des facturations allant du simple au double. Et si le lieu change, l'écart peut être encore plus grand. Dans certaines villes, la législation est appliquée; dans d'autres, elle est ignorée. Il peut arriver aussi que les représentants locaux de l'État mobilisent à leur seule initiative, et parfois sans cohérence, des forces de police pour des missions non réclamées par l'organisateur ou se déroulant sur la voie publique. Ainsi, face à ce flou, les écarts d'une manifestation à une autre peuvent être assez importants et dépendent bien souvent du positionnement des acteurs privés et publics sur cette question.

Nous chercherons à présent à mettre en avant les stratégies utilisées, ainsi que le processus d'échanges entre les acteurs dans un système où, on l'aura compris, les contraintes (notamment législatives) sont infiniment complexes.

2.4 Élaborer des stratégies de négociation et de partenariat

Le contexte et ses enjeux d'aujourd'hui et de demain établis, il convient maintenant d'aborder le comment. Comment chaque acteur privé et public se positionne-t-il face aux autres? Quelle place prend-il dans la réflexion et quelle est sa motivation?

La négociation implique un «processus de prise de décision», entre des «parties interdépendantes», mais dont les «intérêts sont différents[77]».

---

77.   Bourque, Thuderoz (2002, 7).

L'organisation de la sécurité d'un événement festif nécessite ces trois dimensions. Elle rassemble une pluralité d'acteurs privés et publics en interdépendance qui doivent s'entendre pour assurer la sécurité des individus, alors que leurs objectifs et les moyens dont ils disposent sont différents. William Zartman (1978) soulignait déjà que nous étions parvenus à «l'âge de la négociation». Depuis, cette activité n'a eu de cesse de se développer et se légitimer.

Après avoir réfléchi au contexte structurel dans lequel s'inscrit la négociation de la sécurité, nous chercherons à comprendre les stratégies ou les logiques de partage et de responsabilité suivant les espaces et les missions. Par ailleurs, nous réfléchirons au point d'équilibre d'une négociation. Comment arriver à des accords communs alors que les philosophies, les moyens et les finalités sont différents? Toute négociation, qui implique une interdépendance, réunit des acteurs en conflit (d'intérêts, de philosophie, etc.), mais ceux-ci doivent arriver à résoudre leur désaccord et donc trouver ce point d'équilibre. Nous assistons alors à un processus d'interactions entre des acteurs qui n'agissent cependant pas pour les mêmes finalités.

Stratégies et logique de partage de la sécurité : une multiplicité d'acteurs publics (les différentes institutions policières) et privés (agences privées de sécurité) pour des objectifs et des moyens différenciés

La multiplicité des acteurs rend complexes le pilotage collectif et la mise en œuvre des stratégies autour des questions de sécurité[78]. Il reste que pour pouvoir négocier, les protagonistes doivent avoir un objectif en commun. Pour l'ensemble des acteurs, celui-ci repose sur le fait que le spectacle se déroule dans le respect de la sécurité de tous. Pour autant, à chaque acteur privé ou public correspondent des orientations suivant les objectifs poursuivis par les personnes et leurs institutions d'appartenance. Deux orientations principales sont ainsi négociées par les acteurs privés et publics:

---

78. Sur la mise en exergue de la complexité des pratiques d'un travail en réseau, notamment public-privé, sur un autre objet: les réseaux de soins, voir Grosjean, Henry, Barcet, Bonamy (2004).

1. D'un côté, l'équilibre entre le contrôle et la sécurité des spectateurs et, de l'autre, la liberté de ces mêmes spectateurs et ainsi une volonté de créer une ambiance festive ;
2. l'autorité de pouvoir suivant le type de problème de sécurité.

Liberté et sécurité : une tendance à la surprotection des espaces

L'organisation de la sécurité autour d'une manifestation festive implique des acteurs qui ne sont pas animés par les mêmes intérêts ni la même philosophie. Il s'agit, pour ces acteurs, de trouver un équilibre entre la volonté d'une organisation privée de créer un événement où les spectateurs puissent évoluer le plus librement possible et la nécessité de mettre en place des dispositifs réduisant cette liberté au profit de la sécurité. L'équilibre de la négociation a pour centre un point délicat, celui qu'avait perçu Foucault (2004) dans la «gouvernementalité» des populations : Comment concilier liberté et sécurité ? Comment savoir si on en fait trop ou pas assez ? Comment optimiser au mieux les dépenses à partir des budgets que l'on s'est fixés ?

Pour les organisateurs, l'important est le *show*, et un *show* passe avant tout par le bien-être des spectateurs. Il faut que ces derniers s'amusent, afin que l'événement puisse conserver sa réputation. Une présence policière sur le site, si elle paraît indispensable, est toutefois délicate. Elle gêne l'expression et l'envie de liberté des personnes, déjà entamée par la présence des agents privés d'accueil et de sécurité. Chez les premiers protecteurs de la sécurité publique, en l'occurrence la police, la sécurité prime avant tout. Mettre en danger les spectateurs pour des intérêts commerciaux ou artistiques n'a aucun sens. Le *show* n'a pour eux aucune importance. C'est l'analyse des risques qui les oriente. La présence policière, selon eux, devrait être obligatoire, mais celle-ci entraîne des coûts et nécessite une importante organisation. Les acteurs de la sécurité se posent ainsi la question : Comment trouver le juste équilibre pour protéger les spectateurs sans pour autant dépenser exagérément ? Il faut également ne pas trop déséquilibrer non plus la présence des forces de police dans le reste de la ville. Les problématiques de délinquance vues au quotidien ne s'arrêtent pas pour autant lors d'un événement festif. Ainsi, accueillir les spectateurs festivaliers ne constituerait en soi rien de très problématique si les acteurs privés et publics ne devaient tenir compte :

- Des quelques populations déviantes qui profitent de la foule pour couvrir leurs méfaits;

- Du fait qu'un centre-ville, avant qu'y soit organisé un événement, accueille déjà des populations problématiques qui ne disparaissent pas pour autant durant les festivités et avec lesquelles il faut composer (itinérants, revendeurs, prostituées, etc.).

Policiers et acteurs privés cherchent donc à déterminer et à évaluer les risques. Mais plus ils font ce travail et se rendent compte que le risque est hypothétique, plus l'idée que des déviances puissent avoir lieu au sein même de leur espace de contrôle leur devient insupportable. Puisqu'ils n'ont pas prise sur ce risque, il devient source de questionnement, et poussé à l'extrême, source d'angoisse. Et quand on a peur, on se protège, d'où la vague de pensée sécuritaire. Cette surprotection que certains auteurs dénoncent peut être d'autant plus remise en question lorsque l'on constate que les incidents sont, dans les faits, extrêmement rares. Deux hypothèses peuvent donc être émises: 1. la prévention situationnelle majoritairement utilisée et le partenariat sont la raison première du bon déroulement de la manifestation; 2. le risque n'existe pas ou à peine, d'où la question du surdimensionnement et la mise en exergue notamment des intérêts de société en jeu (pouvoir politique, pouvoir économique, etc.).

Autorité de pouvoir et partage de la sécurité entre « associés-rivaux[79] »

La négociation d'un partage de la sécurité entre les acteurs privés et publics est devenue nécessaire depuis que les ressources du secteur privé sont réellement utilisées. Il s'agit ici d'ouvrir une réflexion tant sur le plan des actions individuelles que sur le plan des actions de coordination autour de la question de la gouvernance en partenariat. Comment concilier les positions des acteurs dans ce domaine?

L'organisateur privé se place le plus souvent comme l'un des premiers acteurs à un premier niveau d'intervention. Dans toutes les procédures, il entre en scène au moins en tant que force de soutien. Nous pouvons cependant, selon les cas, déterminer des autorités différentes d'opération de commandement et de gestion suivant les objectifs de limitation des risques. Ainsi, chacune des autorités présentes sur les lieux est responsable en

---

79.   Bourricaud (1961, 319-351).

principe d'un certain nombre de risques. La police est (majoritairement) responsable lors d'un attentat terroriste, d'une prise d'otage, d'une attaque à main armée, d'une alerte à la bombe, des violences interpersonnelles, des mouvements sociaux ; les pompiers lors d'un incendie, de l'effondrement d'une structure (son, éclairage, tribune), d'un plan d'évacuation ; les secours pour toute assistance médicale à personne ; et l'organisateur privé pour une intrusion, des dégradations et des vols sur son espace, une alerte météo, la disparition ou, plus souvent, la mauvaise conduite d'une personne, des objets perdus et trouvés, des risques techniques et informatiques.

On se rapprocherait ainsi de ce qu'avaient relevé Commaille et Jobert (1998, 17) d'un «État négociateur». L'État serait ainsi «négociateur», car il s'inscrirait «dans un processus complexe de restructuration du domaine public par un redécoupage des frontières (publiques et privées), (il) ne s'affirme(rait) plus comme souverain, mais comme un acteur engagé dans une négociation continue et irréversible avec (d'autres acteurs, d'autres États à un niveau supranational, d'autres acteurs notamment privés, à un niveau infranational)[80] ».

C'est après avoir mis l'accent sur ces distinctions qu'il est possible de mieux envisager les différentes orientations qui sont tenues en matière de sécurité :

• Accueillir et assurer la sécurité d'une population composée uniquement de spectateurs est un rôle qui peut être largement tenu par un personnel de sécurité privée. La présence d'un personnel de police publique n'est alors pas nécessaire ;

• Accueillir les artistes, les sportifs, les invités *de marque* (politiciens, etc.) est une gestion coordonnée entre les acteurs privés et publics, très spécifique au contexte, aux enjeux (politiques, économiques, etc.), aux personnes en présence, etc. ;

• Les populations déviantes évoluant nécessairement autour d'une foule festive ne peuvent, elles, être régulées par des membres d'une entreprise privée de sécurité, non habilités à intervenir autrement qu'en cas de flagrant délit. Cela rend donc la présence policière obligatoire pour tout problème à l'ordre public ;

---

80.   Jobert (1999), cité par Ocqueteau (2004, 172-173).

- Les risques de force majeure liés à l'organisation d'un festival et à la présence d'une foule (terrorisme, accident, catastrophe naturelle, empoisonnement, panique, etc.) impliquent donc une coopération parfaite des membres de la sécurité privée qui connaissent mieux que quiconque la foule, le site, le matériel et qui agissent comme premier intervenant avec les membres de la sécurité publique, professionnels de l'intervention de crise.

Les interactions, les discussions et les confrontations : le difficile équilibre entre l'autonomie de pouvoir et la nécessité de penser à deux

Les acteurs de la sécurité négocient donc l'intervention. Ils répartissent entre eux les responsabilités en fonction des missions qui peuvent leur incomber. Mais comment s'organise cette négociation ? Qui en a l'initiative ? Où et quand ces négociations se déroulent-elles ? Quelle est l'atmosphère ressentie dans ces rapports entre les acteurs de la sécurité privée et publique ?

Globalement, les acteurs publics et privés connaissent par expérience ce qui pose des problèmes en matière de gestion des risques sur un événement. Par contre, l'aléa concerne la prévention de crise que nous pourrions qualifier de virtuelle. Depuis le 11 septembre 2001, tous les scénarios sont envisageables. Le partage des rôles décrit précédemment explique pourquoi ne pas penser les réponses de manière globale peut susciter des difficultés. Or, le plus souvent, l'organisateur privé n'est pas tenu au courant de ce que font les pouvoirs publics. L'information circule à sens unique : les pouvoirs publics obligent l'organisateur à communiquer le maximum d'informations, mais ils distillent au compte-gouttes les leurs à l'organisateur. Par ailleurs, même si la tendance tend à s'atténuer depuis une vingtaine d'années, les acteurs privés et publics ont aussi parfois des réticences à se rencontrer la première fois. D'un côté comme de l'autre, on ne légitime pas, voire on craint, la présence de l'autre acteur.

Cependant, nous pouvons très souvent noter que pour des manifestations festives qui se reproduisent (comme les festivals suivis en France et au Québec), l'histoire qui se crée d'une année à l'autre entre les acteurs, cimente la coopération, développe une confiance réciproque, non plus à travers les institutions mais entre les personnes qui les composent. Les échanges se font plus ouvertement à partir de l'expérience des événements précédents et permettent ainsi de recadrer tel ou tel dispositif à la lumière des réussites et des échecs constatés. Si ce principe vaut pour bon nombre de terrains étudiés, plusieurs limites sont, cependant, importantes à relever. Si les expériences n'ont pas été bonnes les années précédentes, les rapports peuvent être bien plus difficiles l'année suivante. Nous pouvons alors constater que, parfois, les personnes soient exclues des négociations. Mais, paradoxalement, l'inverse peut aussi se passer, avec la non-reconduction des personnes d'une année à l'autre alors que la coopération se déroulait bien[81]. Il faut de nouveau regagner la confiance et la légitimité pour les nouvelles personnes appartenant à la négociation. Nous sommes bien là, comme le notait Lionel Bellanger (2003, 52-76), face à une réelle difficulté de classer dans une typologie ces modes «interactifs d'échange», d'un mode à «dominante conflictuelle ou coopérative», en passant par les types «passage en force» ou «manipulation». L'écrit par des conventions passées au travers des institutions sur la répartition des responsabilités et des rôles notamment peut devenir un premier pas vers un cumul des expériences.

La fréquence et l'initiative de ces rencontres pour «négocier» les questions de sécurité sont très variables d'un événement à un autre, quels que soient les pays. Il n'y a pas de modèle ou de tendance généralisée. Elles sont dépendantes des individus impliqués dans les organisations publiques et privées. Généralement, elles se déroulent plusieurs fois en amont, pendant une période de préparation plus ou moins longue suivant l'ampleur de la manifestation. Au cours d'une première réunion de préparation, les acteurs se mettent d'accord sur des thématiques de travail autour desquelles se regroupent des personnes et dont une institution va coordonner le rythme des réunions en sous-comité. La plupart du temps, plusieurs sous-comités sont organisés ayant pour objet les transports, la circulation des personnes et les stationnements; l'environnement et l'hygiène; les plans de secours et d'évacuation; l'hébergement; les communications; l'évaluation des risques et les procédures de sécurité; etc. Les différentes institutions alternent ainsi un travail en interne et des réunions avec les autres institutions appartenant au sous-comité pour faire part des avancées et déterminer ce qu'il reste à faire. Pendant l'événement, les différentes insti-

---

81. C'est notamment très souvent le cas, pour la France, dans les évolutions régulières et les changements de lieux du corps policier et du corps préfectoral. On peut constater aussi un changement régulier des agences de sécurité intervenant dans ces différents espaces.

tutions se réunissent, le plus souvent très régulièrement, pour effectuer des bilans sur ce qui s'est passé et procèdent à des réajustements selon les besoins. Une nouvelle fois, il n'y a rien d'établi sous forme légale, ces réunions sont à l'initiative tant de l'organisateur privé que des institutions publiques. Nous pouvons cependant noter de plus en plus l'importance prise par la personne détachée pour la ville organisatrice dans la coordination de ces réunions. Ensuite, sur le terrain, les discussions se font directement entre les acteurs suivant les problématiques de risque (attentat, incendie, intrusion, gestion des flux, protection de personnalités, intervention médicale auprès du public, etc.).

L'événement, s'il ne motive pas toujours une parfaite coopération, peut apparaître parfois aussi comme un facteur de cristallisation des relations et d'acceptation des logiques partenariales. Il change le quotidien des personnes. Il motive une volonté de montrer à l'extérieur le savoir-faire de son institution et de sa personne[82]. D'autres fois, l'organisation de tels événements est lourde de pression et chacune des institutions tente de garder une certaine forme de pouvoir sur l'autre, en ne donnant, par exemple, pas toujours les informations nécessaires. La part de protection des informations, tout comme la non-reconnaissance du savoir-faire des autres ainsi que le manque de confiance dans les personnes sont souvent des freins pour faire avancer la préparation de l'événement. Le partenariat repose pourtant sur un jeu de relations personnelles entre les différents acteurs de la sécurité plus que sur un jeu institutionnel. Il a pour prémices l'instauration d'une confiance réciproque entre les deux protagonistes qui ne pensent pas toujours que les négociations seront facilitées si elles s'engagent dans une réflexion commune et globale. L'enjeu est alors de délimiter les rôles de chacun et les responsabilités qui en découlent. Il reste aussi la crainte qu'un des acteurs prenne des missions qu'il ne pourrait assumer pour des raisons économiques, d'expertise, ou encore sur un plan juridique. Enfin, la

---

82. Cette tendance fut particulièrement visible dans l'organisation des XIes Mondiaux de natation de Montréal en 2005, alors que, pour la première fois, une compétition donnée à une ville hôte était annulée quatre mois avant le début de la compétition par la Fédération internationale de natation (FINA), qui jugeait que la ville organisatrice n'avait pas mis en œuvre les moyens nécessaires (financièrement, principalement) à son bon déroulement. Après que le maire se fut engagé personnellement pour apporter des solutions au problème, la FINA a confié à Montréal, à la surprise générale, la nouvelle organisation. Le maire de la ville a alors motivé la création d'une nouvelle structure dont il est devenu le président. Sa présence et l'urgence de la situation ont alors considérablement facilité les négociations, notamment sur toutes les questions liées à la sécurité entre la ville, la police et les organisateurs privés.

pression peut également venir des syndicats des divers corps institution-
nels (notamment les corps policiers).

Pourtant, toutes ces questions ne peuvent se discuter qu'en présence
de l'ensemble des acteurs concernés, et chacun doit ouvrir son expertise à
l'autre. Il n'est pas si simple de créer une relation harmonieuse ; or, il appartient à chacun de sortir de cette dynamique souvent observée de travail en
«vase clos». Les organisations tant privées que publiques veulent préserver leur expertise et les moyens qu'elles ont dû mettre en œuvre pour
l'acquérir. Quantité d'actions de planification, de stratégie, d'opérationalisation sont mises au point par les acteurs tant privés que publics, mais
chacun veut préserver ses connaissances. Cela peut sembler légitime pour
ces organisations, mais est paradoxal lorsque la vie des personnes peut
être en jeu. Si l'on se limite aux XIᵉˢ Mondiaux de natation à Montréal, le
fait d'être reconnu par les pouvoirs publics en tant que coordonnateur de
la sécurité et chercheur travaillant dans ces événements depuis huit ans a
beaucoup facilité les négociations. Le chercheur, dont la présence sur le
terrain est active et légitimée, détient ainsi trois principaux atouts : l'objec-
tivité scientifique, la connaissance pratique et théorique comparée, l'intérêt
philanthropique puisque sa motivation est davantage la recherche de dif-
fusion du savoir (enseignement, publications, etc.), et non la recherche
d'intérêt économique ou de pouvoir.

Un document peut donc devenir le premier pas et, par la suite, la pierre
angulaire des discussions entre les divers acteurs qui interviennent dans la
manifestation : les procédures des urgences et des incidents ou de la crise.
À partir de son écriture, chaque acteur doit valider son rôle et ses niveaux
d'interactions avec les autres.

2.5

Planifier les procédures d'urgence et de la crise

Une fois les responsabilités délimitées, il s'agit pour chacun de définir les
modes de gestion qui seront organisés pendant l'événement, notamment
les procédures qui seront mises en œuvre, les modes de gestion des opérations, les modes de communication et de leadership. Cette réflexion, de
plus en plus intégrée en amont de chaque événement, devient une priorité

pour chaque institution. Elle est l'élément fondateur de la création des bases d'un partenariat actif et effectif. Elle peut être travaillée d'année en année pour consolider les savoirs et les techniques, et affirmer les interactions entre chaque acteur institutionnel qu'il soit privé (l'organisateur) ou public (ville, police, service des incendies et service des urgences).

Créer des procédures de gestion des incidents et des mesures de crise comme fondement au partenariat

Pour chaque événement, il existe un plan de procédures de gestion des incidents. Plusieurs principes président à sa création. Il est pensé au sein de chaque organisation (en interne), puis à plusieurs, avec l'ensemble des acteurs des secours et de la sécurité. Il faut saisir alors les thèmes fédérateurs pour impliquer chacun à la réflexion et différencier le côté responsabilité (civile et pénale) de l'opérationalisation des mécanismes d'action.

Deux temps sont ainsi observés dans les principes de gestion des incidents :

1. *Le travail en amont* avec, notamment, l'identification, la hiérarchisation et l'analyse de la menace ; la prise en compte des expériences d'autres manifestations de même type ; la mise en place de scénarios de réponses ou l'approche anglaise dite *and if* ? («et si» tel incident arrivait, par qui et comment serait-il géré ?) ; la formation des acteurs de la sécurité rattachés à la manifestation et la délimitation des missions de chacun et de ses responsabilités. On peut cependant noter qu'il n'y a, à ce jour, aucune évaluation précise et scientifique de la probabilité d'occurrence d'un risque, d'un danger ou d'une menace. La même chose est vraie concernant son impact si le risque se réalisait. Nous sommes toujours, le plus souvent, davantage dans une évaluation que nous pourrions considérer encore quelque peu comme «pifométrique».

2. *La gestion opérationnelle* avec, notamment, le commandement unique ; la prise en compte de vocables clés : anticipation, adaptation, rapidité d'intervention, communication ; un principe de prévention situationnelle omniprésent et la répression ; la prise en compte d'éléments incontournables : obligations juridiques et consignes liées au règlement intérieur, la billetterie, la signalisation, la gestion des flux, etc. ; l'importance du

cadre partenarial et du partage des responsabilités entre les acteurs privés et publics. À ce stade, il s'agit, dans chaque cas particulier, de convenir des positions de chacun, d'établir les arrimages suivant les problématiques soulevées qui vont nécessiter la présence d'un, de deux ou de plusieurs acteurs privés et publics. L'importance est donnée à la responsabilisation et à l'autonomie des acteurs à chaque niveau de la pyramide de gestion, l'ensemble des informations devant toujours être centralisé dans une double finalité d'agir sur l'événement dans sa gestion opérationnelle et communicationnelle.

Une fois que l'on a déterminé les principes, il convient de comprendre de manière concrète les modes de communication et de leadership en termes de gestion des incidents.

Comprendre et adapter à chaque situation les mécanismes opérationnels et communicationnels

Qu'importe l'organisation, la logique est toujours la même :

- L'incident est détecté ;
- L'incident est vérifié ;
- L'incident est évalué ;
- L'incident est géré.

À partir de cette logique, chaque acteur, à tous les niveaux hiérarchiques, a une action à porter pour chercher à ne pas saturer le haut de la pyramide qui n'a que deux fonctions : la première, de décider de la marche à suivre sur le plan opérationnel ; et la seconde, de décider de la manière dont l'institution va entreprendre de parler aux différents acteurs touchés, qu'ils appartiennent aux médias, aux commanditaires, aux employés de l'organisation ou encore aux spectateurs (les victimes étant un élément particulier).

Un principe de vérification, d'évaluation et de gestion

Une fois l'incident détecté, les opérations de gestion suivent trois principes : vérification, dévaluation et réaction. Selon les événements, il peut également coexister plusieurs niveaux d'évaluation et de gestion, mais ce principe résiste. Ensuite, trois niveaux sont le plus souvent adoptés : une gestion courante, une gestion des incidents mineurs, une gestion des incidents majeurs. À chacun de ces modes correspondent des opérations particulières et des types de communication avec une répartition des actions suivant les cas de figure. On voit apparaître des modes de partenariat entre cinq acteurs principaux (ville, police, pompiers, urgences médicales, privé) en fonction de la problématique considérée. Plusieurs principes sont généralement mis en évidence. Ils consistent non seulement à établir la préparation, en amont, des réponses à apporter afin d'éviter au maximum qu'un risque se réalise, mais aussi à mieux préparer les réponses si la probabilité que le risque se réalise est très forte.

Une centralisation de l'information

La volonté de toute organisation de centraliser l'information par l'intermédiaire des communications est également un élément fondamental. L'idéal était atteint lors des Mondiaux de cyclisme en 2000 à Plouay où fut créé un poste de commandement interservices. Il s'agissait pour l'occasion, en sus de réunir chaque poste de commandement opérationnel propre à chaque institution et notamment la police et le service des incendies, de créer un lieu où serait présent l'ensemble des acteurs opérationnels chargés de l'organisation de l'événement. On pouvait y voir des acteurs de l'organisation de l'événement en lien avec les acteurs gérant la course (Union cycliste internationale et Fédération française de cyclisme), des acteurs de la ville avec les services de police, des incendies, de la direction départementale de l'équipement, des services d'écoute des communications, etc.

Ce centre opérationnel était d'autant plus remarquable qu'il permettait une véritable centralisation de l'information, et la prise de décision avec des acteurs capables de pouvoir agir et transmettre directement sur le terrain la décision prise collectivement.

Si ce principe est souvent voulu par les différentes organisations, il est souvent peu appliqué, chaque organisation ayant déjà son poste de communication opérationnelle et n'étant pas capable d'envoyer une deuxième personne pouvant décider pour l'ensemble d'un événement. Les organisations ont leur décideur mais qui est, chaque fois, sur le terrain et non à distance. Une doublure, en termes de coûts (temps, argent, formation, compétence) constitue encore, pour la plupart des organisations, des frais qu'elles ne veulent (ou peuvent) s'offrir. Or, il nous semble indispensable, pour chaque organisation, de créer, pour des postes clés comme la sécurité, de vraies doublures en distinguant notamment le planificateur (qui se retrouverait au moment de l'événement aux communications) et un opérationnel (qui se retrouverait au moment de l'événement sur le terrain).

La responsabilisation et l'autonomie des individus à chaque niveau hiérarchique

Le tort pour de telles organisations serait que tout soit contrôlé uniquement par le responsable. Si le contrôle existe, il repose sur la confiance et la recherche d'autonomie des personnes qui auront la responsabilité d'un groupe de personnes ou d'un secteur donné. C'est cette autonomie qui sera garante de la non-saturation d'un service comme la sécurité. Toutefois, il s'agit de faire bien attention à ce que l'information remonte tout de même *a posteriori* pour évaluer la prise de décision et la critiquer au besoin. En amont, il est essentiel d'être en plein accord avec le personnel des dispositifs à prendre dans tel ou tel cas, et de le former en conséquence. La démarche se veut donc proactive à partir de la scénarisation d'incidents.

Une telle philosophie s'est avérée des plus pertinentes dans un cas spécifique où il y a eu impossibilité de communiquer par l'intermédiaire des radios portatives après une tempête météorologique aux Eurockéennes de Belfort. Le fait d'avoir évoqué la marche à suivre de chacun en cas de coupure des ondes radio quelques heures avant la tempête, a permis de ne pas surajouter de problèmes, mais de garder chacun dans une stratégie que le responsable avait élaborée auparavant.

L'essentiel de la sécurité est un travail de projection et d'anticipation. Pour un événement majeur où il n'y a eu aucune préparation, surajouter la «panique» liée à l'incident ne permet pas de réaction efficace. C'est la planification en amont, le travail au quotidien dans un moment calme où le temps de réflexion est possible, qui constitue la «moins mauvaise» manière de se préparer à un incident.

Professionnalisme, discipline et collaboration

Un tel résultat ne peut se faire sans la qualité et le professionnalisme des agents en poste à la base du dispositif. La légitimité du donneur d'ordre va elle aussi faciliter considérablement les rapports entre chacun. Le responsable donne les principes et la philosophie, mais c'est l'agent sur le terrain qui va être le garant de la qualité du responsable et de la manière dont le message a été compris et intégré.

Ensuite, c'est une question de bon vouloir et de collaboration. Dans un événement, il y a peu de place au réajustement, car il se passe en général sur quelques jours. Une fois lancé, il est difficile de le revoir complètement, ou cela ne peut l'être qu'au cas par cas.

L'essentiel se crée donc avant l'événement; c'est là que s'effectue le choix de l'agence et des agents; pour les grosses organisations, c'est l'équipe qui supervisera les agents et les secteurs. Il appartient au coordonnateur de créer la bonne harmonie dans le groupe et, quand il y a plusieurs agences, de faire oublier l'idée selon laquelle chacune puisse être en compétition à d'autres occasions, mais qu'au moment de l'événement, toutes doivent se mettre au service de celui-ci.

Adapter un schéma directeur à ses besoins

Il ne faut pas se le cacher, les documents de procédures d'incidents sont le plus souvent très lourds à lire et à intégrer, même pour celui qui les rédige. Toutefois, il est indispensable qu'elles soient écrites car elles amèneront une prise de conscience ainsi qu'une réflexion individuelle et collective de la part de l'organisation. Ensuite, il s'agit de trouver un moyen pour que ce type de document puisse être utilisé par tous et se mette ainsi au service de la sécurité de chacun.

Figure 5 Schéma de procédure type

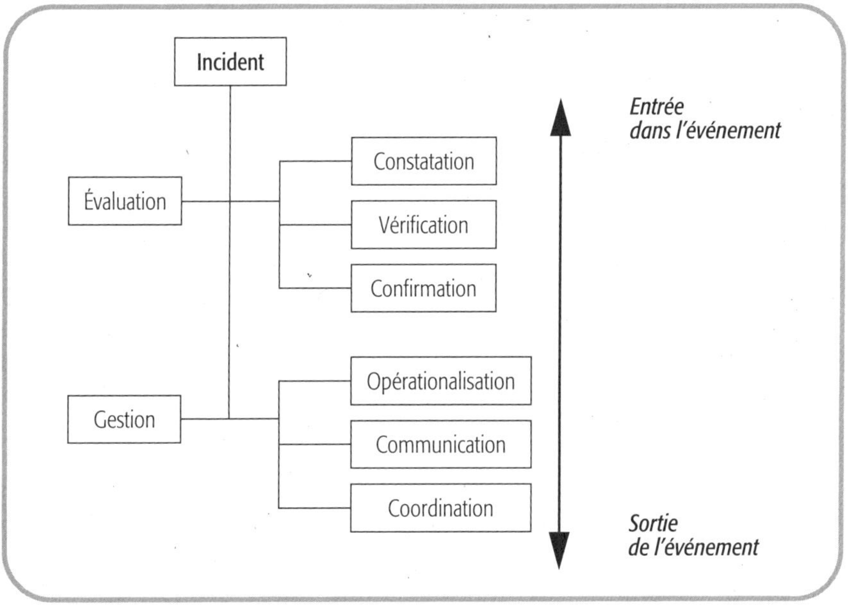

Schématiser, scénariser et transmettre jusqu'à l'agent de base

L'esprit est ainsi fait qu'il vaut mieux un schéma qu'un texte pour visualiser les actions à entreprendre dans tel ou tel cas de figure. Il n'existe pas de schéma de procédure d'incident valable pour n'importe quel contexte. Pourtant, d'événement en événement, il se dégage une logique que chacun pourra adapter suivant son organisation.

Pour tout événement entraînant la nécessité d'une procédure d'urgence ou d'une gestion de crise, plusieurs niveaux d'évaluation et de gestion sont opérationnalisés.

1. Tout événement est communiqué à un centre opérationnel.

2. Le centre opérationnel en informe le responsable et, le plus souvent, le coordonnateur de la sécurité qui en fait la vérification et une première évaluation (le superviseur de chaque lieu permet de vérifier cette information sur place).

3. Le coordonnateur de la sécurité met en place l'opérationalisation. Il peut appeler au besoin le directeur technique ou de l'aménagement, ou encore le directeur des opérations pour une deuxième évaluation et, si nécessaire, également les pouvoirs publics s'ils ne sont pas présents au sein du centre opérationnel.

4. Dès ce moment, le plus souvent, les hautes directions publique et privée de l'événement sont informées pour réfléchir à d'éventuelles communications par, notamment, les médias.

5. C'est à elles que reviennent également le soin de décider de la forme à donner à l'intervention (évacuation du public, annulation ou déplacement de la manifestation, type de communication aux médias, aux commanditaires et aux employés, etc.).

6. Le coordonnateur de la sécurité assure la gestion de l'événement en étroite collaboration avec les superviseurs sur le terrain et les pouvoirs publics présents sur place.

Ce type de schéma est alors intégré et expliqué à tous. Pour être mieux compris, on recherche une homogénéité, quel que soit le type d'incident. Chaque organisation cherche à se former à cette logique. L'appréhension pour chaque cas et à chacun des niveaux se fait pratiquement sous la forme de «réflexe».

Dans un moment d'incident majeur, il est trop tard pour la réflexion. La capacité même de réfléchir est considérablement diminuée. La part d'émotion peut être vive et empêcher ce qui peut sembler aller de soi en temps ordinaire.

Rester en contrôle de l'incident et éviter la crise

Il s'agit de se préparer en amont, de dédramatiser une situation pour autant dramatique. La crise n'existe que lorsqu'il y a perte de contrôle sur la situation. L'enjeu est, pour chacun, d'être suffisamment préparé afin de rester au contrôle de ce qui doit être fait dans le contexte donné et avec les contraintes exposées.

Au moment d'un incident, il est temps d'agir de manière simple et organisée sans se poser de question. De l'agent de base qui constate l'incident au plus haut de la hiérarchie, chaque niveau doit connaître ce qu'il a à faire et se borner à l'appliquer.

De la préparation à l'intervention

La structure est pyramidale du président à l'agent de base, le plus souvent avec plusieurs niveaux intermédiaires : directeur, coordonnateur, superviseur et chefs d'équipe. À chacun des niveaux, les personnes réagissent autant que faire se peut à la problématique. Si leur compétence n'est pas appropriée, on passe à un niveau supérieur.

Pour les procédures d'urgence et de sécurité, chacun des responsables reçoit, selon le degré de conscientisation, une formation spécifique à ses besoins.

Pour la haute direction, il est question de rédiger des messages adaptés à chaque cas. Il faut avant tout ne pas remettre la faute sur une autre organisation, montrer que l'on a fait et que l'on fait tout ce qui est en son pouvoir pour régler au mieux la situation.

Pour les personnes à la base du dispositif comme pour les responsables, l'essentiel est d'agir au mieux de leurs capacités sans paniquer. Ensuite, ce sont des réflexes fondamentaux qu'il s'agit de transmettre. Pour l'agent de base, il lui faut assurer la sécurité de son espace, des personnes s'y trouvant et de lui-même ; ensuite, s'armer de patience en attendant des secours ; enfin, rester calme et posé dans sa communication et ses actions. Pour les responsables, la logique est la même : calme, lenteur, précision, assurance de leurs forces au moment de l'événement.

Principes de mesures de sécurité et de secours

Outre les incidents spécifiques, on peut distinguer deux grandes familles d'incidents : ceux qui concernent la sécurité des personnes (et les acteurs de la sécurité : agence privée et police) et ceux qui concernent le secours aux personnes (et les acteurs des secours : services de premiers soins de l'organisation, service des incendies et service des urgences de la ville).

À chacune de ces grandes familles d'incidents correspondent des réflexes qu'il convient de partager avec chaque agent qui devra faire face à ces problématiques.

Globalement, on distingue les mesures de secours des mesures de sécurité. Pour chacune d'elles, on demande au personnel en place d'agir avec calme et au mieux de ses capacités. On surveille avant tout une transmission du message au centre opérationnel de façon claire, précise et concise. Pour un cas de secours d'une personne, on attendra que soient donnés la position, la raison de l'appel, l'état du blessé et ses caractéristiques. Pour un cas de violence et de fuite, on cherchera le moment de l'événement et sa fin, le lieu de l'événement, la situation de l'événement, le nombre de personnes concernées, leurs caractéristiques physiques (taille, poids, couleur des cheveux, de la peau, des yeux), leurs signes distinctifs (barbe, lunettes, cicatrice, acné), l'habillement (tenue de ville, chemise, pantalon, chaussures, etc.), ou encore les objets en leur possession (taille du sac, poids, manière de le tenir). Pour chaque cas, il s'agira finalement de surveiller son lieu et la victime, et d'être patient dans l'attente des secours. Au besoin, l'agent aura à prendre quelques notes écrites avant de remplir un rapport d'événement pour relater les faits aux services policiers ou aux assurances.

À côté de ces principes de base, chaque organisation se doit de réfléchir, année après année, de manière la plus précise possible à tous les cas de figure qu'elle pourrait rencontrer. On parle alors de cahiers de procédures spécifiques avec, idéalement, un schéma visuel des actions à entreprendre et les procédures précises écrites. Chaque organisation peut ainsi travailler, suivant son degré de conscientisation, à diverses procédures spécifiques : enfant perdu, incendie, alerte à la bombe, intempéries météorologiques, gestion des valeurs, etc.

Élaborer en interne et spécifiquement des procédures d'urgence : quelques exemples extraits des Mondiaux de natation 2005 à Montréal

Toutes les procédures considérées ici ont été utilisées lors des Mondiaux de natation 2005 à Montréal. Ces incidents entraînaient une gestion à responsabilité multiple. L'organisation Montréal 2005 se plaçait le plus souvent comme l'un des premiers acteurs à un premier niveau d'intervention. Dans toutes les procédures, l'organisation agissait au moins en tant que force de soutien.

Ainsi, selon les cas, on pouvait relever des autorités différentes d'opération de commandement et de gestion:

- Procédures à responsabilité (majoritairement) du service de police de Montréal (SPVM): attentat terroriste, prise d'otages, attaque à main armée, alerte à la bombe, violences interpersonnelles, mouvements sociaux sur les sites et hors des sites;

- Procédures à responsabilité (majoritairement) du service des incendies de Montréal (SSIM, SPIM): incendies, effondrement d'une structure (son, éclairage, tribune), évacuation;

- Procédures à responsabilité (majoritairement) du service des urgences (Urgences santé, Ambulance Saint-Jean, Évolusoins): assistance médicale à personne;

- Procédures à responsabilité (majoritairement) de l'organisation Montréal 2005: intrusion, dégradation et vols; alerte météo, disparition et personne égarée; objets perdus et trouvés; risques techniques et informatiques.

À partir de cette logique, nous pouvons détailler quelques cas de procédures types.

Des exemples de procédures à responsabilité SPVM

Attentat terroriste
Suivant le lieu de l'événement, qu'il s'agisse d'un attentat à l'aéroport, dans un hôtel, sur un site d'entraînement ou sur les Îles, le responsable du lieu sera le premier intervenant.

L'information sera transmise directement au Centre de communication et de transmission de l'information (CCTI) – Quartier général de la police de Montréal qui mettra en place les mesures de secours et de police.

Montréal 2005 agira sur les Îles en tant que force de soutien afin de procéder à un périmètre de sécurité, de faire évacuer les personnes du lieu et de se mettre au service des pouvoirs publics.

Prise d'otages

Dans le même ordre d'idées, l'information parviendra directement au Centre de commandement et de transmission de l'information – Quartier général de la police de Montréal qui mettra en place les mesures de police.

Suivant le lieu, une évaluation sur la tenue ou non de l'événement sera prise en collaboration entre les pouvoirs publics, la FINA et Montréal 2005.

Attaque à main armée

Ce type d'événement n'est pas courant; pourtant, il est difficile de l'éluder car des sommes d'argent se trouveront, notamment, à la billetterie, dans les différentes concessions dans la rue du marché et pour les distributeurs de monnaie sur le site.

Des procédures spécifiques seront mises en œuvre pour la collecte et tout déplacement des fonds d'un lieu à un autre.

Alerte à la bombe

Pour certains incidents, on pouvait concevoir des niveaux de présentation différents plus précis et détaillés avec des mots clés :

CALME – PRÉCISION DU DÉTAIL – COMMUNICATION RAPIDE
PAR CELLULAIRE UNIQUEMENT

Et des procédures suivant divers cas de figure.

I. **Alerte par téléphone**

    A. Lors d'un appel à la bombe, le maximum d'informations devra être pris :
- l'heure de début et de fin de l'appel,
- l'emplacement de la bombe,
- l'heure de l'explosion,
- les motivations de l'appel à la bombe,
- l'identification de la personne qui appelle (nom, organisation de rattachement),
- la nature du colis (bombe),
- le maximum d'informations sur la personne qui appelle : accent, sexe, âge de la voix, ton de la voix, intonation, bruit de fond, etc. ;

B. La personne recevant l'appel devra immédiatement communiquer avec le coordonnateur de la sécurité : par cellulaire ou par la base des communications (téléphone fixe) et transmettre les informations recueillies avec le plus d'exactitude possible ;

C. Ne pas utiliser d'appareil radio ni de téléphone cellulaire dans un rayon de 50 mètres des lieux de la découverte d'un colis suspect ;

D. Ne pas fumer ;

E. Ne pas ébruiter l'appel afin de ne pas créer un vent de panique dans le public ;

F. Le coordonnateur de la sécurité devra contacter la direction générale de Montréal 2005, le Service de police de la Ville de Montréal, le régisseur du site, le coordonnateur sportif, le responsable de la société de sécurité afin de recruter le personnel nécessaire au ratissage ;

G. Le coordonnateur de la sécurité se rendra sur les lieux pour prendre la responsabilité de l'opération pour l'organisation Montréal 2005 et se mettre au service de la police de Montréal ;

H. L'opération ratissage consiste à vérifier :
- les estrades et les gradins (sur et sous),
- les entrées et les sorties,
- les poubelles,
- les toilettes et tout autre endroit d'intérêt ;

I. En cas de doute avéré, il reviendra aux pouvoirs publics et au vice-président principal Montréal 2005 de prendre la responsabilité de demander l'évacuation du public ;

J. Le coordonnateur de la sécurité préviendra alors, par ordre, le coordonnateur de la compétition, le régisseur de site, le coordonnateur des placiers, le coordonnateur des médias, le responsable de la société privée, et procédera à l'évacuation du public ;

K. Le coordonnateur de la sécurité mettra en œuvre le plan d'évacuation du public des gradins vers l'extérieur et donnera son aide pour faciliter le travail des pouvoirs publics (police, pompiers, Urgences santé) pour l'évacuation de l'Île si nécessaire ;

L. Le coordonnateur de la sécurité rédigera un rapport sommaire dans tous les cas (fondé ou non).

II. Alerte en personne : menace directe ou colis abandonné

A. Si vous êtes confronté à une personne qui profère une menace verbale d'alerte à la bombe : restez calme et déterminez précisément : l'heure de prise de contact et de fin de contact, la façon dont l'individu vous a approché, la provenance de la personne, la conversation la plus précise (Qui?, Quoi?, Où?, Comment?, Pourquoi?), la direction de départ, les caractéristiques physiques (taille, poids, couleur des cheveux, de la peau, des yeux, signes distinctifs [barbe, lunettes, cicatrice, acné], habillement [tenue de ville, chemise, pantalons, chaussures, etc.], objets [taille et poids du sac, manière de le tenir]) ;

B. S'il s'agit d'un colis ou d'un objet suspect qui est trouvé par un membre de la sécurité ou par un membre de Montréal 2005, celui-ci ne doit pas être déplacé, ouvert ou brusqué ;

C. La personne recevant l'événement devra immédiatement communiquer avec le coordonnateur de la sécurité : par cellulaire ou par la base des communications (téléphone fixe) et transmettre les informations recueillies avec le plus d'exactitude possible ;

D. Ne pas utiliser d'appareil radio ni de téléphone cellulaire dans un rayon de 50 mètres des lieux de la découverte d'un colis suspect ;

E. Ne pas fumer ;

F. Ne pas ébruiter l'appel afin de ne pas créer un vent de panique dans le public ;

G. En cas de doute avéré, il reviendra aux pouvoirs publics et au vice-président principal Montréal 2005 de prendre la responsabilité de demander l'évacuation du public ;

H. Le coordonnateur de la sécurité préviendra alors, par ordre, le coordonnateur de la compétition, le régisseur de site, le coordonnateur des placiers, le coordonnateur des médias, le responsable de la société privée, et procédera à l'évacuation du public ;

I. Le coordonnateur de la sécurité mettra en œuvre le plan d'évacuation du public des gradins vers l'extérieur, et donnera son aide pour faciliter le travail des pouvoirs publics (police, pompiers, Urgences santé) pour l'évacuation de l'Île si nécessaire ;

J. Si, après les vérifications par le service policier et par la société privée, il s'avère que la menace n'est pas fondée, le coordonnateur de la sécurité en avisera la direction générale et rédigera un rapport sommaire dans tous les cas (fondé ou non).

Violence interpersonnelle

Plusieurs cas de figure étaient possibles. Une logique d'espace primait entre les espaces privés (vestiaire, terrasse de la piscine, gradins, hôtels, sites d'entraînement, métro, aéroport, îles) et publics (rue).

Plus simplement, dans le cas :

- d'une intervention dans la piscine (une personne du public plonge dans le bassin) :
  - Si la personne ne veut pas sortir, un sauveteur plonge et lui intime de sortir où un agent de sécurité l'attend ;
  - Si la personne sort de l'eau sans opposer de résistance, un agent privé l'attend et la sort pour la conduire en dehors du site de compétition ;
  - Les forces de police procèdent à l'interpellation et ouvrent une procédure d'enquête.

- d'une intervention dans un vestiaire (deux athlètes en viennent aux mains) :
  - Il s'agit d'abord de séparer les personnes, puis de ne pas opposer de force mais de parlementer (c'est aux membres de la délégation d'essayer de raisonner les personnes) ;
  - Si la situation persiste, le coordonnateur sportif demandera une assistance des agents privés qui interviendront (code 10-150) et sépareront les personnes ;
  - Suivant l'événement, une demande de suivi de l'enquête sera demandée aux services policiers.

- d'une intervention dans une tribune :
  - Le placier ou le mobile tribune prévient son chef d'équipe qui prévient la base de la situation (position de la tribune, nombre de personnes concernées, etc.). La base communiquera l'information au coordonnateur de la sécurité ou son adjoint pour se rendre sur les lieux ;
  - Le coordonnateur ou son adjoint préviendront la société privée pour détacher deux agents ou davantage des entrées vers les tribunes ;

- Suivant l'événement, les personnes seront sorties des tribunes ou non et remises aux forces de police pour une ouverture d'enquête.

Un exemple de procédures à responsabilité SPIM et SSIM

Incendie

Toujours le même principe avec des mots clés.

PRÉVENIR – SÉCURISER – ALERTER
LA BASE DES COMMUNICATIONS

Ensuite, le détail des procédures.

But: Définir les procédures afin d'assurer la sécurité des participants en matière de prévention des incendies.

Principes:

1. Avant l'événement, une évaluation de tous les sites de compétition sera effectuée par le SSIM et le SPIM. Les sites d'hébergement et d'entraînement feront également l'objet d'une inspection par le Service de prévention incendies de Montréal afin que les règles établies par les normes de sécurité soient suivies.

2. L'inspection visera cinq points principaux:
   - Les normes de sécurité en matière d'incendie;
   - Les normes de prévention;
   - L'identification des sorties d'urgence;
   - L'identification du matériel d'incendie;
   - Les procédures et les plans d'évacuation.

3. Tous les sites mettront en vue le plan d'évacuation de leurs locaux. Les plans d'évacuation des hébergements et d'entraînement feront l'objet d'une analyse de risque. Les plans démontreront le trajet à suivre pour une évacuation rapide et sécuritaire en cas d'incendie, ainsi qu'un lieu de rassemblement.

4. Tous les sites devront prévoir des espaces nécessaires afin de favoriser un stationnement stratégique aux véhicules d'incendie et de secours si nécessaire.

5. Tous les sites feront l'objet d'une analyse précise des voies d'accès et de sortie par les pouvoirs publics en partenariat avec le parc Jean-Drapeau

et Montréal 2005 (plan d'intervention des îles Sainte-Hélène et Notre-Dame).

6. Conformément à la réglementation provinciale et municipale sur la protection des non-fumeurs, il sera interdit de fumer à l'intérieur des bâtiments de Montréal 2005, sauf aux endroits le permettant. Un affichage sera installé en ce sens.

Modalités:

1. Après inspection des bâtiments et du site, le coordonnateur du SPIM fera ses recommandations au directeur des installations et production ainsi qu'au coordonnateur de la sécurité qui devront s'assurer de donner suite aux dites recommandations.

2. Le régisseur de chaque lieu devra aviser immédiatement le directeur des installations et production en cas de problématique liée aux installations. Au besoin, le SPIM en sera avisé.

3. Pour une intervention d'urgence, un personnel spécialement qualifié et formé assurera autant que faire se peut un premier niveau d'intervention. S'il parvient, sans mettre en péril sa personne ou les personnes proches, à contenir le départ du feu, il en avisera après intervention le régisseur de lieu.

4. Pour une intervention jugée trop dangereuse, l'agent devra sans délai contacter le responsable de la sécurité de la zone qui appellera la base des communications pour lui donner un état de la situation : position, type de feu, ampleur, personne à proximité.

5. Le régisseur de lieu se préparera pour une éventuelle évacuation.

6. La base des communications appellera le 9-1-1 pour donner les détails de l'événement. Elle contactera ensuite le coordonnateur de la sécurité pour se rendre sur place et assurer le suivi opérationnel en cas d'évacuation en lien avec le régisseur des lieux. Puis elle contactera la directrice opérations qui avisera au besoin le vice-président exploitation, qui avisera au besoin le CA.

7. Toute intervention devra faire l'objet d'un rapport par le régisseur de site.

Note: Les régisseurs, les coordonnateurs, le personnel de sécurité et les bénévoles Montréal 2005 devront se familiariser avec les lieux et connaître les champs d'intervention afin de pouvoir réagir rapidement et efficacement. Plus particulièrement, les responsables devront se familiariser avec les procédures d'intervention et d'évacuation ainsi que les modes de communication afin d'être aptes à réagir.

Procédures : Tous les responsables de chaque lieu, agents et bénévoles doivent connaître :

* le plan d'évacuation ;
* l'emplacement des sorties de secours ;
* l'emplacement des avertisseurs manuels d'incendie ;
* le numéro de téléphone pour urgence, soit le 9-1-1 ;
* l'emplacement des extincteurs portatifs et des tuyaux d'incendie ;
* le lieu de rassemblement extérieur en cas d'évacuation.

Note : Les corridors, les vomitoires et les voies de sortie de secours devront demeurer libres de toute obstruction en tout temps.

Deux cas de figure

I. Pour l'agent qui découvre de la fumée ou des flammes

Pour un lieu sans système de temporisation

* Utiliser un extincteur portatif pour combattre un début d'incendie seulement et s'il n'y a aucun risque (équipe de deux) ;

* Si la situation n'est pas maîtrisable, dès que possible, on avisera la base des communications et ensuite le régisseur du lieu de l'incendie en donnant un état précis de la situation : lieu, ampleur du feu, type de feu, cause supposée, nombre de personnes à proximité du suspect ou toute autre information d'intérêt ;

* La base des communications contactera le service des incendies (9-1-1) et le coordonnateur de la sécurité qui se rendra sur les lieux pour organiser :

  – l'arrivée des secours : dégagement des voies d'accès, etc.,

  – l'organisation si nécessaire et expressément demandée par les pouvoirs publics ou le CA de l'évacuation du public ou des employés (centre de presse, pavillons des baigneurs notamment),

  – le coordonnateur de la sécurité mettra en alerte le coordonnateur sportif, le coordonnateur des placiers et le responsable de la société privée,

  – le régisseur des lieux mettra en œuvre le plan d'évacuation en coordination avec les divers services impliqués ;

- La base des communications contactera la directrice opérations qui se rendra à la base. Si elle le juge nécessaire, elle contactera le vice-président exploitation qui convoquera le CA afin de former une cellule de crise ;

- Si la situation nécessite l'évacuation du public, le régisseur des lieux en assurera l'opération.

Pour un lieu avec système de temporisation manuelle ou automatique

- Utiliser un extincteur portatif pour combattre un début d'incendie seulement et s'il n'y a aucun risque (équipe de deux) ;

- Si la situation n'est pas maîtrisable, actionner l'avertisseur manuel d'incendie ;

- Dès que possible, aviser la base des communications et ensuite le régisseur du lieu de l'incendie en donnant un état précis de la situation : lieu, ampleur du feu, type de feu, cause supposée, nombre de personnes à proximité du suspect ou toute autre information d'intérêt ;

- La base des communications contactera le service des incendies (9-1-1) et le coordonnateur de la sécurité qui se rendra sur les lieux. Le régisseur des lieux mettra en œuvre le plan d'évacuation :

  - l'arrivée des secours : dégagement des voies d'accès, etc.,

  - l'organisation si nécessaire de l'évacuation du public vers les sorties les plus proches et suivant les plans d'évacuation du lieu avec le soutien des agents de la sécurité,

  - les agents devront s'assurer que tout le personnel est évacué et fermer toutes les portes et toutes les fenêtres en quittant les lieux ;

- La base des communications contactera la directrice opérations qui se rendra à la base. Si elle le juge nécessaire, elle contactera le vice-président exploitation qui convoquera le CA afin de former une cellule de crise.

II. Pour toute personne qui entend le signal d'alarme d'incendie ou le message d'évacuation

Agence de sécurité – Bénévoles placiers et sécurité public – Bénévoles sécurité pavillon des baigneurs

- S'assurer que les occupants de son secteur ou étage évacuent immédiatement les lieux.

- Procéder à la vérification de tous les locaux de son site (y compris les toilettes) et fermer les portes sur son passage.

- Aviser son superviseur ou chef d'équipe lorsque son secteur ou étage est complètement évacué ou pour l'informer de toute anomalie.

- Les superviseurs et le chef d'équipe aviseront le coordonnateur de la sécurité et le régisseur du site une fois le public évacué à la zone de rassemblement, et demeureront à leur disposition.

Coordonnateur sportif – FINA – Délégations – Athlètes

- Le coordonnateur sportif évacuera les membres de sa délégation par l'issue la plus rapprochée telle qu'indiquée sur le plan d'évacuation du local *sans jamais utiliser les ascenseurs.*

- Il s'assurera que son personnel ne retourne pas récupérer ses effets personnels.

- Il fermera les fenêtres et les portes du local en quittant le lieu.

- Il regroupera les athlètes et les membres de sa délégation au lieu de rassemblement.

- Il vérifiera la présence de tous ses membres.

- Il avisera immédiatement le coordonnateur de la sécurité de toute absence ou anomalie (à défaut la base des communications).

Des exemples de procédures à responsabilité de l'organisation Montréal 2005

Disparition et personne égarée
Toujours le même principe avec des mots clés.

RASSURER – RACCOURCIR LES DÉLAIS D'ATTENTE – COMMUNIQUER AVEC LA BASE DES COMMUNICATIONS

Ensuite, une procédure.

Deux cas de figure

I. Disparition d'une personne FINA – Montréal 2005

But : Apporter une assistance afin de pouvoir assurer une gestion efficace et retrouver le disparu dans un délai le plus rapide possible.

Principes:

1. Une personne est portée disparue lorsque son absence prolongée est contraire à ses habitudes et que son entourage ou ses proches s'inquiètent, compte tenu de son âge, de son état de santé ou de sa condition physiologique ou morale, ou de son statut particulier (athlète étranger).

2. Toute personne qui réside, œuvre, travaille ou qui séjourne sur le territoire de la Ville de Montréal peut être rapportée disparue au service de police de Montréal.

Modalités:

1. Dès qu'une personne est portée disparue, le premier intervenant doit:

   • S'il s'agit d'un employé de Montréal 2005, procéder par ordre: 1. contacter le domicile de la personne; 2. contacter la personne que l'on doit prévenir en cas d'urgence; 3. si les nouvelles restent infructueuses, passer à l'étape 3.

   Note: Chaque superviseur de site aura la tâche de tenir à jour la liste des numéros de domicile et cellulaire de chaque personne à sa charge, ainsi que la personne-ressource de chaque personne en cas de problème.

   • Si c'est un membre de la FINA, s'assurer avant tout que cette personne n'est pas tombée, ne s'est pas affaissée ou cachée quelque part aux abords immédiats de sa disparition.

   • Communiquer avec la base des communications afin de faire la coordination par l'intermédiaire du responsable de la sécurité Montréal 2005, avec le service de police (SPVM) lorsque les recherches primaires s'avèrent négatives.

   • Avant l'arrivée des policiers, recueillir les éléments suivants:
     – sa description et ses particularités physiques;
     – le dernier endroit fréquenté;
     – une photo si possible;
     – la somme d'argent en poche;
     – le pourquoi de l'événement: dispute, etc.

2. Si l'incident est hors du site, le coordonnateur du service aux délégations (cellulaire) rédige un rapport d'incident et le transmet à la base

des communications. Puis, il communique avec le SPVM et coordonne les recherches.

3. Si l'incident est sur le site, le superviseur de la sécurité du site rédige un rapport d'incident et le transmet à la base des communications qui en avise le responsable de la sécurité Montréal 2005 qui coordonnera les recherches avec le SPVM.

4. La base des communications lancera un appel sur les ondes afin de sensibiliser les divers acteurs à la recherche.

5. Lorsque la personne est localisée, il s'agira sans délai d'aviser la base des communications qui contactera le service de police et lancera un message sur les ondes afin de cesser toute recherche.

6. Le coordonnateur de la mission rédigera un rapport d'incident en inscrivant les circonstances de la disparition et du retour et le transmettra à la base des communications.

Remarque: Advenant qu'un membre de la FINA Montréal 2005 (athlète, participant, membre de délégation, etc.) s'égare sur le territoire de Montréal, ce dernier peut demander assistance dans tous les postes de police ou d'incendie jour et nuit.

Une coordination entre ces centres et la base des communications du site sera opérationalisée. En dehors des heures d'ouverture de la base des communications (de 6 h 30 à 1 h), les centres communiqueront avec le coordonnateur de la sécurité (cellulaire) qui assurera le suivi de la personne avec le coordonnateur du service aux délégations (cellulaire).

II. Personne égarée sur le site ou hors du site de Montréal 2005

But: Porter assistance à toute personne égarée et tenter de localiser un responsable pour cette dernière.

Principes:

1. Une personne est jugée égarée lorsqu'elle réclame de l'assistance, semble perdue ou confuse, ou encore sans majeur responsable (jeune enfant).

2. Toute personne qui travaille sur les îles Sainte-Hélène ou Notre-Dame doit apporter assistance à la personne.

Modalités:

Dès qu'une personne est considérée comme égarée (sur le site ou hors du site), le premier intervenant doit immédiatement:

1. Porter assistance et sécuriser la personne;

2. Prendre les détails pouvant aider à la recherche de solution:
   - ses coordonnées (nom, adresse, téléphone),
   - le dernier lieu où la personne a été retrouvée,
   - sa description physique,
   - le nom de la personne responsable ou accompagnateur;

3. Dans l'impossibilité de trouver une solution sur place, prévenir la base des communications qui avisera le superviseur de la sécurité du site qui ira chercher la personne pour la conduire au kiosque de l'information générale situé au métro;

4. Le coordonnateur de la mission s'assurera que la personne va bien; au besoin, il demandera une assistance médicale à Ambulance Saint-Jean ou Urgences santé (9-1-1). Une fois arrivé au lieu, il avisera la base des communications sur les détails de la personne égarée;

5. La base des communications lancera un appel sur les ondes afin de sensibiliser les divers acteurs à la recherche;

6. Dans ce temps, si aucune demande de personne à la recherche de la personne n'a été communiquée avec la base, le coordonnateur de la sécurité devra aviser le service de police (SPVM);

7. À partir du moment où la personne responsable de la personne disparue est trouvée et localisée, le coordonnateur de la mission acheminera la personne égarée au point de rendez-vous;

8. Il s'agira sans délai d'aviser la base des communications qui contactera le service de police et lancera un message sur les ondes afin de cesser toute recherche;

9. Le coordonnateur de la mission rédigera un rapport d'incident et le transmettra à la base des communications.

Objets perdus et trouvés

Finalement, pour ce dernier cas, toujours un principe de mots clés, puis les procédures.

ASSURER UNE GESTION CONTRÔLÉE ET SÉCURITAIRE DES OBJETS

But: Assurer un contrôle sur les objets perdus et trouvés afin de pouvoir en assurer une gestion efficace et tenter de localiser les propriétaires.

Principes:

1. Tous les objets de valeur qui auront été trouvés seront remis au secteur de la sécurité qui en tiendra l'inventaire ainsi que la gestion au local de sécurité sur l'île Sainte-Hélène (Place des Nations). Les objets perdus rapportés nécessiteront la rédaction d'un rapport de la part du superviseur pour fin de liaison future.

2. Les objets autres (parapluies, chapeaux, gants, clés, peluches, etc.) seront, dans un premier temps, entreposés dans un kiosque information à l'entrée du métro. Un inventaire sera tenu par le personnel d'accueil et d'information. À la fin de la journée, si l'objet n'a pas été demandé, il sera remis au responsable de la sécurité du lieu qui le transmettra au local de sécurité sur l'île Sainte-Hélène (Place des Nations). Les objets perdus rapportés nécessiteront la rédaction d'un rapport de la part du superviseur pour fin de liaison future.

3. Tous les objets remis au local de sécurité seront inventoriés à l'aide d'un fichier numéroté et seul le responsable de la sécurité ou personne déléguée en aura le contrôle absolu.

4. Le comité organisateur Montréal 2005 se donnera deux jours après l'événement pour la réclamation des objets avant de procéder à la liquidation et à la remise au service de police de la ville de Montréal.

Modalités:

- Chaque responsable de lieu, ou coordonnateur, remettra les objets trouvés au responsable de l'agence de sécurité de chaque lieu. Ce dernier acheminera les objets accompagnés d'un rapport circonstancié au local de sécurité afin qu'ils soient inscrits au registre des événements.

- Chaque objet portera une étiquette mentionnant le lieu où il a été trouvé ainsi que les circonstances et le numéro de l'événement.

- Toute réclamation sera traitée par le superviseur de la sécurité privée avec les pièces de justification requises. L'identification positive de l'objet par la personne devra être effectuée ainsi que la présentation d'une pièce d'identité. Une signature de l'intéressé sera exigée.

- Toute réclamation d'objet se fera au local de la sécurité situé sur l'île Sainte-Hélène de 8 h à 23 h.

- Le service de la sécurité doit (dans la mesure du possible) effectuer les démarches nécessaires afin de localiser le propriétaire de l'objet perdu.

∗∗∗

À travers ces divers exemples, on peut s'apercevoir que la logique des procédures suit une démarche simple et par étapes. Il s'agit de scénariser dans le détail : Qui ?, Quoi ?, Comment ? L'enjeu est de pratiquer ces procédures pour tester l'opérationalité des actions et les acteurs en présence.

Après avoir déterminé et négocié les espaces, les responsabilités et les coûts, chaque organisation met en œuvre les actions pour gérer le quotidien et l'exceptionnel.

Agir au quotidien et coordonner l'exceptionnel

La gestion de tels événements ne se fait pas seul et encore moins au hasard. Elle nécessite la présence d'un ensemble d'acteurs, et s'organise autour d'actions selon une double logique : d'une part, une logique d'action pour des opérations courantes, internes à l'organisation et individuellement ; d'autre part, des actions plus ou moins exceptionnelles, mises au point en partenariat avec deux ou plusieurs acteurs publics (service des incendies, urgentistes et policiers).

1.1   Comprendre le principe de créativité et les missions attachées à l'organisation d'un événement festif

1.2   Organiser une structure opérationnelle en conséquence

1.3   Analyser les caractéristiques des acteurs de la sécurité et des secours

1.4   Élaborer des actions stratégiques

À retenir dans ce chapitre...

- Les organisations d'événements festifs sont très peu flexibles. L'essentiel des dispositifs est pensé très en amont.

- L'essentiel des mesures utilise la prévention situationnelle : architecture et aménagement pour la gestion des flux, protection du périmètre, billetterie, système d'accréditation, système de communication, vidéosurveillance, surveillance des diverses zones par des agents de sécurité privée (ou publique), etc.

- Il serait possible de distinguer des activités et des logiques différentes suivant les acteurs privés et publics. De manière simplifiée, à l'acteur privé, une activité de surveillance et de gardiennage dans son espace ; à l'acteur public, une activité de maintien de l'ordre public dès que des incidents dégénèrent.

- Plusieurs modes de gestion opérationnelle sont utilisés : commandement unique, centralisation de l'information, anticipation, adaptation, rapidité d'intervention.

- La sécurité d'un événement festif ne peut se réduire à l'accueil, à la surveillance et à la répression. Elle s'appuie avant tout sur un travail en amont et grandement axé sur de la prévention : modernisation des installations, stratégies proactives de type sociopréventif comme le fancoaching dans le football, ou encore des actions de lutte contre le racisme, des actions de réduction des risques contre les toxicomanies et les infections sexuellement transmissibles, coopération internationale, professionnalisation des agents privés et publics ainsi que spécialisation dans l'événementiel et la gestion de foule.

- Le recrutement des agences et des agents n'est plus uniquement motivé par des données purement économiques. L'enjeu est de fidéliser les agences et les agents afin qu'ils acquièrent expérience et compétences. Il s'agit de multiplier les contacts pour motiver la concurrence, spécialiser les tâches et définir les rôles de chacun, préciser et adapter les besoins et les attentes.

- La complexité du champ de la sécurité oblige la présence d'une équipe de coordination pour planifier et gérer l'événement, et interagir avec les divers acteurs.

- L'utilisation des nouvelles technologies ne doit pas faire oublier que la sécurité de ces événements est avant tout d'ordre humain. Certains dispositifs peuvent devenir cependant des aides indéniables au service de la sécurité : vidéosurveillance, systèmes de communication, tourniquets automatiques, contrôle centralisé des issues de secours et des clôtures, etc.

Comprendre le principe de créativité et les missions attachées à l'organisation d'un événement festif

Quatre angles de coordination et de gestion sont généralement mis en œuvre par tout responsable de la sécurité, qu'il soit public ou privé : gestion des espaces, du temps, des acteurs et des missions.

Ces actions s'enchevêtrent dans une dynamique d'ensemble. Il y a d'abord ce qui est posé comme problème ou ce qui a posé un problème par le passé. Il s'agit de mettre en lumière et d'analyser les lieux à risque, les acteurs qui participent au risque et les situations à risque. C'est ce que nous avons vu dans le premier chapitre, à la section 1.5. De cette analyse, deux types de scénarios sont envisagés : 1. gérer des risques courants avec la façon d'accueillir les différents publics (athlètes, artistes, officiels, invités, médias, commanditaires, public en général, etc.) ; 2. prévenir des crises potentielles avec la manière de sécuriser ces publics.

Ainsi, deux niveaux sont à considérer :

1. les risques courants comme la gestion des flux de circulation des piétons ou des véhicules, ou encore les problèmes liés aux populations déviantes évoluant le plus souvent autour d'une foule (la foule tend à rendre l'individu invisible et devient donc l'occasion rêvée, avec un risque minimum de se faire arrêter, pour faire le trafic de drogue, voler, extorquer, faire de la propagande, etc.) ;

2. les risques exceptionnels liés à l'organisation de l'événement et à la présence d'une foule (terrorisme, effondrement d'un gradin, catastrophe naturelle, empoisonnement, panique, etc.).

Ensuite, il y a la manière d'aborder la réponse. Suivant les deux problématiques envisagées, un certain nombre de dispositifs sont ainsi pensés et mis en place pour être à même de gérer à la fois ces opérations courantes et exceptionnelles.

Toutefois, cette volonté ne peut se construire sans créativité. Les acteurs qui vont ainsi devoir gérer ces questions diversifient au maximum leur mode de réponses et choisissent la ou les solutions appropriées suivant leur problématique.

Créer et savoir être patient, persévérant et curieux[83]

Une solution pertinente ne peut venir que de la capacité d'une personne à développer sa créativité. Celle-ci passe par l'ouverture d'esprit, l'aptitude à regarder ce qui existe et à combiner, à mélanger, à appliquer et à innover.

Elle ne peut se faire d'emblée, mais procède en quatre temps. Une période d'observation et de préparation, puis d'incubation (en solitaire) où l'on va chercher à «jongler» avec les idées. Avec un peu de chance survient alors l'illumination où l'idée émerge à partir des solutions envisagées et de leur sélection. On cherche finalement à vérifier l'idée et à appliquer sur le terrain la solution.

Plusieurs facteurs sont favorables à ce processus de créativité et ils sont liés tant à des traits propres de l'individu qu'à des caractéristiques du milieu dans lequel il évolue[84]. Avant tout, l'autonomie de la personne et la marge de manœuvre laissée par le meneur du groupe sont indispensables. Ensuite, les ressources, les expériences individuelles et la motivation feront le reste. C'est surtout dans la dynamique de groupe que peuvent apparaître des idées innovatrices, d'autant plus si celui-ci détient une certaine forme d'hétérogénéité.

Trois méthodes peuvent être utilisées pour générer ces idées: le choc des idées, l'avocat du diable et le remue-méninges (ou *brainstorming*). La première cherche, à partir de deux groupes, à produire deux propositions de solutions opposées et à analyser les conséquences pour chacune des pistes. La deuxième garde la même idée de deux groupes: l'un propose une solution, l'autre cherche à critiquer à partir des failles, des faiblesses, des contraintes, etc. Enfin, la dernière, la plus utilisée, laisse libre cours aux idées des uns et des autres sans chercher à les influencer ou à les critiquer. D'une idée doit en germer une autre...

En posant la créativité pour principe fondamental avant l'action, il devient plus évident de comprendre comment gérer le quotidien et l'exceptionnel.

---

83. Un certain nombre d'idées dans cette partie ont été initialement élaborées dans le cours de résolution stratégique de problèmes par Luc Hébert, responsable du certificat de gestion appliquée à la police et à la sécurité, Université de Montréal.

84. Amabile, Gryskiewvicz (1987).

Gérer des actions en interne : la gestion courante

L'essentiel de telles organisations en ce qui concerne les questions de sécurité est pensé en amont, et ces types de structures sont très peu flexibles. Il faut donc tenter de les rendre plus structurées pour leur permettre de faire face aux changements, qui sont courants pour de tels événements.

Le premier principe est celui de la centralisation de l'information avec une base ou un centre de communication. Ce lieu est le centre nerveux de l'information et des opérations pendant l'événement. Il sert de soutien pour les principaux services (sécurité, transport, secours, placiers ou *stewards*, logistique, aménagement, etc.). Il a pour mission principale de concentrer l'information pour la redonner, et servir de lien de coordination entre les différents services. C'est également à travers lui que sont indiquées toutes les procédures et les marches à suivre pour les urgences et la sécurité.

Le second principe est la répartition de missions de gestion suivant quatre perspectives :

1. une gestion des espaces (aéroport, gare, métro, bus, hôtels, sites d'entraînement, espace propre à l'événement, loges des artistes, etc.) ;

2. une gestion du temps (en amont : montage ; pendant l'événement : compétition et hors compétition – répétition et concert ; en aval : démontage) ;

3. une gestion des acteurs (dans une relation entre acteurs privés et publics ; et dans les dimensions de la sécurité (police/privé) et des secours (incendie/urgences médicales) ;

4. une gestion des activités (transport et circulation des spectateurs, gestion des entrées des sites, plan de secours et d'évacuation, gestion de l'hébergement, des stationnements, des accréditations, des communications, etc.).

Parallèlement à cette gestion interne, les divers partenaires privés et publics échafaudent des modes d'intervention pour des incidents plus ou moins graves ou fréquents.

Gérer des actions pour des incidents mineurs et majeurs avec les autres partenaires

Face au degré d'importance des incidents, le partenariat s'impose. Celui-ci met en rapport soit deux partenaires, soit l'ensemble des partenaires. Des exemples d'interventions à deux associeraient l'organisateur privé et la police à l'occasion d'une interpellation d'un revendeur de stupéfiants; l'organisateur et les techniciens pour les urgences médicales pour un malaise nécessitant des soins hospitaliers; l'organisateur et le service des incendies pour une fuite de gaz; et pour une gestion à plusieurs, une évacuation à la suite d'un incendie ou encore d'un attentat.

Par ailleurs, deux logiques de gestion coexistent: la première, courante par sa fréquence, comme le fait d'accueillir des spectateurs et assurer la gestion des flux; la seconde, hypothétique, comme la menace d'un attentat. Suivant ces logiques, un certain nombre de réponses sont pensées et mises en place. D'un côté, des protocoles d'entente avec la ville, la police, les services de secours (plan d'accès, plan de secours, plan d'évacuation, plan de gestion de crise) pour organiser les modes de gestion humaine, et ce qui est de plus en plus discuté, une répartition des coûts. De l'autre, une gestion selon un mode exclusif de prévention situationnelle, avec ce que nous pourrions appeler une «sécurité passive» et l'aménagement de tout ce qui touche aux aspects architecturaux (contrôle des entrées et des couloirs de sécurité), matériels et technologiques, comme la structure, les équipements (présence toujours plus fréquente de vidéosurveillance), les installations, les tribunes, les accréditations, les moyens de communication; et une «sécurité active», comme le choix de la société de sécurité privée, la répartition des postes et des missions, les dispositifs stratégiques d'intervention aux entrées pour les palpations de sécurité, etc.

Dernier principe envisagé, les organisations tant privées que publiques adoptent une politique de responsabilisation de chaque service et de chaque agent y travaillant. Les structures pyramidales s'étendent des présidents aux chefs d'équipe pour le privé, des commandants aux patrouilleurs pour le public. À chaque niveau, il est demandé aux personnes de réagir à la problématique si elles s'en estiment capables. À défaut de la compétence appropriée, on passe au niveau supérieur. L'ensemble de ces événements répond de manière générale aux mêmes exigences de sécurité, quel que soit le lieu. Il semble dès lors naturel que des organisateurs de spectacles, tant en Europe qu'en Amérique du Nord, fassent appel aux mêmes types de logiques organisationnelles. Parmi ces points communs, on peut noter:

- un principe de découpage du site par zones. Les différentes zones ainsi créées sont autant de périmètres distincts différenciés permettant une certaine autonomisation par zone de la gestion de la sécurité (ce qui prend tout son sens dès qu'il s'agit de traiter avec des espaces clés, notamment les entrées pour le public, les tribunes, le devant de la scène, l'arrière-scène[85], les loges des artistes, les espaces médias, etc.);

- une centralisation des communications ainsi que des images véhiculées au moyen d'un système de vidéosurveillance par un centre opérationnel;

- des méthodes particulières de gestion des flux de personnes et de véhicules avec l'utilisation, entre autres, de signalisations, de barrières et de voies de secours réservées aux véhicules d'urgence et d'incendie;

- un système d'accréditation comparable;

- un système de communication classique: *talkies-walkies* et cellulaires.

Une fois ces principes envisagés, il nous faut maintenant rentrer dans le détail de leur mise en œuvre en dégageant les différents dossiers sur lesquels il faut réfléchir et agir.

Constituer une première base sur les principaux dossiers à couvrir

Nous ne chercherons pas ici l'exhaustivité. L'idée est davantage d'attirer l'attention sur la somme des activités auxquelles un gestionnaire de ces questions peut avoir à faire face. Certaines sont propres à l'organisateur, d'autres touchent davantage les pouvoirs publics. Il reste que chacun des acteurs doit avoir pleine conscience de l'ensemble des dossiers à traiter, car ils peuvent avoir de réelles conséquences sur la sécurité et les secours de toutes les institutions en présence.

---

85. Ou, en anglais, *backstage*, par où circulent les artistes, les techniciens et autres invités.

Les questions d'accessibilité aux ressources vitales des villes

Pour chaque ville où se déroulent les manifestations, un certain nombre de lieux dits «essentiels» sont référencés (centres hospitaliers, casernes de pompiers, centres opérationnels des policiers, etc.). Il s'agit avant tout d'en préserver les accès en tout temps.

Les questions du transport et de la circulation des personnes

Pour chaque événement, les problématiques liées aux mouvements des personnes sont essentielles. Suivant la taille de l'événement peuvent être considérés les aéroports, les ports, les gares de chemin de fer, les stations de métro et d'autobus et, enfin, les véhicules personnels et les réseaux autoroutiers.

Les gestionnaires se posent plusieurs questions:

- Qui vient?
- Quel moyen de transport va-t-il utiliser?
- Par quelles étapes va-t-il s'arrêter?
- Quand va-t-il procéder à ses déplacements?

À partir de ces questionnements, il faut développer un maillage fin du réseau de transport où il devient nécessaire de repenser la structure architecturale et l'aménagement des sites d'accueil. Ensuite, de nombreux moyens humains sont le plus souvent sollicités. Pour la Coupe du monde de football en France en 1998, pas moins de 500 jeunes ont été embauchés pour contribuer à l'accueil et à l'information, auxquels on a adjoint 200 agents pour la régulation des flux pour les liaisons vers le Stade de France les jours des rencontres. À cela, il fallait additionner les 720 agents du service de protection et de surveillance du métropolitain (SPSM) pour les questions de sécurité, et plusieurs centaines de policiers et militaires venus en renfort dans le cadre du plan «vigipirate». Enfin, 60 adjoints de sécurité complétaient l'ensemble du dispositif pour accueillir pas moins de 60 000 personnes par jour se rendant au Stade de France.

Finalement, aux mesures d'aménagement et de personnel, s'ajoute un effort de communication et d'information. Ce fut une nouvelle fois particulièrement remarquable au Stade de France où, à côté de campagnes d'information sur les ondes radio incitant à ne pas prendre sa voiture les journées de match, se trouvaient des panneaux à messages variables de la Direction régionale de l'équipement sur le réseau autoroutier lui-même[86].

Mais ce n'est pas une spécificité d'un très grand événement. Dans chaque cas, il s'agit de réfléchir à ces questions, non seulement de penser aux flux de circulation, mais également au stationnement à la fois des véhicules ou encore de tentes pour dormir. Dans un festival comme les Vieilles Charrues, 60 hectares de stationnement et 30 hectares de camping sont dédiés aux spectateurs, avec notamment des systèmes de navettes pour les stationnements les plus éloignés. On utilise alors tout type d'espace pour les automobiles. Idéalement, on recherche des terrains pavés, mais certaines villes n'ont pas forcément les structures nécessaires pour accueillir ces grands rassemblements et doivent considérer d'autres solutions comme des champs et les aménagements appropriés en cas d'intempéries. Les interrogations furent nombreuses sur chacun des sites en plein air, par exemple les Eurockéennes de Belfort, où sur la presqu'île de Malsaucy sont installées des sortes «d'enjoliveurs» de voitures en plastique pour faciliter les déplacements des spectateurs à pied entre les scènes ; ou encore lors des Mondiaux de cyclisme à Plouay en 1999 où, pour les stationnements, plusieurs solutions avaient été envisagées, notamment le fait de durcir le sol par l'ajout de cailloux et de limiter les chemins rendus impraticables du fait de la boue accumulée une fois le millième véhicule passé par là.

Les questions d'hébergement et de restauration

L'hébergement est également un secteur qui fait l'objet d'attention. Cela concerne notamment les artistes ou les athlètes présents lors de la manifestation. Ainsi, des procédures sont mises en place sur le lieu même de résidence des personnes, comme sur le trajet pour se rendre à leurs scènes respectives. Pour les Mondiaux de natation à Montréal en 2005, les services de la police avaient pris très au sérieux les lieux d'hébergement des athlètes avec une analyse de risques pour chaque hôtel, une étude des procédures d'évacuation, etc. Pendant l'événement, chaque hôtel accueillait un agent de police. Une vigilance particulière était également apportée au trajet pour se rendre sur les lieux d'entraînement et de compétition. De plus, on avait réfléchi sur les incompatibilités possibles entre certains pays suivant les données politiques du moment, et ainsi éviter autant que faire se peut les rencontres entre les pays belligérants (éviter qu'ils soient dans le même

---

86.   Basson, Le Noé, Diaz (2001).

hôtel pour des querelles possibles lors des repas, ou pendant les allers et retours entre le lieu de compétition et l'hôtel).

L'alimentation, qu'elle soit pour les athlètes ou les spectateurs, demande, par ailleurs, une concertation. La qualité des aliments est de plus en plus une préoccupation de chacun. Pour les athlètes, on se doute que cet aspect est important. Pour les grandes organisations, afin d'éviter de compromettre l'événement par une intoxication quelconque, les responsables de la compétition n'hésitent pas à transporter cuisinier et aliments. Une attention toute particulière est évidemment portée à l'eau.

Ce qui est vrai pour les athlètes l'est tout autant pour les spectateurs, où bon nombre vont profiter de l'événement pour boire et manger sur le lieu. Les services d'hygiène et de santé, ou encore de vétérinaire, vont ainsi être des acteurs à prendre en compte lors des réunions de préparation pour construire les bases des lieux respectant les normes de santé publique et éviter, entre autres, une intoxication alimentaire de masse.

Les questions des modes de communication

Parmi les dossiers directement en lien avec la sécurité, il faut évoquer les moyens de communication et trouver le système idéal pour permettre les communications entre chacun des secteurs et dans un même secteur entre les agents.

Pour les grandes organisations et afin d'éviter une saturation du réseau, la gestion des communications se déroule à deux niveaux. De manière courante, chaque société privée comme chaque institution publique (police, pompiers, urgences, etc.) communique à l'intérieur de son propre réseau de communication. Elles sont écoutées le plus souvent par un répartiteur dans un centre opérationnel afin de transmettre des informations si nécessaire. Pour un incident majeur, une fréquence de type urgence, commune aux différents responsables, peut être imposée dans une organisation privée et ainsi limiter l'accès à eux seuls pour pouvoir organiser des moyens de secours.

Suivant l'événement, une logique de services ou de secteurs est le plus souvent utilisée. Pourtant, dans certains cas, on peut décider une logique de lieu et rassembler pour un même lieu les différents services ou secteurs d'activité. Ce fut notamment le cas pour les Mondiaux de natation à Montréal en 2005 où le nombre de services auraient nécessité un nombre trop important de répartiteurs et de fréquences.

Le *talkie-walkie* est l'outil de ces communications. Sa fonction est de recevoir et d'émettre des messages verbaux. Un protocole d'utilisation et des procédures d'intervention lui sont souvent dévolus. Il s'agit d'abord et avant tout de ne pas saturer les ondes de communications inutiles, de préserver une certaine forme de confidentialité, de mettre sur pied des modes de réponse rapides et adaptés, basés sur des messages clairs, compréhensibles et représentatifs de la réalité.

Pour la formation, les organisations rappellent les notions de base comme annoncer en prenant les ondes position ou son poste, parler avec précision et concision, ne jamais paniquer, mais au contraire parler lentement et clairement, et surtout être patient en attendant la réponse. Ces protocoles sont d'autant plus nécessaires en situation d'urgence que l'activité est importante et le nombre d'agents susceptibles de prendre les ondes abondant. Les principes de base pour qu'un événement se déroule du mieux possible sont donc très orientés sur la discipline et sur la collaboration.

Des codes d'intervention sont créés afin d'optimiser la vitesse des messages et d'harmoniser les communications[87].

La confidentialité est aussi un élément à respecter. Il s'agit de préserver l'information transmise. Certaines personnes peuvent pirater les ondes. Pour certaines compétitions, des institutions étatiques peuvent référencer toutes les communications sur les ondes et les enregistrer. En outre, la personne qui s'exprime peut tout bonnement être écoutée par des spectateurs à côté d'elle. Par exemple, il ne faut jamais mentionner clairement les mots : incendie, panique, émeute, bagarre, vol, argent, pour ne pas générer un vent de panique ou de convoitise au moment de l'envoi d'une information.

Les questions d'accréditation et de billetterie

Voici un autre élément qui participe à la prévention des lieux : les systèmes d'accréditation et de billetterie.

Le système d'accréditation utilisé pour chaque manifestation peut aussi faire l'objet de fraude. Il est plus ou moins élaboré, possède des catégories différentes, etc. Le principe est que chaque personne appartenant à l'organisation du festival possède une carte d'accès spécifique lui permettant

---

87. On peut citer comme type de code d'intervention le fameux « 10-4 », qui signifie message reçu.

d'entrer sur le site sans payer. Chaque carte, suivant la catégorie de la personne (technicien, journaliste, invité, bénévole, agent de sécurité, etc.) permet d'entrer dans à tel ou tel lieu (salles de spectacle, village professionnel, zone de presse, loges des artistes, etc.). Elles sont de surcroît nominatives.

Il appartient aux agents de sécurité de vérifier les cartes d'accréditation afin de donner ou non l'accès à la personne dans la zone demandée. Il y a donc, suivant les zones et la capacité d'accueil, une plus ou moins grande sélection des personnes. La même chose se produit pour les véhicules.

L'opération d'accréditation est de plus en plus souvent directement rattachée au service de la sécurité. Tout comme il revient à la sécurité de contrôler les accès. Il peut paraître logique que le responsable de la sécurité soit à l'origine du dispositif mis en œuvre qui pourra répondre au mieux aux exigences du personnel qui aura à les contrôler (simplicité des logiques de couleur et de sigles, visibilité des visuels, etc.).

L'accréditation constitue la reconnaissance officielle d'une personne impliquée dans la tenue d'une manifestation. La carte d'accréditation est une identification visuelle qui définit le statut et la fonction de la personne. Elle autorise au détenteur l'accès à certains sites, à pied ou en véhicule, selon sa fonction. Une accréditation est personnelle et non transférable et se doit d'être portée en tout temps sur le site.

Chaque carte d'accréditation correspond aux codes de catégories (couleurs et sigles) qui servent à déterminer les droits d'accès et les privilèges (accès à des zones privilégiées, droit de restauration, etc.) en fonction des différentes zones établies.

L'accréditation suppose une véritable planification et une budgétisation ; en effet, elle prend du temps et coûte de l'argent. Il peut s'agir de choisir un organisme compétent pour créer le design, les logiques de couleur, les formulaires et leurs enregistrements. Celui-ci propose des équipements pour produire les cartes, voire des équipes pour superviser l'enregistrement des demandes et le suivi des remises.

Avec l'équipe, l'organisation réfléchit à la détermination de lieux pour produire et remettre les cartes. Pour le Grand Prix de formule 1 du Canada, trois centres d'accréditation sont impliqués : un premier pour les médias, un deuxième pour les employés et un troisième pour l'organisation de formule 1 du Canada qui enregistre les pilotes et les équipes notamment, qui fait l'objet d'un propre système et qui donne accès à des zones privilégiées (*paddocks*, zones d'invités).

Des éléments peuvent être retenus pour la conception de la carte elle-même. L'organisation détermine les différentes catégories d'accréditation à la fois pour les individus et les véhicules. Par exemple, des codes de couleur peuvent définir des fonctions et des codes sigles, des accès.

Deux critères s'imposent à la délimitation de ces catégories: la visibilité et la simplicité. Le dessin présente idéalement une photo afin d'éviter que la carte soit transmise d'un individu à un autre, des jeux de couleur et des sigles pour définir des zones comme un volant pour les loges des athlètes, un outil mécanique pour les garages, un micro pour la zone des médias, une bouteille de champagne pour l'accès aux loges des invités.

Finalement, il faut penser à des procédures spécifiques comme le formulaire de demande de la carte, les mécanismes pour rentrer les données et classer les retours, les mécanismes de remise des cartes ou encore de remplacement en cas de vol, de perte ou d'oubli.

Les billets pour les spectateurs font également l'objet de plus en plus d'une attention particulière. Plusieurs niveaux d'attention sont donnés, de la conception à la remise.

L'organisation (dans le football, les organisations comme l'UEFA ou la FIFA[88] imposent ces réglementations) se doit ainsi de contrôler la vente des billets. Des commissions compétentes déterminent le nombre de billets dévolus pour chaque équipe, contrôlent la distribution pour chaque association ou club et s'assurent que la distribution s'est faite de manière à garantir une séparation optimale des différents groupes de supporters. Ce contrôle se fait également sur le marché noir qui peut mettre en péril la stratégie de séparation des supporters.

Des mesures sont également prises pour la lutte contre les contrefaçons de billets. Des stratégies sont mises en place entre le club et la police pour lutter contre le trafic de faux billets. Plus l'événement présente des enjeux importants et plus le système est perfectionné. Cela peut aller d'une place sur papier courant photocopiée, facilement falsifiable, à des billets plus élaborés. La Coupe du monde de football en 1998 a été à la fine pointe en

---

88. Union européenne de football associé et Fédération internationale de football associé.

termes de qualité de billet, en intégrant notamment le nom de la personne qui achète le billet, ce qui facilite les opérations en cas d'incident.

Chacun des événements suivis a son lot de tentatives de billets falsifiés. Lorsque c'est fait grossièrement (simple photocopie), il y a assez peu de chances que cela passe dans les « mailles du filet ». Si c'est fait de manière plus professionnelle, il est difficile d'avoir une idée de l'étendue de la fraude.

Dans les manifestations où ces tentatives de fraude étaient les plus nombreuses, cela peut représenter un coût pour l'organisation, mais l'espace disponible est tellement important qu'il ne présente pas un problème de sécurité par une surcharge du lieu. À l'inverse, pour un spectacle avec des places assises, la fraude peut poser des problèmes.

Ainsi, plus la manifestation est exigeante en termes de sécurité et plus on attachera de l'importance à inscrire sur le billet : nom de la compétition, nom des équipes, nom du stade, date et heure du coup d'envoi, voire le nom de la personne qui a acheté le billet. En cas de méfait, la personne pourra être rapidement identifiée. On assiste également à l'ajout, au dos du billet, d'indications claires quant à l'emplacement sur le site, ou encore le règlement du site avec, notamment, l'interdiction de vente d'alcool, l'introduction d'objets dangereux, la procédure à suivre au moment de la fouille de spectateurs, etc.

Les questions d'aménagement du site (entrées, gradins, voies de secours, normes des produits au feu)

En mettant de côté les particularités géographiques de chaque site, et les obstacles naturels qui en découlent, comme la presqu'île des Eurockéennes de Belfort, toutes les manifestations, que l'on soit en Europe ou en Amérique du Nord, font appel à l'aménagement du site spécifique et, notamment, à une protection du périmètre à l'aide de barrières.

La part de l'architecture et plus généralement celle des dispositions physiques des lieux sont devenues incontournables pour satisfaire les exigences de sécurité. Cela peut aller du simple produit installé sous une tente ou dans un lieu recevant du public qui doit respecter les normes sur le feu, à la construction même du bâtiment ou des structures comme des gradins.

C'est certainement avec la construction du Stade de France que, pour la première fois, ont été intégrées les questions de sécurité et de prévention des violences de supporters. Certes, les autres grands stades que comptent les grandes nations du football[89] ont subi des modifications pour s'adapter aux exigences de sécurité, mais jamais encore un stade n'avait été pensé de la sorte, dès sa conception.

Il a fallu attendre le drame du Heysel en 1985 pour qu'il y ait une véritable prise de conscience que la sécurité n'était pas une chose à prendre à la légère, mais bien un champ dont il fallait pleinement comprendre les exigences. Comme nous le rappelle Landauer (2001), c'est la « direction des affaires juridiques du Conseil de l'Europe qui fit paraître une "Convention européenne sur la violence et les débordements des spectateurs" lors des manifestations sportives et, notamment, les matchs de football ». Faute de référence dans le domaine sportif, la convention a fait appel aux théories anglo-saxonnes de la prévention situationnelle, mises de l'avant jusque-là dans les quartiers d'habitat social. Ces théories consistaient, pour l'essentiel, à adapter l'espace de manière à limiter les possibilités de passages à l'acte d'éventuels délinquants. Fondées sur l'hypothèse qu'il existe un déterminisme des formes architecturales et urbaines sur les comportements, elles poursuivaient trois objectifs en particulier : réduire les cibles potentielles, compliquer l'action criminelle et favoriser un contrôle partagé des lieux. Ces trois objectifs ont été repris tels quels dans la Convention. Ainsi, la description des moyens à mettre en œuvre par la police et les clubs de supporters pour surveiller les enceintes sportives ou « l'interdiction pour les supporters d'introduire des boissons, notamment alcoolisées, contenues dans les récipients dangereux ont été mis sur le même plan que les contraintes propres à la conception spatiale des stades[90] ».

Quatre grands principes prédominent[91] :

1. « Le spectateur non assis doit toujours être en mouvement » : il s'agit d'assurer la fluidité des espaces et des différents accès, de minimiser les regroupements et de garantir une parfaite circulation des personnes (signalisation omniprésente, larges escaliers monumentaux droits disposés dans l'axe des entrées, etc.) ;

---

89. On pense en particulier au stade de Maracana de Rio de Janeiro, au camp Nou de Barcelone, à Wembley à Londres, à San Siro à Milan, ou encore à l'Olympiastadion de Munich.
90. Landauer (2001, 191).
91. *Ibid.*, 193-195.

2. «Les spectateurs ne doivent jamais se croiser»: le stade est comparti-
   menté en secteurs et en compartiments indépendants avec leurs propres équipements et services, et sont étanches les uns par rapport aux
   autres;

3. «Le spectateur doit toujours être visible»: le système de vidéosurveillance permet de suivre un spectateur en continu de la station
   Châtelet du RER jusqu'à sa place assise dans les tribunes. Le système
   a même été pensé jusqu'à pouvoir connaître à tout moment l'emplacement de chacun des spectateurs, à l'instar du système de billets, infal-
   sifiables et munis de codes à barres, permettant de calculer en temps
   réel le taux de remplissage dans les gradins. Ce système n'a cependant
   été que pensé, puisque, dans la réalité, il n'est pas opérationnel;

4. «Les spectateurs ne disposent d'aucun élément mobilier»: pour éviter
   tout jet de projectile.

Il reste que nous parlons ici d'un stade qui a été conçu comme un
modèle de sécurité. Quand nous regardons les autres stades en France, les
différences sont notables, et d'autant plus lorsque nous nous intéressons à
des stades de moins grande importance dans de plus petites localités.
Ainsi, si les stades de Ligues 1 et 2 du Championnat de France de football
ont des dispositifs tout à fait compétitifs, cela est beaucoup moins vrai pour
les divisions inférieures. La situation est identique pour les stades des rencontres de rugby.

Le parallèle pourrait être fait avec les salles de spectacle accueillant les
rencontres de basketball, de handball, de hockey sur glace ou encore de
concerts, le Palais Omnisports de Paris Bercy tout comme le Centre Bell de
Montréal, des édifices où la sécurité est parfaitement intégrée. Les résultats
sont plus partagés cependant dans d'autres villes, et très dépendants de la
date de construction de l'édifice.

Lorsque nous observons les espaces en plein air, c'est la protection du
périmètre qui domine. Les sites sont protégés grâce aux barrières Héras ou
Mills. Des barrières hautes délimitent le périmètre du site et organisent la fluidité du public. Les barrières basses sont utilisées pour les entrées. Enfin,
des glissières de sécurité (*crash barriers*) protègent le devant de la scène.
Elles permettent notamment d'évacuer les blessés et les personnes atteintes
de malaises au-devant de la scène. Elles permettent une libre circulation
du personnel de sécurité, du personnel sanitaire et du personnel technique.

Apparemment banale, la façon d'attacher ces barrières, de les placer, est de nature à jouer sur la sécurité du public. Donner des angles, comme sur le schéma *infra*, évite les poussées et l'écrasement des personnes, par exemple. Elles sont un gage de crédibilité pour savoir si les professionnels ont un véritable savoir-faire. Toutes les entrées du Printemps de Bourges ou des Eurockéennes de Belfort sont ainsi disposées.

Figure 6 Exemple de protection aux entrées

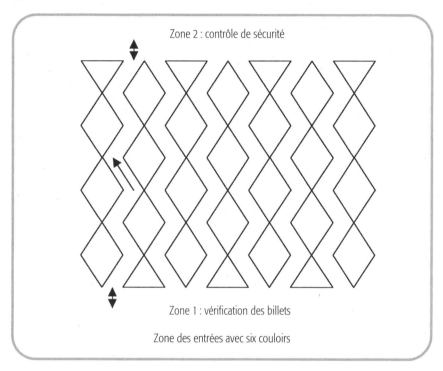

Pour des festivals en Amérique du Nord, les organisateurs n'hésitent pas à placer au milieu de la foule des couloirs de sécurité afin de permettre, en tout temps, du mouvement dans la zone et, surtout, de pouvoir y intervenir si d'aventure cela s'avérait nécessaire. Ces couloirs de sécurité et voies de secours deviennent donc des incontournables dans ces manifestations où il faut être conscient au maximum des risques courus lors de la manifestation par les spectateurs, et de mettre en œuvre un personnel suffisant et formé.

C'est notamment ce qu'avaient révélé les rapports d'enquête à la suite des incidents au cours d'un festival au Danemark Roskilde, le 30 juin 2001 : après un mouvement de foule, 9 personnes trouveront la mort et 38 seront blessées. Les reproches tournaient autour de l'incapacité des intervenants (sécurité et secours) à avoir pu agir à ce moment. Non seulement la négligence et le manque de moyens des acteurs, mais également le manque de formation et de conscientisation à l'importance à accorder à l'aménagement du site seraient à l'origine de ce drame.

3.2

Organiser une structure opérationnelle en conséquence

Une fois les principes de gestion intégrés, il convient de les mettre en œuvre. Toute la démarche d'analyse précédant cette section est ancrée dans un véritable processus dont l'unique finalité est maintenant d'agir. L'équipe qui va se constituer pour gérer les opérations de sécurité est déterminante. Elle doit être capable à la fois de répondre aux besoins de l'organisation privée et de satisfaire les exigences des pouvoirs publics; de planifier les besoins humains et matériels et de les gérer au moment de l'événement.

Plusieurs types d'organisations sont possibles. On comprend aisément que la structure d'un service de sécurité va être différente s'il s'agit de l'organisation de la Coupe du monde de football, de Jeux olympiques, du bal musette d'un petit village ou de la petite fête villageoise. Entre ces deux extrêmes, on peut voir se dessiner une structure qui se reproduit d'une organisation à une autre. C'est de cette structure qu'il sera question ici.

Construire une organisation adéquate reposant sur des personnes

La sécurité est tout, sauf l'affaire d'une personne isolée. Elle est en réalité le fruit de rencontres où doit s'installer entre les différents acteurs une marque de confiance et de respect. Gagner sa légitimité au vu de l'ensemble des acteurs de la sécurité est un passage obligé. Il revient à l'organisme qui aura la responsabilité de l'événement de créer une structure qui se mettra en interaction avec l'ensemble des partenaires.

Échafauder l'organigramme : le leadership et l'équipe de coordination et de supervision

Comme pour un film, si le scénario est important, les acteurs le sont tout autant. Leur profil doit être à la fois complémentaire par leur hétérogénéité et uni par leur homogénéité. Tout est une question de confiance, puisque ce service sera confronté avec toutes les réalités de l'ensemble des secteurs d'activité (artistique ou sportif, marketing, médias, aménagement, etc.). Les personnes doivent faire preuve de suffisamment de souplesse et de flexibilité pour accepter des concessions sur certaines mécaniques ; en même temps, elles doivent savoir imposer certaines actions quand le temps de la discussion n'est plus possible.

L'expérience que chacun des acteurs va avoir ainsi cumulée année après année est une bonne garantie de succès pour l'organisation. La qualité d'un intervenant est souvent proportionnelle à son bagage dans le domaine et au nombre d'événements qu'il a pu réaliser. Si cela a été effectué à des niveaux hiérarchiques et des secteurs d'activité différents (accréditations, centre opérationnel, gardiennage, intervention, entrées, zones privilégiées, devant de scène, etc.), tout est réuni pour faire de la personne un agent incontournable dans l'organisation.

Il n'est pas rare de croiser, pour les grandes organisations d'événements, des personnes avec des parcours riches. On peut en compter bon nombre issues des milieux militaire, policier ou des incendies, devenues des agents privés détachés pour l'occasion, ou tout simplement à la retraite.

Classiquement, dans les domaines sportif, alimentaire, du transport et de l'aménagement, la sécurité se trouve directement rattachée au service des opérations ; et dans le monde artistique, à un directeur technique. Suivant la taille de l'événement, il y a un adjoint. Celui-ci a le plus souvent les mêmes qualités que le responsable du service, mais il arrive plus tard et s'occupe davantage des opérations que de la planification. Vient ensuite une équipe de superviseurs à qui sera confié un secteur donné avec un ensemble d'agents. Leur tâche est de superviser les agents en poste des sociétés de sécurité engagées, de s'assurer de leur présence et de savoir si leur fonction est bien comprise.

À travers cette organisation type que l'on trouve partout, le leadership occupe une place prépondérante. Il s'agit dorénavant pour l'organisation d'être acceptée et légitimée à l'interne par l'organisation elle-même qui a constitué le groupe, ainsi que par les autres services de l'organisation dont il ne faut pas limiter les actions à la sécurité (notamment dans l'aménagement du site) ; à l'externe avec, d'une part, les sociétés de sécurité privée, et, d'autre part, l'ensemble des pouvoirs publics. Le coordonnateur devient donc la pierre angulaire de cet édifice.

Comprendre la place prépondérante prise dans la gestion de la sécurité par le coordonnateur

L'organisation de manifestations réunissant de grandes populations ainsi que l'évolution de la législation ont fait du coordonnateur une personne indispensable, avec des responsabilités considérables, dans la gestion de la sécurité. En France, l'apparition de cette fonction, récente, est intimement liée avec les évolutions législatives de 1992 et 1995[92]. Mais on retrouve cette tendance en Europe et en Amérique du Nord.

Pour bien saisir le rôle de ce coordonnateur de la sécurité, il faut le replacer dans l'environnement général dans lequel il évolue. Celui-ci dépend le plus souvent d'un directeur général à qui il rend des comptes directement ou, comme cela se passe, notamment dans les festivals (Printemps de Bourges et Eurockéennes de Belfort, Festival international de jazz de Montréal), il dépend du directeur technique. Son action repose sur des exigences spécifiques d'analyse, d'évaluation et de prévention des risques, mais aussi de gestion de ces risques, de réponse à des situations de crise. Pourtant, si ces exigences (de médiation, de gestion, de supervision) sont propres à celui-ci de même qu'à la manifestation, il s'appuie généralement, en fonction de son profil, davantage sur l'une d'entre elles. On peut distinguer trois profils types de coordonnateur de la sécurité suivant les interventions réalisées pendant les manifestations.

Cette typologie peut être présentée par le tableau suivant.

Tableau 10 Typologie des modes d'intervention et de coordination

Typologie des interventions	Typologie des coordonnateurs
Intra-intervention	Coordonnateur médiateur
Intervention à distance	Coordonnateur gestionnaire
Supra-intervention	Coordonnateur superviseur

92.   Loi n° 92-652 du 13 juillet 1992 et loi n° 95-73 du 21 janvier 1995.

Le coordonnateur médiateur

Le coordonnateur médiateur agit lors d'une intervention, pendant l'événement, à l'intérieur du conflit. Il devient, en ce sens, comme un véritable médiateur dans la gestion de crise. Le responsable de la sécurité des Eurockéennes de Belfort est le meilleur représentant de ce type de coordination.

Les particularités de son parcours à la fois universitaire et professionnel lui donnent des atouts étendus et uniques[93]. À la fois de formation supérieure en sciences humaines (maîtrise), il peut être aussi considéré comme un spécialiste dans les arts martiaux (instructeur: 3e dan aïkido, 3e dan ju-jitsu, 10e dan nin-jitsu). Il est, par ailleurs, enseignant dans les techniques de sécurité rapprochée et dans l'intervention (notamment sur véhicules), ainsi que dans le tir en situation.

Ancien cadre commercial, il a créé sa propre société de sécurité privée (GERFO) qui travaille à Strasbourg et dans sa région principalement, et dont les domaines d'intervention suivent trois axes: la formation (spécialisée et adaptée pour la sécurité des particuliers, pour le personnel et les entreprises «sensibles»), la gestion et l'évaluation des risques, le conseil et la vente de matériel de sécurité. Ces interventions professionnelles, même si elles touchent de nombreux domaines (aéroport Strasbourg international, Airport Security Training Center-Bruxelles, Centre d'entraînement et de formation d'agents de sécurité-Genève, Centre de formation de la profession bancaire-Paris, Centre hospitalier universitaire de Strasbourg, ministères de la Défense, de l'Intérieur, de la Justice, personnalités politiques: Jacques Chirac, Daniel Cohn-Bendit, Nicole Notat, Catherine Trautman, etc.), sont centrées tout particulièrement sur la gestion des manifestations sportives et culturelles (Stade de La Mosson à Strasbourg, Les Eurockéennes de Belfort, Les Vieilles Charrues de Carhaix, Michael Jackson, Rolling Stones, Bruce Springsteen, Scorpions, Jean-Jacques Goldman, MC Solaar, NTM, Khaled, Kassav, Luciano Pavarotti, etc.).

Il a débuté au festival en tant que responsable de la zone VIP, en 1993, et il est devenu depuis le responsable de l'ensemble de l'événement. À chacun des postes clés dans le dispositif de sécurité de la manifestation est placé un agent de sa société. Il en est ainsi de la gestion du camping de Chaux, de la zone VIP, de l'arrière-scène, de l'entrée du traiteur. Ces agents sont tous reliés au club d'art martial (nin-jitsu) dont il est le professeur.

---

93.   Il a, notamment, été officier de réserve dans l'armée.

Ses missions sont multiples :

Avant le festival

- Il évalue les risques et met en place la sécurité du site.
- Il participe aux réunions de préparation avec les différents services de la sécurité publique.
- Il informe et forme les différents acteurs privés de la situation et de ses exigences.

Pendant le festival

- Il coordonne l'ensemble de la sécurité sur le site, soit environ une centaine d'agents de sociétés de gardiennage privées, répartis sur plusieurs zones : les campings, la zone de contrôle à l'entrée, le site et les devants de scène, la zone VIP ; ainsi que les forces de secours (environ 50 agents).
- Il assure, dans le même temps, l'interface avec les forces de l'ordre.
- Il intervient dans tous les points de tension.

Après le festival

- Il participe aux retours d'expériences et au bilan général de la sécurité avec les différents acteurs privés et publics.

Sa particularité réside dans le fait qu'il exerce plusieurs fonctions distinctes. C'est à lui que revient la mise en sécurité du site. Il se place aussi comme formateur auprès des acteurs de la sécurité qui agissent sur le terrain. (Cette activité était particulièrement visible avec la société Prestige qui intervenait pour la première fois au festival en 1999. Chaque jour précédant le début du festival et à la clôture, il donnait les grandes lignes sur ce qu'il attendait d'eux, ou procédait à un bilan général de la veille. En outre, il agissait en tant que médiateur des conflits.) Il est appelé pour tout incident majeur[94]. Enfin, il coordonne l'ensemble des acteurs, en assurant l'interface avec les pouvoirs publics.

---

94. Il est important de noter que sa priorité d'intervention, dans le cas d'une double demande à un temps t, se fait en fonction de la distance du cœur de l'événement. Ainsi, on attachera plus d'importance à un incident sur le site des concerts qu'à un incident dans un camping.

Le coordonnateur gestionnaire

Le coordonnateur gestionnaire est l'élément le plus souvent représenté dans les manifestations (à l'opposé du médiateur ou du superviseur qui sont deux spécificités liées aux personnes). Il se situe en général en retrait du conflit, tout en étant présent pour donner ses directives, et assure les interactions entre les différents acteurs de la sécurité privée et publique.

Même s'il peut agir, d'une certaine manière, comme un médiateur, il se place davantage comme un véritable coordonnateur de la sécurité. Il peut, en outre, être perçu comme «l'homme-radio» par une liaison de tous les instants avec les différents acteurs de la sécurité. Le responsable de la sécurité aux Francofolies n'a pas moins de trois téléphones : le premier est en liaison avec les agents de la sécurité privée du festival et le PC sécurité du festival, le deuxième est relié à la sécurité publique et le troisième est un portable pour des informations plus confidentielles[95].

Il peut être considéré dans le monde de la sécurité comme un autodidacte, avec une carrière professionnelle qui s'articule principalement autour de la production de spectacle, dès l'année 1977. Il gère dorénavant trois sociétés, dont une qui produit des spectacles dans le grand sud-ouest, et notamment dans les salles de Poitiers (5 000 places), Chateauroux (3 000 places), Limoges (4 000 places), Toulouse (9 000 places), Bordeaux (7 000 places) et Pau (6 000 places). Il dispose d'une expérience conséquente en matière d'organisation de ce type de spectacle, ainsi que des interactions régulières avec des sociétés de gardiennage privées.

Sa fonction comporte plusieurs caractéristiques. Il est celui qui assure le lien et les interactions entre l'organisateur privé et les institutions publiques[96]. Sa position au festival est complètement neutre vis-à-vis des sociétés qui y travaillent. Il n'est pas le directeur de l'une d'elles, et n'a donc pas d'intérêt financier particulier à faire valoir. Par ailleurs, même si les sociétés

---

95. Le responsable de la sécurité des Vieilles Charrues détient le même type de profil. Il passe une grande partie de son temps au sein du poste de commandement sécurité et laisse sur le terrain ses trois adjoints pour remonter les informations. Pour le Grand Prix de formule 1 du Canada, on trouve la même dynamique, un coordonnateur au poste de commandement et sur la ligne d'arrivée pendant la compétition, son adjoint et les quatre superviseurs en opération sur les différentes zones et selon les événements.

96. Le cas du Paris Saint-Germain (PSG) est, en ce sens, tout aussi remarquable. Depuis les incidents de 1993, les pouvoirs publics et le club travaillent sur l'amélioration des dispositifs de sécurité à mettre en place tant à l'intérieur qu'à l'extérieur. Cette gestion repose sur des relations étroites et un partage des missions et des responsabilités entre ces deux acteurs.

impliquées dans l'événement sont toutes dirigées par un responsable, il garde une entière autonomie et une maîtrise directe sur chacun des agents intervenant pendant le festival. Comme très souvent à ce poste, il agit dans le festival depuis sa création, et plus spécifiquement en tant que responsable de la sécurité depuis 1989. Il a donc une connaissance poussée de l'événement et des évolutions apportées depuis le début.

Le coordonnateur superviseur

Dernier élément, le coordonnateur superviseur agit à différents niveaux dans la sécurité d'une manifestation. Le responsable de la sécurité à la Fédération française de rugby (FFR) est le seul à incarner ce type de supra-intervention, c'est-à-dire d'une intervention « qui est au-dessus, au-delà », et qui dépasse d'une certaine manière le seul cadre de l'opérationalité.

À l'inverse des deux précédents types, le superviseur ne rend pas de comptes à un supérieur direct (comme peut le faire, par exemple, le responsable de la sécurité des Eurockéennes vis-à-vis du directeur technique de la manifestation). Il garde, en matière de sécurité, une certaine autonomie et une indépendance d'action par rapport aux pouvoirs publics (à l'inverse du responsable de la sécurité au PSG, par exemple, qui est très lié au contrôleur général du 1er district de Paris). Une indépendance marquée par rapport aux forces de l'ordre publiques avec, notamment, des conséquences financières importantes. La FFR, contrairement à la Fédération française de football (FFF), par exemple, ne participe aux paiements des acteurs publics qu'à hauteur de ce qui a été expressément demandé par elle, et non imposé plus ou moins partialement.

Trois missions sont assurées par lui :

1. La qualification des terrains (tout en sachant qu'il a aussi été à l'origine de l'intégration de textes réglementaires liés à la sécurité dans la fédération) ;

2. La surveillance de la mise en place des services de sécurité sur tous les terrains de France ;

3. La gestion opérationnelle de la sécurité au moment de la manifestation.

Enfin, sa position est légitimée, même si cela ne peut tout expliquer[97], par sa place dans la sphère publique. Son parcours scolaire et professionnel participe à cette responsabilisation[98], mais ne saurait faire oublier les particularités intrinsèques propres à sa personne.

Coordonner les acteurs en présence

Tout est alors histoire de coordination entre les différents acteurs : d'un côté, les acteurs privés avec le recrutement des agences et de leur personnel salarié et, de l'autre, les acteurs publics où il faut lier à la fois le personnel de sécurité (police, militaire, privé) et de secours (incendie, urgences médicales, etc.).

L'ensemble de ces acteurs se retrouve le plus souvent le temps de l'événement au sein du centre opérationnel dont nous discuterons finalement les réalités.

Recruter les agences et le personnel

Les pays étudiés ont la même problématique de répartition des responsabilités entre les acteurs privés et publics. Même dans le cas spécifique de Montréal, où les trois festivals étudiés (jazz, Francofolies et Montréal en lumière) se déroulent dans un espace public, son organisation est donnée à un organisateur privé qui met en place une coordination avec les pouvoirs publics des dispositifs de sécurité et de secours.

Ainsi, pour chacun des événements festifs, est assurée la présence au sein de l'organisation d'agents de sécurité privée. Les sociétés travaillant dans ces manifestations sont spécialisées dans ce type d'événement.

Partout, on peut noter que suivant l'événement, une à cinq sociétés différentes interviennent. En effet, la plupart des sociétés privées spécialisées dans la sécurité des événements ont du mal à fournir, pendant quelques jours, un nombre d'agents fiables et compétents quand celui-ci dépasse le chiffre d'utilisation habituel. Une société qui fait appel régulièrement à 50 agents pourra fournir 100 agents sur 3 jours, mais aura du mal à garantir la fiabilité de l'ensemble des nouveaux intervenants malgré un

---

97. Nous pourrions tout aussi bien penser que son statut produise des effets inverses.
98. Commissaire de police, il est nommé inspecteur général de la Police nationale à 43 ans. Il est actuellement mis à disposition du Premier ministre, au titre de coordinateur des problèmes de sécurité nucléaire.

encadrement par l'équipe habituelle. Ainsi, pour les Eurockéennes et les Vieilles Charrues, pas moins de cinq sociétés sont présentes, tandis que le Grand Prix de formule 1 du Canada en compte quatre.

Les sociétés sont réparties par zones et sont autonomes. Cela peut poser des problèmes de concurrence entre elles, ou encore de répartition et de responsabilités entre les zones, surtout quand les frontières de ces dernières ne sont pas toujours bien délimitées. Pour remédier à ces inconvénients, l'organisation se voit donc dans l'obligation de faire appel à une personne extérieure qui aura pour mission d'encadrer et de contrôler les sociétés intervenantes (en contrôlant notamment la présence des agents [position et horaires] ou leurs attitudes et leurs réactions à l'égard du public). Elle aura également la tâche essentielle de créer une harmonie entre les sociétés qui, pour une fois, ne devront pas être concurrentes sur un marché, mais se mettre au service de l'organisation en présence.

Ce qui peut différencier en outre les deux pays sont les missions auxquelles répondent les agents privés. Pour ce qui est des manifestations étudiées à Montréal et en France, notamment, l'agent est quasi exclusivement tourné vers une action d'accueil (d'information) du public et de surveillance. Pourtant, même si, dans les deux endroits, les principes permettant à un agent de sécurité privée d'interpeller un citoyen sont régis par la même philosophie du «flagrant délit» (principe s'appliquant à tout citoyen, les agents de sécurité des festivals n'étant pas investis de pouvoirs spéciaux), à Montréal, l'organisation fait toujours appel à la police lorsqu'il s'agit d'un problème susceptible de mettre en danger le personnel (exclure une personne du site, calmer des personnes qui se battent, etc.), contrairement à la France où les agents agissent seuls d'une manière générale. Cette différence peut se justifier par le fait que l'organisateur des deux festivals de Montréal intervient dans l'espace public et non dans l'espace privé.

Travailler avec les partenaires publics[99]

L'action de coordonner est l'activité principale en matière de sécurité. Elle est ce qui rythme le travail des différents partenaires, avec cette idée essentielle qui peut se résumer ainsi: Comment trouver la manière de travailler ensemble puisque mon institution, seule, n'est pas capable de prendre la

---

99.   Pour davantage de précisions, voir la section 2.4.

responsabilité de l'événement dans sa gestion tant du quotidien que de l'exceptionnel?

Il y a plusieurs éléments qui posent des problèmes et dont il va falloir trouver les façons de pouvoir les assimiler.

La question du commandement

C'est une question cruciale où vont se mêler les problématiques d'ego des personnes. Mais il faut davantage détailler le «qui commande?».

La sécurité et les secours sont travaillés par chacune des institutions toute l'année et au quotidien. L'événement ne change pas ces principes et ces habitudes. Tout au plus, elle motive les grandes institutions (policiers, pompiers et urgences médicales), pour ne nommer qu'elles, à détacher une personne pour l'occasion et à traiter avec l'organisation de l'événement.

Une fois nommé, chacun va participer à plusieurs réunions. Ces réunions sous forme d'ateliers nécessitent un chef de projet et des adjoints qui vont être impliqués durant la manifestation.

Chaque institution gère ainsi quantité de choses à l'interne, seule. Quelle qu'elle soit, elle fonctionne avec les mêmes structures de types militaire et hiérarchisé que nous avons vues pour l'organisation. Elle doit gérer du personnel, du matériel et, en conséquence, des budgets. Puis, vient le temps de créer des relations avec l'ensemble des autres institutions et de chercher sa compétence et sa responsabilité.

Ce que l'on peut retenir (cela est valable tant en Europe qu'en Amérique du Nord), comme nous le rappellent des travaux parlementaires au sénat, en France, est que «la réponse aux catastrophes exige une mobilisation rapide de tous les moyens publics et privés, et leur coordination efficace sous une direction unique. À cet égard, la France bénéficie d'une tradition juridique éprouvée, qui investit les maires et les préfets, autorités de police générale, de pouvoirs étendus en situation de crise, et autorise les préfets de zone, voire le Gouvernement, à intervenir dans la conduite des opérations lorsque c'est nécessaire. Du point de vue opérationnel, la conduite de la crise appelle une ligne de commandement claire et reconnue. La liaison avec l'exercice des compétences de police administrative et les compétences pour veiller à l'ordre public (sécurité, salubrité, tranquillité) est affirmée parce que l'organisation du commandement qui en découle est claire et qu'elle assure une continuité du traitement de la crise en fonction de son importance : le maire pour le secours de proximité, le représentant de l'État pour les sinistres de grande ampleur[100] ».

La protection des populations compte parmi les missions essentielles des pouvoirs publics. Cependant, l'exercice de cette responsabilité implique bien d'autres acteurs, dont la diversité est devenue une caractéristique de la sécurité civile. On peut citer comme acteurs de la sécurité civile : le citoyen, le maire, le préfet de département, le préfet de zone et de région, le ministre de l'Intérieur, les services opérationnels permanents, les services départementaux d'incendie et de secours (SDIS), les services médicaux d'urgence.

Ces principes sont repris par les pays étudiés. On remarque une volonté de structurer l'espace et sa ligne de commandement. On y décèle également une volonté de définir pour chaque acteur un rôle et un niveau de responsabilité.

La question de la répartition des compétences, des missions et des responsabilités

Du citoyen, premier acteur qui, par son comportement « civil », va participer à la sécurité civile, en passant par le maire, premier responsable au niveau de la commune, va s'organiser une véritable hiérarchisation des rôles, des compétences et des responsabilités.

On constate avec ces différences la même logique pour chaque État et la même prédominance en matière d'opération du service des incendies, même si le commandement variera suivant la nature de l'incident. Il en est ainsi d'une prééminence du service des incendies pour des catastrophes naturelles ou technologiques. En matière de terrorisme, il y a une prééminence des policiers.

Pour autant, dans chaque contexte, il n'est pas rare de trouver les trois acteurs policiers, pompiers et urgentistes. Dans un événement festif s'y ajoute l'organisateur qui va devoir composer avec cette hiérarchie et ces logiques. On a toujours une institution au commandement et les autres organisations en soutien. Il convient alors, dans chacun des événements, de devoir réfléchir ensemble à la façon de s'organiser et d'arrimer les forces en présence. Pour opérationnaliser le tout, il conviendra, pendant la manifestation, de créer un centre opérationnel pour réagir face aux incidents.

---

100. http://89.202.136.71/rap/l03-440/l03-4407.html.

Développer un centre opérationnel adapté

Ce type de lieu sera propre à chaque manifestation, mais force est de constater qu'on le trouve tout le temps dans chacun des événements étudiés. Ces centres comportent des similitudes. Ils fonctionnent tout au long de l'événement pour concentrer l'information et les communications dans le quotidien de chacune des institutions en présence. Ils sont dans une sorte de «veille» et deviendraient un appui à la gestion d'un incident majeur pour coordonner les actions opérationnelles et la communication.

Il est ainsi le centre nerveux de l'information et des opérations durant l'événement. Il sert de soutien aux principaux services (sécurité, transport, secours, placiers, aménagement, etc.). Il a pour mission principale de concentrer l'information pour la redonner, de servir de lien de coordination pour les différents services. Il donne et indique les procédures et les marches à suivre pour la sécurité et toutes les urgences. Il a aussi notamment pour mission de suivre et de rendre compte des changements météo et des éventuelles intempéries.

Les répartiteurs ont pour fonction d'écouter les informations que les employés donnent sur les ondes, de répondre à leurs demandes et d'effectuer les liens entre les différents services de l'événement.

Suivant les particularités de la manifestation, des caractéristiques spécifiques peuvent s'en dégager. De manière générale, on va positionner le lieu dans un endroit en retrait de l'événement pour ne pas être trop proche de l'action si un incident majeur survenait. Il regroupe les acteurs clés: policiers, pompiers, urgences médicales, ville, transport. C'est là où se rassemblent toutes les informations opérationnelles qui doivent permettre aux décideurs présents d'agir rapidement en fonction de la problématique et des moyens à leur disposition. Les acteurs présents dans le centre doivent donc être à la fois des décideurs et des opérationnels conscients des moyens sur le site et de la manière de les organiser suivant le scénario. D'un point de vue pratique, on y trouve le plus souvent des plans, des moyens de communication (téléphones, base de répartition des radios, Internet), des moyens vidéo plus ou moins perfectionnés, des cahiers de procédures validés entre les différents partenaires.

Une fois les aspects humains solidifiés, il s'agit de comprendre la place accordée aux soutiens techniques de plus en plus présents dans ce type d'organisation.

Se procurer le matériel indispensable
pour soutenir les opérations

Les particularités géographiques des sites d'accueil d'un événement jouent nécessairement un rôle et conditionnent la mise en œuvre de matériel pour soutenir les opérations. La localisation au centre-ville des deux festivals montréalais a particulièrement été analysée par les organisateurs des événements. Ainsi, on a fortement tenu compte des amas de population engendrés par certains événements ponctuels à l'intérieur du site sur le déroulement de la manifestation générale, et de la faible possibilité de mouvements de la foule, compacte et contenue dans des couloirs naturels formés par les rues. Le fait d'avoir créé, au centre des amas prévisibles de foule, des voies de circulation pour le public réservées uniquement à cet effet est certainement une différence notable qui joue un grand rôle dans la préservation de la sécurité des spectateurs, et témoigne de la connaissance des organisateurs des enjeux du terrain.

Le recours à la vidéosurveillance constitue, lui aussi, une différence remarquable. L'implantation de caméras de surveillance dans les manifestations culturelles françaises est encore loin d'être érigée en principe ; elle est même quasi inexistante. Seul le festival des Vieilles Charrues a mis en place, en 2001, aux entrées du public, un dispositif de caméras avec enregistrement pour tenter de contrôler au mieux cet espace (fouille, flux de circulation, etc.). Cette «lacune» originale, si on suit la tendance à l'augmentation constante des moyens de sécurité constatés d'une manière générale dans la société française actuelle, s'explique par la ponctualité des événements culturels et leur brièveté. Les événements n'ont lieu qu'une fois l'an et durent peu de temps : le coût de ce type de dispositif est donc encore perçu comme trop important par rapport aux bénéfices qu'il pourrait engendrer. Cependant, au regard de l'utilisation qui est faite à Montréal sur les deux festivals étudiés, l'intérêt que présente un tel système pour ses organisateurs et pour les équipes de sécurité est indéniable. Tant en matière de sécurité (il permet bien plus que de la surveillance constante : l'observation de phénomènes invisibles depuis le terrain, tels les mouvements généraux des foules, le contrôle de remplissage et de fermeture des différents sites, etc., l'identification rapide des incidents, la localisation en un clin d'œil des meilleures zones d'accès pour les pompiers ou les ambulanciers qui auraient à intervenir rapidement, la possibilité pour un chauffeur d'artiste de trouver rapidement une autre voie d'entrée ou de sortie de ce qui avait été prévu au départ, etc.) que pour la gestion pure (visualisation constante et globale de tous les membres du personnel avec ce que cela implique, possibilité de voir le niveau de satisfaction de la foule par sa façon de se mouvoir, envisager ses champs d'intérêts en voyant où elle se masse, pouvoir comparer tout cela d'un jour à l'autre, cela permet de modifier les programmations artistiques et donne d'aussi bons résultats que n'importe quel sondage, etc.), la vidéosurveillance devient l'outil par excellence en termes de rapport coûts-bénéfices. Cela pourrait, par conséquent, remettre complètement en question sa faible utilisation en France dans ses événements de courtes périodes. L'exemple de généralisation dans le contexte des rencontres de football dans des stades, sans connaître pour autant s'il y a un quelconque effet sur le nombre d'incidents répertoriés, pourrait également jouer en faveur d'un éventuel développement dans l'utilisation de ce type d'outils.

Si la vidéosurveillance devient demain un outil privilégié, plusieurs conditions présideront néanmoins à la mise en place d'un tel système. La vidéosurveillance ne sert à rien si elle n'est pas organisée et couplée autour de variables clés. Cela peut paraître évident, mais la vidéosurveillance n'est efficace que si elle s'en est donné les moyens tant sur le plan technique que sur le plan humain. Pouvoir couvrir avec quelques caméras la quasi-totalité d'un site en fait un outil des plus pertinents d'aide à la décision. Mais cela ne serait rien si ces moyens techniques n'étaient pas couplés avec des opérateurs à la base des communications familiers avec l'utilisation d'un tel dispositif de vidéosurveillance. Une caméra n'est utile que si elle est correctement utilisée, ce qui demande non seulement des connaissances techniques, mais également la connaissance parfaite du site et du personnel, des différents acteurs, des habitudes naturelles d'un public, etc., et surtout la capacité de prise de décision. Elle demande en outre une certaine éthique. Les caméras assurent le bien-être des personnes et ne sont pas là pour les épier. La vidéosurveillance a ceci de particulier qu'il est aussi délicat de se procurer le matériel technique que de pouvoir trouver le personnel compétent.

Il ne faut pas non plus se tromper d'objectif. Si les caméras ont, entre autres rôles, d'aider à prévenir la déviance, leur présence seule ne suffit pas. Pour obtenir des résultats, il faut inscrire leur action dans un ensemble cohérent de mesures et d'actions sur le terrain, accompagnées de la mobilisation d'agents. L'impact d'un tel système est plus significatif quand on associe la vidéosurveillance à d'autres mesures de prévention : renforcement de la présence policière ou d'agents de sécurité privée, campagne d'information ciblée, communication sur la présence de caméras dans la zone. La publicité sur la mise en place de dispositifs peut avoir des vertus, la simple visibilité des dispositifs également (rôle des «fausses» caméras installées dans les espaces de ventes de produits commerciaux) peut avoir des effets sur la baisse des déviances, mais pour ne pas perdre l'efficacité du départ, il faut que cette mesure soit suivie d'effets (interventions ou arrestations, etc.).

3.3

Analyser les caractéristiques des acteurs de la sécurité et des secours

Avec la création de nouveaux événements et espaces culturels se développe en parallèle la mise en œuvre d'organisation de la sécurité et des secours. Pour la France, sous le premier septennat de François Mitterrand et de Jack Lang, ministre de la Culture, apparaissent les premiers grands rassemblements avec, notamment, SOS Racisme place de la Concorde, l'ouverture du Palais Omnisports de Paris Bercy et du Zénith, ou encore le développement de festivals comme le Printemps de Bourges. C'est durant cette même période qu'on met sur pied les premiers grands festivals en Amérique du Nord, dont le Festival international de jazz de Montréal. Sur le plan international, les grands événements comme les Jeux olympiques ou la Coupe du monde de football ne cessent de croître pour devenir de véritables phénomènes de société. L'arrivée de ces manifestations verra la création de structures organisationnelles capables de les gérer à un double niveau sécurité et secours: privé et public.

Il est indispensable pour tout organisateur d'avoir une compréhension, au moins partielle, des caractéristiques de ces marchés et de leurs évolutions respectives. Il s'agit, en effet, de prendre pleinement conscience de l'enjeu futur pour un responsable de ne plus augmenter les budgets, mais bien d'assurer réellement une meilleure sécurité avec moins de moyens. Cette recherche d'optimisation des coûts passe par une compréhension historique et sociologique des mutations de la sécurité et des secours.

Un marché privé et public de la sécurité en perpétuelle évolution

Si l'on peut parler aujourd'hui d'une redistribution et d'une recomposition des pouvoirs en matière de sécurité, il semble pertinent de chercher à analyser les nouvelles formes des secteurs privés et publics. Le premier connaîtra de véritables mutations en quelques décennies ; le second tentera de s'adapter aux évolutions d'un véritable marché de la sécurité qui va n'avoir de cesse de croître et d'évoluer.

Une activité en mutation... quelques caractéristiques du champ privé de la sécurité

Analyser la morphologie des agences et des agents privés : définition, histoire et principales évolutions

Avant d'aborder la morphologie du secteur et de ses agents, il est essentiel de définir ce que l'on entend par «sécurité privée». Si nous reprenons la définition de Frédéric Ocqueteau[101] en la rattachant précisément à l'activité de la sécurité privée lors de grands rassemblements, trois caractéristiques ressortent :

1. C'est un secteur d'activité agissant (quasi exclusivement) sur le mode du contrat de services. Il fournit du personnel (stadiers, agents de sécurité, etc.) et des équipements de protection (périphérique, périmétrique, et volumétrique), des procédures de gestion des risques, au sein de ce que les professionnels concernés nomment «la chaîne de sécurité[102]» ;

2. C'est un secteur de services guidé par une philosophie d'action qui comprend de la protection et de la dissuasion avec l'objectif fondamental de prévenir des risques ;

3. C'est un secteur de services semi-autonome. En effet, suivant les spectacles à des degrés différents, l'action des services est intimement liée à la gestion de l'ordre public. Sa légitimité passe par «la reconnaissance des pouvoirs publics».

---

101. Ocqueteau (1997, 41-42).
102. «La chaîne de sécurité, dans le langage des professionnels, est l'ensemble des acteurs en interdépendance qui conçoivent, fabriquent, vendent et installent les matériels de protection [...] ; mais aussi par les services humains de protection des valeurs monétaires, de personnalités, de surveillance passive ou active des biens.» Ocqueteau (1998, 106).

À l'origine, dans les années 1980[103], on trouve en France des sociétés de sécurité privée comme KCP (Koski Concerts Production). La société sera dissoute pour en créer deux nouvelles : SGPS avec André Mallet, et Rosebud Sécurité avec Frédéric Bolling et Kelly Yee. Au cours des années suivantes vont se constituer : la société CIS (Compagnie internationale de sécurité), qui gère la sécurité du Zénith de Paris ; la société GTI sécurité avec une approche ethnique affichée, novatrice association entre les anciens Black Panthers et ceux de Rosebud Sécurité, qui travaillaient dans la mouvance du journal *Aktuel*, de radio Nova et de Canal + ainsi que des sociétés telles que European Security Agency, Multi Consulting Sécurité avec son leader Thierry Huet, le grand spécialiste de la sécurité footballistique, et Pascal Berger, qui a géré pendant des années la sécurité du Paris Saint-Germain aux heures les plus chaudes.

Depuis, comme le constatait la *Lettre de l'économie du sport* (n° 611), « le marché de la sécurité n'a cessé de s'organiser et de se développer, et spécialement sur le marché de l'événementiel dans les stades ». On peut citer Access, Cicli, Groom, Main Sécurité Événementiel – ONET, MCS, Naps, Penauille Poly Sécurité, Sart, S3G, Sgoff, Sécurisport, également pour des manifestations culturelles, API, des transfuges de CIS, Dorée Sécurité, extension de l'agence d'hôtesses Florence Dorée, Tsar Sécurité, Rock and Road, Arka, Logi-sécurité, etc.

« Il existe bien un marché de l'événementiel, en France, mais il n'est pas lisible dans les chiffres de la profession puisque intégré dans les activités de surveillance et de gardiennage. Il ressort qu'il existe des sociétés qui disposent en interne de vraies compétences, de savoir-faire spécifiques et de ressources humaines importantes[104]. » Pour autant, elles ont le plus souvent une durée de vie limitée. Sur les manifestations étudiées, la plupart des sociétés ont moins de 10 ans d'existence.

Pour la seule ville de Montréal, on compte pas moins de neuf sociétés privées spécialisées dans l'événementiel (AMI, BCIA, Best, CFL, CLB, Hôtes de Montréal, Maximum, Sécuritas, Sirois).

---

103. Ripeaux (2001, 12-13).
104. *Ibid.*, 13.

Trois caractéristiques se dégagent généralement de l'évolution de ce marché[105] :

1. Tendance à la privatisation du secteur;

Et spécifiquement pour le secteur privé:

2. Concentration des entreprises;
3. Diversification des services de sécurité.

Plus particulièrement rattachées à la gestion des grands rassemblements, ces tendances générales semblent se vérifier, mais doivent être affinées.

Sur la privatisation du secteur

On peut parler d'une évolution vers une privatisation de certaines fonctions autrefois dévolues exclusivement aux forces publiques (le contrôle de sécurité [palpation], l'accueil dans les stades). Il est nécessaire, cela dit, d'être prudent avec la définition de ce concept. Il ne faudrait pas oublier que la réunion régulière dans l'espace privé de grands rassemblements de populations est un phénomène relativement récent (que l'on peut dater du début des années 1970) et qu'il y a eu une véritable transformation, depuis cette période, de la gestion et des missions des différents acteurs. La mission des stadiers est, par exemple, nouvelle. Elle n'existait pas en tant que telle avant la loi de 1995. Les CRS qui étaient présents auparavant n'assuraient pas la même fonction. En ce sens, on ne peut donc parler de privatisation.

Il faut aussi distinguer la différence entre les manifestations sportives et culturelles. Pour les manifestations sportives, et principalement le football, il y a bien eu une évolution avec le passage d'une gestion et d'un savoir exclusivement de la police d'État à une gestion des sociétés privées. Quant aux manifestations culturelles, on a assisté au passage d'une « inorganisation » à une organisation des acteurs privés. La sécurité se faisait avec les ressources disponibles et, surtout, les bonnes volontés locales. C'était aux clubs de rugby ou d'arts martiaux locaux de gérer la sécurité de l'événement. À grande échelle, comme un concert des Rollings Stones, on s'attachait les services des fameux Hells Angels (motards) qui, pour protéger la scène, se munissaient de battes de baseball !

---

105. Pour une approche plus exhaustive, on s'intéressera à l'article de Ocqueteau (1998).

Sur la concentration des entreprises

Les seules ressources[106] dont nous disposons pour déterminer si le marché a tendance à se concentrer ou non, ne spécifient pas quantitativement, par secteur d'activité, si cela se vérifie pour le secteur du gardiennage et de la surveillance privée. Par ailleurs, le marché de l'événementiel ne représente qu'une partie de ce secteur. Cependant, on peut donner des exemples qui vont en ce sens, avec le numéro 1 de ce secteur Proteg, racheté par Securitas AB, qui lui-même venait de fusionner avec Protectas[107]. Spécifiquement au regard des sociétés étudiées qui interviennent dans le champ de l'événementiel, on peut citer, par exemple, l'acquisition de Risk Management par Penauille Poly Sécurité[108]. Celle-ci a, en outre, l'intention de s'ouvrir à un développement international avec, notamment, le Group 4[109].

Pour autant, la pénétration du marché français par des groupes étrangers qui atteint 37 % en 1999, alors qu'elle n'était que de 5 % en 1990[110], ne semble pas encore s'être développée dans le secteur de l'événementiel. On remarque, au contraire, très souvent une volonté de passer des contrats avec des sociétés locales pour favoriser, notamment, l'implication économique de la région dans l'événement[111].

On peut voir aussi un développement, dans les années 1990, d'un intérêt des filiales de grands groupes spécialisés pour la propreté, la maintenance, la sécurité de sites industriels. On peut citer, par exemple, la so-

---

106. Il existe, en France uniquement, deux sources qui nous permettent d'avoir une idée du marché de la sécurité privée: l'INSEE, qui saisit l'activité de toutes les sociétés avec leur cotisation à l'UNEDIC, et les données de Patrick Haas, dans son atlas européen *En toute sécurité*, qui conçoit les grandes tendances générales et par secteurs du marché européen de la sécurité privée pour près de 300 entreprises européennes et 1 200 françaises.

107. Haas (1999a).

108. Cette société, dont le chiffre d'affaires est de 3 millions d'euros, est spécialisée dans la surveillance humaine. Elle est très présente dans l'événementiel avec une activité dans le cadre du Trophée Lancôme, de l'Open Gaz de France, du Bol d'or moto, du stade Geoffroy-Guichard à Saint-Étienne, et de certaines rencontres de la FFR.

109. Haas (1999b).

110. Haas (1999a).

111. Cette caractéristique se voit notamment dans les festivals: MPS, IGPS, GERFO pour les Eurockéennes; Les Anges gardiens et PSI pour les Francofolies; AAP pour le Printemps de Bourges; Poséidon, Securitech et Sécurit 29 pour les Vieilles Charrues. On trouve cette dynamique à Montréal, avec des sociétés exclusivement de la région attachée à la gestion des événements de la ville.

ciété de sécurité ONET, qui a créé une filiale Main-Sécurité Événementiel[112] en rachetant en 1995 la CIREC; ou encore la société Penauille, qui crée la filiale Penauille Poly Sécurité. Les sociétés spécialisées ont tendance à disparaître au profit de sociétés polyvalentes.

À chacune de ces sociétés correspondent des secteurs et des missions sur le site. Par ailleurs, on fait appel à des sociétés locales et extérieures pour des missions précises. Les sociétés locales s'occupent le plus souvent des espaces extérieurs, moins sensibles comme les stationnements, les campings, ou encore le gardiennage du matériel de nuit. On attribue à des sociétés spécialisées, reconnues comme telles sur le plan national, des tâches plus importantes, comme la gestion des entrées et du site des concerts. Cette hiérarchisation est particulièrement marquante pour les Eurockéennes. On laisse ainsi à la société locale (MPS) la gestion des stationnements, le gardiennage de nuit; à une société parisienne, la gestion des entrées et du site (API, qui se trouve aussi aux Francofolies de La Rochelle); à la société du responsable du site (GERFO), les zones sensibles: espace professionnel, espaces invités et médias, groupe d'intervention rapide. Cela est similaire pour les Vieilles Charrues, le Printemps de Bourges ou les Francofolies. Une société locale s'occupe du gardiennage de nuit du matériel. Des sociétés extérieures reconnues dans le milieu s'occupent de la gestion du site.

Enfin, il est important de relever qu'une des spécificités de la gestion de ces grands rassemblements réside dans le fait que plusieurs sociétés sont le plus souvent nécessaires pour la gestion de l'événement, aucune n'étant capable seule de proposer le nombre suffisant d'agents qui correspondent parfaitement aux attentes de l'organisateur. Ainsi, pour chacune des manifestations, plusieurs sociétés sont représentées, notamment pour le Stade de France: Penauille, ABSI (ancien SIRP), Sécurisport; pour les Francofolies de La Rochelle: API, Eurosécurité, Les Anges gardiens et PSI (de SPGO); pour les Eurockéennes: GERFO, API, Prestige, MPS et IGPS; pour les Vieilles Charrues: Poséidon, La Moria (puis Logi-sécurité), Arka, Rock and Road, Sécurit 29; pour le Grand Prix de formule 1 du Canada: Best, CLB, Hôtes de Montréal et Maximum.

---

112. Cette société emploie 15 salariés à temps plein et 2 000 vacataires réguliers. Elle intervient notamment dans le tournoi Roland-Garros, les matchs du PSG au parc des Princes, l'Olympique Lyonnais à Gerland, le Paris-Dakar, les compétitions de la Fédération d'escrime, les matchs de rugby à Castres, à Bordeaux, le Stade français et le Stade toulousain. Son chiffre d'affaires est de 4 millions d'euros.

Sur la diversification des services de sécurité

On assiste, depuis plusieurs années, à une tendance à la diversification des services, avec une véritable spécialisation des fonctions, et un véritable travail sur les profils, la formation et les missions des agents. Ce sont des sociétés spécialisées dans la gestion des grands rassemblements qui agissent, depuis plusieurs années, généralement dans ce cadre. On peut notamment souligner que, dans les manifestations étudiées, Sécurisport intervient à la fois dans le Stade de France et le Palais Omnisports de Paris Bercy ; API dans les Francofolies et les Eurockéennes ; Logi-Sécurité dans le Printemps de Bourges et les Vieilles Charrues ; GERFO dans les Eurockéennes et les Vieilles Charrues. Il en est de même au Québec. CLB est là pour le Festival international de jazz, les Francofolies, le FestiBlues et le Grand Prix du Canada ; Best pour les rencontres du club de football de Montréal dans le stade Saputo et pour le Grand Prix du Canada ; les Hôtes de Montréal pour le stade qui reçoit les rencontres de football américain des Alouettes et le Grand Prix du Canada, etc.

La gestion de ces grands rassemblements nécessite des connaissances spécifiques. On assiste donc naturellement à une spécialisation dans ce secteur de l'événementiel. On peut citer, par exemple, des activités types comme le contrôle de sécurité, le *stewarding* (accueil, gestion des flux, informations, placement du public, etc.), la gestion derrière les glissières de sécurité, la protection rapprochée, l'interpellation de revendeurs sur le site, la gestion des caisses et le transfert de fonds[113], plus récemment les palpations de sécurité, etc. L'ensemble des pratiques est conditionné par le « client », et de nouvelles activités apparaissent pour satisfaire au mieux les besoins des spectateurs. Les agents d'information et de gestion des flux placés devant les entrées du Stade de France depuis le début du tournoi des Six Nations 2000 répondent à ce souci de toujours s'adapter au mieux et d'affiner les dispositifs de sécurité. Par ailleurs, l'activité de la protection rapprochée, avec toutes les spécificités qu'elle peut comporter, prend un essor considérable et représente, avec 19 % de croissance pour l'année 1998 (en 1996 et en 1997, c'était 15 % de croissance)[114], le secteur le plus dynamique de la profession de la sécurité privée. La féminisation de certaines

---

113. Les transferts des points caisses vers une caisse centrale sont faits sous escorte pédestre et se font le plus souvent sous couvert d'anonymat, dans des sacs à dos, une petite valise, avec une tenue la plus discrète possible. L'évacuation de ces sommes vers une banque est faite le plus souvent par un fourgon blindé qui, à une heure dite, vient chercher la recette.

114. Haas (1999a).

tâches répond également à cette volonté de donner une nouvelle image des agents privés, et correspond plus facilement à l'atmosphère festive et conviviale généralement attendue pour ces spectacles.

Échapper à certains mythes de la sécurité privée

D'abord, une proposition: en matière de sécurité, notre regard est brouillé par quantité de sens communs que véhiculent politique et médias et dont il nous faut nous défaire si nous voulons voir un peu plus loin. Jean-Paul Brodeur l'avait relevé dans *Les visages de la police* (2003) en ce qui concerne le monde policier. Notre parcours initiatique dans celui du privé ne peut qu'abonder dans le même sens. Le secteur de la sécurité privée ne fait en effet pas défaut à la règle, et le fait qu'il soit de surcroît en pleine mutation ne nous en facilite pas la compréhension.

Historiquement, au Québec, il faut attendre les années 1960 pour voir apparaître un premier encadrement législatif; d'autres pays suivront, notamment la France en 1983. Sur pratiquement un demi-siècle, le portrait de l'industrie de la sécurité privée s'est considérablement métamorphosé et apparaît un certain nombre de mythes spécifiques aux agents dans ces événements festifs qu'il convient, par le regard ethnographique, de discuter.

Des agents sans formation et sans expérience?

Un mythe doit d'abord être analysé: «L'agent de sécurité serait un homme jeune, de 100 kilos et peu éveillé. »

Le fait d'avoir travaillé pendant 10 ans dans le champ spécifique de l'événementiel, ayant côtoyé de très près une quinzaine de sociétés de sécurité privée, m'amène à relativiser ces dires. En effet, les différents responsables de la sécurité ont mis l'accent, depuis les années 1980, sur l'importance d'une évolution des esprits et de la philosophie globale du métier de la sécurité.

Cela semble passer pour eux, par exemple, par une féminisation de la profession de certaines tâches, comme l'accueil et le contrôle de sécurité. Les Francofolies de La Rochelle appuient leur dispositif quasi exclusivement sur des femmes pour leurs entrées. Il s'agit de donner une autre atmosphère au festival en adéquation avec le public de ce type d'événement. Le contrôle de sécurité, appelé généralement, à tort, palpation ou fouille, est resté, jusqu'au nouveau projet de loi Sarkozy sur la sécurité, une tâche qui ne pouvait être théoriquement effectuée que par un agent de la police judiciaire sous le contrôle d'un officier de la police judiciaire (OPJ), ou directement par un OPJ. «Il convient cependant de rappeler que les tribunaux ont assimilé la fouille corporelle à une perquisition. En cas d'enquête préliminaire, elle suit les dispositions prévues par l'article 76 du Code de procédure pénale qui prévoit notamment l'assentiment exprès de la personne soumise à la fouille. La jurisprudence a toutefois considéré qu'une simple mesure de palpation sommaire à laquelle des agents de la force publique peuvent être amenés à procéder dans leur mission de police administrative visant à la protection ou au rétablissement de l'ordre public, simple mesure de sécurité justifiée par les circonstances de temps et de lieu, ne saurait être assimilée à la fouille corporelle et, dès lors, ne nécessite pas l'observation des règles applicables aux perquisitions (Cour d'appel d'Aix-en-Provence, du 28 juin 1978). Ces mesures de palpation de sécurité sont prévues dans la circulaire du 1er septembre 1992. Elles peuvent donc être exercées dans un but préventif à l'entrée des stades, mais ne sont qu'un "survol périphérique de la personne destinée à découvrir armes, artifices, etc.[115]".»

Le plus souvent, pour les concerts, cette activité était déjà réalisée par des agents de sécurité privée avec le consentement exprès de la personne, qui pouvait refuser, mais qui se voyait alors à son tour refuser le droit d'entrer. Avec cette nouvelle loi sur la sécurité, on a légitimé les agents privés pour le contrôle de sécurité. Elle marque une nouvelle étape du désengagement de l'État dans certaines tâches de sécurité et la reconnaissance du rôle de la surveillance privée. L'observation informelle, pendant plusieurs heures sur quelques festivals de ce passage, indique une tendance générale à un certain malaise de la part des spectateurs. Un malaise qui s'estompe pendant les Francofolies avec la présence quasi exclusive de femmes pour la gestion de cette tâche (seul un homme est présent pour les personnes qui refuseraient d'être contrôlées par une femme).

La sécurité se fait de manière toujours plus «intelligente». Les agences travaillent à l'interne à garder les agents les plus anciens. Elles cherchent à les former à des tâches spécifiques (transport de fonds, gestion de crise, gestion de stress, interpellation, maniement d'armes, etc.). Ces formations se font de manière spécifique. Il n'y a pas une harmonisation générale. Les sociétés travaillent uniquement sur des personnes particulières, sans vision globale, ni à long terme, car elles ne peuvent réellement présager de leur

---

115. Bodin, Trouilhet (2001, 156).

avenir et des nouveaux contrats qui vont s'offrir. Il devient donc pour elles difficile de garder longtemps leur personnel le plus qualifié qui fait ce travail pour se payer ses études, puis participer à la vie active. Rares sont en fait, dans l'événementiel, les sociétés qui parviennent à avoir une activité soutenue toute l'année. Le marché de ces événements est très dépendant de la saison estivale. Une fois cette période terminée, les contrats se font plus rares et il devient difficile alors pour les agents d'avoir un minimum vital leur permettant de vivre décemment. La plupart du temps, les agents oublient complètement le métier et passent à autre chose le reste de l'année.

Il faut également noter le « tremplin » important que peut représenter un passage à des fonctions dans le privé pour intégrer le public. On parle, en recherche, souvent de l'étape inverse, où un policier en fin de carrière se tourne vers le marché privé pour agrémenter ses fins de mois et mettre à profit son réseau et ses qualités professionnelles. Mais, chez de nombreux agents, on constate de manière très forte au Québec un passage d'expériences successives en tant qu'agent, chef d'équipe et superviseur dans le privé ; puis, une entrée dans une des trois polices du Canada (Gendarmerie royale du Canada, Sûreté du Québec et Services de police de la Ville de Montréal).

Il devient alors difficile d'acquérir de vraies qualifications dans un domaine qui, lui, à l'inverse, a tendance à se spécialiser.

Dans chaque pays, on voit apparaître de plus en plus d'instituts de formation soit rattachés à des universités, soit financés par des fonds privés. Les qualifications données sont très étendues. Cela peut aller de cours sur des données techniques, comme les systèmes de temporisation des alarmes d'incendie, du maniement d'armes (menottes, tonfa, bâton télescopique, etc.), de stratégies en sécurité (pouvant aller jusqu'au niveau de la maîtrise universitaire).

Il devient alors essentiel pour tout organisateur d'avoir conscience de ces évolutions, ainsi qu'une connaissance des offres que peut proposer le marché. Puis, il convient de connaître ses besoins réels et de regarder si le marché peut y répondre. Certaines sociétés n'hésitent pas ainsi à faire appel à des consultants pour réfléchir à des améliorations dans la sécurité au sein de l'organisation. Des plans de formations spécifiques aux besoins des agents peuvent ainsi être mis en place. Des mesures étatiques peuvent y aider comme c'est le cas au Québec avec le 1 % de la masse salariale que chaque organisation doit investir en formation et qui peut être utilisée en ce sens.

Des sociétés de plus en plus grandes?

Les sociétés n'auraient ainsi de cesse que de s'agrandir... Et donc à terme de prendre les parts des autres agences. Si cette logique est très prégnante dans le champ général de la sécurité privée, on ne le constate pas du tout dans l'événementiel. Une agence est, en effet, le plus souvent incapable de fournir suffisamment de gens bien formés sur de courtes périodes. Ainsi, une organisation a tous les avantages de découper en missions ou en espaces ses besoins en sécurité pour les répartir. Pour l'agence qui a une plus petite part, elle est mieux disposée à y répondre. Ayant moins d'agents à gérer individuellement, elle fournit un meilleur service. Le fait d'être en compétition avec d'autres sociétés l'oblige en outre à s'ajuster, à donner une meilleure qualité. Les agences travaillant en proximité apprennent finalement de l'autre et peuvent réutiliser les acquis pour d'autres événements.

Ainsi, pour le seul Grand Prix de formule 1 du Canada, pas moins de neuf services différents sont proposés: gardiennage, entrée des spectateurs, accueil dans les gradins, accueil dans les loges, groupe d'intervention, périmètre de piste, contrôle d'accès dans des zones pour les spectateurs, les zones privilèges et les *paddocks*.

Cette logique se retrouve dans l'ensemble des événements que nous avons vus. Certaines sociétés font clairement même le choix de rester petites (une dizaine d'agents comme GERFO pour les Eurockéennes) pour garder les agents et les former à des tâches de plus en plus spécialisées et de qualité.

Il revient au coordonnateur de la sécurité d'assumer un rôle non négligeable pour créer une adéquation entre les sociétés, pour qu'elles ne se renvoient pas la balle devant un problème mais, au contraire, qu'elles créent une émulation et une dynamique avec des entraides mutuelles au service de l'organisateur et non à leur propre service.

Un champ en voie de professionnalisation?

Dans la lignée de Everett C. Hughes, il s'agit ici de s'intéresser à la sociologie des professions, et non aux seules professions libérales qui fascinaient Parsons et ses élèves, mais, plus précisément en direction de professions plus simples, ce qu'il appelait les *dirty works*, ou les sales boulots. «Hugues incitait les étudiants à choisir des métiers de statuts peu élevés ou marginaux (entrepreneurs de pompes funèbres, vendeurs de fourrures au détail, prostitution, etc.) plutôt que des métiers en vue[116], ayant rapidement acquis la conviction que les premiers offraient une moindre résistance à l'analyse et avaient donc plus de chances de révéler des phénomènes intéressants[117].»

On s'intéressera donc ici aux métiers qui gravitent dans le champ de la sécurité privée: de la simple fonction d'agent de sécurité aux responsables de la sécurité de la manifestation.

On se posera notamment la question: Le travail d'agent de sécurité privée est-il une profession[118]? Et s'il ne l'est pas, au sens que lui donne Wilensky, comment peut-il parvenir à se faire reconnaître comme une profession? Comment passer de l'«occupation» à la «profession»?

Pour être reconnue comme profession, une occupation doit, selon Wilensky, acquérir successivement six caractères[119]:

1. être exercée à temps plein;
2. comporter des règles d'activité;
3. comprendre une formation et des écoles spécialisées;
4. posséder des organisations professionnelles;
5. comporter une protection légale du monopole;
6. avoir établi un code de déontologie.

De fait, cette nomenclature sert de base à Wilensky pour proposer un schéma de ce qu'il appelle, d'après Merton, la professionnalisation de certains emplois (occupations), c'est-à-dire le processus historique à travers lequel un groupe professionnel quelconque (*occupational group*) se fait reconnaître comme profession, tout en se dotant progressivement des attributs «fonctionnels» de ce type de groupement: des règles assurant une autonomie, des écoles spécialisées réalisant la formation scientifique des membres, avant tout exercice de l'activité, ainsi que la reproduction des

---

116. Une partie des recherches qui devaient être durablement citées portaient cependant sur des métiers visibles de statut moyen ou supérieur: médecins, avocats, institutrices, infirmières. Chapoulie (2001, 229).

117. Chapoulie (2001, 229).

118. Hughes souligne notamment que pendant qu'il assurait ses enseignements et séminaires intitulés «Professions», «Métiers» ou «Sociologie du travail», la plupart du temps, de nombreuses personnes étrangères à la sociologie voulaient rédiger un mémoire pour prouver qu'un métier – le leur – était devenu ou était en voie de devenir une véritable profession. (1996, 111).

119. Wilensky (1964, 139).

règles, des associations permettant la participation des membres et garantissant l'application des règles et, enfin, une déontologie permettant de faire la preuve et de perpétuer «l'idéal de service[120]».

Hughes insiste sur le fait qu'«on trouve dans ces mouvements en faveur de la professionnalisation toute une série de variations sur le thème de l'évolution du statut, en relation avec le passé du métier et avec les autres protagonistes – clients, public, autres métiers. On souhaite plus d'indépendance, une meilleure reconnaissance, un statut plus élevé, une ligne de partage plus nette entre les membres de la profession et les autres, et plus d'autonomie dans le choix des collègues et des successeurs. Pour que ces changements de statut soient reconnus dans notre société, il faut que soit créée une formation universitaire préparant à la profession[121]».

En ce sens, on ne peut parler pour les agents de sécurité privée de profession, mais davantage «d'occupation en voie de professionnalisation». Il y a certes un savoir pratique indéniable, avec des responsabilités individuelles évidentes. En revanche, le niveau de qualification général pour une grande partie des intervenants demeure faible. Pour demeurer compétitifs, les employeurs n'ont le plus souvent, au moment, du recrutement initial, que des exigences limitées èn termes de compétence. Le CAP (Certificat d'aptitude professionnelle) d'agent de surveillance, qui a été créé en 1986, comporte près de 600 heures de formation professionnelle. Mais il n'est le plus souvent pas exigé par les employeurs. Il n'existe pourtant pas de réelle formation longue et théorique, mais une formation d'expérience sur le terrain.

L'enseignement n'est donc pas pour l'heure formalisé, même si le ministère de la Jeunesse et des Sports travaille sur un diplôme et une formation au métier de stadier, par exemple, qui est certainement la fonction qui a été la plus réfléchie en termes de définitions, de rôles, de missions, etc. «Dans la pratique, les clubs font aujourd'hui appel soit à des stadiers rémunérés par leurs soins, répartis aux divers accès et en "piquetage" dans les stades, soit à un système mixte composé d'une part de stadiers, répartis à l'intérieur du stade et, d'autre part, à des sociétés de surveillance et de gardiennage pour le filtrage des entrées et les palpations à l'extérieur. Les Girondins de Bordeaux utilisent cette première solution, tandis que Toulouse FC a opté pour la seconde[122].»

---

120. Dubar, Tripier (1998, 90).
121. Hughes (1996, 113).
122. Bodin, Trouilhet (2001, 155).

Il existe en outre des examens spécifiques pour les établissements recevant du public et les immeubles de grande hauteur (ERP1, 2 et 3; IGH 1, 2 et 3). Un enseignement donc qui tend à se formaliser mais qui reste encore à l'état de tâtonnements. Comme le soulignait Merton (1957), à propos de sa recherche empirique collective sur les étudiants en médecine, en se professionnalisant, la nature des connaissances médicales change, elles deviennent scientifiques et cessent d'être purement empiriques.

On est encore loin de ce schéma de professionnalisation pour la plupart des fonctions de sécurité privée. Or, «la reconnaissance d'une spécialité professionnelle comme discipline universitaire est, pour lui comme pour Merton, un moment clé du processus qui rend improbable "la professionnalisation de n'importe qui". Il existe des activités qui peuvent devenir des professions – et se référer à des savoirs théoriques – et d'autres qui ne le peuvent pas[123]».

Comme le faisait remarquer Ocqueteau, concernant les vigiles des grandes surfaces, on trouve des agents détenant le CAP d'agent de surveillance ou le diplôme de maître-chien pour les agents travaillant régulièrement toute l'année à ces tâches, et pas seulement lors de festivités estivales. Il existe aussi la même caractéristique pour «les diplômes en sécurité-incendie (ERP-IGH) ou sécurité du travail (ERP-HST) qui sont le lot d'agents intégrés[124]».

Ainsi, on constate plutôt un enseignement qui repose sur un savoir pratique. La formation y est plus ou moins longue, mais très peu théorique. Dans une même manifestation, on a donc des personnes aux fonctions peu définies et peu spécialisées, comme un gardiennage de barrières délimitant un espace, et des fonctions plus spécialisées (sécurité d'une loge d'artiste étranger [maîtrise de l'anglais], devant de scène, gardiennage de matériel par un maître-chien, etc.).

Enfin, elle réunit un ensemble de personnes exerçant un même métier avec une véritable spécialisation de la fonction dans les manifestations sportives et culturelles. Des sociétés et des personnes qui se spécialisent dans cette fonction et n'ont de contrats que dans ce champ spécifique.

En termes de sélection, c'est le festival de Cannes qui va jusqu'à choisir individuellement, pour ses qualités propres, l'ensemble des agents en

---

123. Dubar, Tripier (1998, 91).
124. Ocqueteau, Pottier (1995, 53).

fonction des tâches demandées. Le festival ne traite donc pas avec des sociétés de sécurité privée de la région et d'ailleurs, mais directement avec le personnel.

Paradoxalement, pour ces sociétés, si le roulement de personnel est important pour les agents de base, il est en revanche faible chez ceux qui encadrent et détiennent des responsabilités dans la manifestation. Pour les festivals étudiés, on trouve ainsi, d'une année à l'autre, les principaux responsables d'équipe. La même chose est vraie dans les salles de spectacle où les manifestations sont régulières (POPB, Zénith, parc des Princes, Stade de France, Centre Bell de Montréal, stade Saputo de Montréal). Pour le tournoi de Roland-Garros, plus de la moitié du personnel revient d'une année à l'autre. «Le taux de rotation du personnel reste cependant élevé, 32 % des salariés ont une ancienneté de moins d'un an et 73 %, une ancienneté inférieure à quatre ans. Ceci est dû à la faiblesse des rémunérations, aux perspectives restreintes d'évolution et à la qualité des personnes recrutées[125].»

Il reste, comme le constatait Ocqueteau, que la fonction d'agent de sécurité propose, le plus souvent, des contrats précaires (seulement le temps de l'événement) à des personnes très souvent d'une extrême jeunesse, même si elles peuvent être par ailleurs grandement qualifiées (dans l'équipe GERFO, par exemple, la quasi-totalité des agents a fait des études supérieures et a une activité en dehors de celle d'agent de sécurité. La mission d'agent de sécurité devient pour eux un moment de plaisir, dans le but de participer à un événement extraordinaire). Mais il ne faut pas cacher pour autant que les postes sont le plus souvent mal rémunérés (de 90 à 140 euros par jour pour des journées pouvant dépasser 12 heures; moins de 10 euros l'heure pour le Stade de France; entre 13,50 $ et 15 $ l'heure au Québec), difficiles (ils restent debout toute la journée sans prendre quasiment de pause), peu valorisants et souvent méprisés par le public[126]. Du coup, pour avoir 350 agents dans un stade, il faut en convoquer près de 500; ceci est moins vrai pour les festivals étudiés.

Toutefois, le personnel de sécurité n'est pas seulement représenté par ses fonctions de base. On ne peut réduire «la sécurité privée au gardien de nuit sans instruction et aux sirènes d'alarme qui se déclenchent à tort et à travers. Le secteur est beaucoup plus complexe. Il dispose d'intervenants

---

125. Ripeaux (2001, 14).
126. Ocqueteau, Pottier (1995, 208).

qui gèrent de très nombreux problèmes de délinquance. Ils consacrent beaucoup de temps et de ressources à la prévention du crime. Sans le dire, ils font de la criminologie appliquée[127] ». Le responsable de la sécurité de chacune de ces manifestations en fait partie. De nombreuses responsabilités pèsent sur lui et il possède un réel savoir plus pratique que théorique, d'où des formations qui peuvent être mises en œuvre pour élargir ce savoir théorique. C'est, par exemple, ce qu'essaie de mettre en place la Commission nationale mixte de sécurité et d'animation dans les stades pour tous les responsables de sécurité des équipes des Ligues 1 et 2 en football. Et l'université n'est pas étrangère à ce processus. On a vu aussi apparaître des troisièmes cycles universitaires se spécialisant dans la sécurité. On trouve ainsi un module «Sécurité des manifestations sportives» dans le DESS ingénierie et management du sport à l'Université technologique de Troyes, ou encore un module «Sécurité des manifestations sportives et culturelles» au DESS ingénierie des risques que prépare l'Université Paris V-René Descartes et l'Institut des Hautes Études de la sécurité intérieure (devenu Institut national des Hautes Études en Sécurité [INHÉS]), ou encore une matière sur une session de 45 h préparée à l'Université de Montréal en résolution stratégique de problèmes. Il reste que ces évolutions et ces applications sont peu développées et s'adressent à un public qui n'est pas forcément spécialisé dans ce domaine particulier.

Enfin, si la mise en place d'un code de déontologie de la sécurité privée est actuellement à l'étude, une image négative pèse encore sur la profession. On ne rêve pas de devenir agent de sécurité privée. Quant à savoir s'«il existe, par ailleurs, des risques de liens entre les agents privés de sécurité et les milieux de la délinquance, le secteur [reconnaissant] lui-même que ces liens relèvent parfois de phénomènes de grand banditisme [...], ainsi que des risques de collusion entre les agents de sociétés de gardiennage et de convoyage et les membres de bandes organisées[128] », cette affirmation semble aller un peu vite et s'appuyer sur des éléments plus tirés du fantasme que de faits réels. Ces sociétés ne sont certainement pas «toutes roses». Elles commettent des fautes; notamment, on peut noter des violences «déplacées» envers le public, le plus souvent des délinquants cherchant à se confronter aux agents de sécurité privés. Certains de ceux-ci peuvent se croire tout permis (du fait du statut qu'on leur prête; ils ont, par

---

127. Cusson (1994, 1).
128. ENA (2000, 22).

exemple, des accréditations qui leur donnent accès partout pour des raisons de sécurité). On note aussi du fait du développement des «vertus d'une indigénisation de la sécurité: plutôt faire affaire avec des agents recrutés localement, un risque de passer d'une capacité de négociation vers de la connivence[129]». Cela nécessite donc qu'on les encadre pour éviter les dérapages. On constate ainsi chaque fois que c'est une personne qui n'appartient pas à la société sous-traitante qui supervise le travail des agents, leurs horaires et leurs comportements, elle peut à tout moment exclure tel agent qui a commis une faute.

On est toujours, de nos jours, comme le faisait remarquer Kalifa, dans «la recherche de légitimité entreprise avant-guerre par quelques maîtres détectives soucieux d'apporter à la profession reconnaissance et honorabilité [...]. Mieux recruter et mieux former les futurs praticiens apparaissait comme la clé du système, qui permettrait aux agences de se présenter comme d'authentiques entreprises professionnelles, dotées d'un savoir et de compétences spécifiques[130]».

Le système privé est conçu «pour satisfaire les besoins de l'entreprise qu'il sert. Ce genre de système est axé sur la victime et la prévention, se sert beaucoup de la surveillance et de la participation du personnel non spécialisé et est guidé par des préoccupations d'ordre économique plutôt que moral[131]».

Si les critères ne sont pas vrais pour n'importe quel type d'emploi, ils semblent tout à fait correspondre aux métiers de la sécurité privée, et spécialement ceux rattachés aux manifestations sportives et culturelles. On semble être, en effet, aux prémices du schéma élaboré par Abbott (1988, 10). «Les professions commencent quand les gens consacrent tout leur temps à faire ce qu'ils désirent. Mais la nécessité de se former se fait vite sentir, sous la poussée des recrues ou des clients. Des écoles sont créées. Les nouvelles écoles, si ce n'est pas déjà le cas, s'affilient à l'université. Inévitablement, elles imposent des exigences élevées, une longue formation, un engagement précoce dans la formation et un groupe d'enseignants à temps plein. Alors, les enseignants professionnels, avec leurs premiers diplômes, créent une association professionnelle. La vie professionnelle plus active, encouragée par l'association, conduit à une réflexion sur soi,

---

129. Robert (2000, 220).
130. Kalifa (2000, 238).
131. Shearing, Stenning, Addario (1985, 424).

un possible changement de nom et une séparation entre compétents et incompétents. La réflexion sur l'activité professionnelle conduit la profession à déléguer les tâches secondaires à des paraprofessionnels. Cela conduit à des conflits entre la jeune génération formée officiellement et les vieux formés sur le tas aussi bien qu'à des confrontations violentes avec les exclus. Cette période est marquée par des efforts de l'association pour s'assurer la protection de l'État, ce qui n'est pas acquis dans tous les cas et pour toutes les professions. Finalement, les règles d'admission générées par ces événements éliminent la compétition interne ainsi que les charlatans et garantissent la protection du client cristallisée dans un code éthique formalisé.»

Nous pouvons aussi entrevoir – et questionner – un véritable champ d'expertise qui se crée[132], mais il reste foncièrement hétérogène et contrefait, avec des écarts importants entre, d'une part, des théoriciens et des praticiens qui ne se parlent pas tant que cela et, d'autre part, des personnes formées et justes ainsi que des vendeurs de rêves ou, pire, des imposteurs.

Ce qui est finalement remarquable dans ce champ, c'est que lorsque le savoir cumulé est pertinent, il se perd par une absence de transmission, et les successeurs ne font alors que repartir à zéro et souvent reproduisent les erreurs.

Une nécessaire adaptation du champ policier entre volonté de réglementer à distance ou de gérer seul

Le champ du privé se cherche donc un chemin vers une reconnaissance et une légitimité qui passent par une professionnalisation. Le fait de voir très régulièrement d'anciennes personnes rattachées à des institutions publiques (police et pompier, notamment) participe à cette volonté d'affirmer une qualité et un savoir-faire. Cela témoigne également du fait que la sécurité appartient à un véritable cercle fermé où ne rentre pas qui veut et, surtout, n'y reste pas qui veut. On a ainsi un double cycle qui se joue dans l'histoire individuelle et collective:

- Individuel, où chaque individu fait ses gammes en tant qu'agent privé avant de rentrer dans une institution publique, puis, en fin de carrière,

---

132. Certains auteurs envisagent, à partir d'une étude sur la sécurité à Montréal, qu'il s'agit de «stratégies de conquêtes du champ à partir de ressources propres pour ne pas dépendre du seul champ policier». Mulone, Dupont (2008a).

réalise un retour dans le privé en montant souvent sa propre société de conseil ;

- Collectif, où l'on assiste par vagues successives à plus ou moins d'autonomie du privé ou du public dans le temps et les responsabilités.

C'est d'abord sur cette mutation et ces changements successifs, puis sur les missions principales que se propose de réfléchir cette partie. À partir de l'exemple français, on peut assimiler la même évolution dans l'ensemble des pays étudiés.

Du changement progressif de l'action de l'État à la responsabilisation de l'organisateur

En France[133], en 40 ans, il y a eu un passage d'une conception politique où la gestion de l'ordre public était une activité réservée à l'État (administrée par un pouvoir central principalement, suivant l'importance de la manifestation et l'espace territorial occupé avec la possibilité qu'elle soit dépendante d'un pouvoir local), à une conception où il est envisagé de responsabiliser les acteurs privés. En ce sens, on assiste à une redistribution des tâches en matière de sécurité. Déjà, en 1985, Brodeur soulignait que « le développement spectaculaire du phénomène de la sécurité privée [...] qui atteint massivement l'Europe occidentale, obligera dès demain à réviser nos concepts sur le maintien de l'ordre public (ainsi que) sur le contrôle social et la prévention du crime ».

Cette redistribution ne s'est pas réalisée du jour au lendemain, mais a fait l'objet d'étapes successives avant de voir apparaître une légitimation et une reconnaissance des acteurs privés ainsi qu'une avancée vers leur relative autonomie. En outre, elle s'est accompagnée d'une véritable organisation des activités et d'un encadrement spécifique pour gérer au mieux les différents risques.

La catastrophe de Furiani en 1992, complétée par les incidents entre CRS et supporters en 1993 au parc des Princes, vont être à l'origine d'une foisonnante réglementation à la fois sur le plan des structures du bâti et celui de l'organisation humaine temporelle et spatiale lors de ce type de

---

133. Mais ce n'est pas le seul pays à suivre cette dynamique, pour les pays étudiés, ce phénomène de privatisation de ces événements se retrouve en Grande-Bretagne, aux Pays-Bas, en Belgique ou encore au Québec (même si un micro événement à l'été 2008 pourrait témoigner d'un nouveau cycle qui commencerait avec un engagement progressif à nouveau des pouvoirs publics).

manifestations. Un constat ressort de ces lois, décrets, circulaires, etc. : non seulement l'État ne veut plus prendre à sa seule charge les responsabilités juridiques et financières de l'organisation de la sécurité des manifestations sportives et culturelles réunissant des grands concours de population, mais tend également à se désengager physiquement de l'intérieur et de l'extérieur des enceintes. Dès lors, l'organisateur porte l'entière responsabilité de la sécurité à l'intérieur de l'espace de la manifestation.

Un désengagement de l'État et un périmètre de sécurité pour une sécurité partagée

Trois étapes successives sont à l'origine de ce processus.

1. 1970-(1983-1987) : la défiance des pouvoirs publics envers les acteurs privés

   Durant cette période en France, les sociétés privées, qu'elles soient de gardiennage ou de surveillance, ne répondaient à aucun encadrement législatif[134]. Face à un développement croissant du marché privé sans garde-fou, il devenait nécessaire pour les pouvoirs publics (politique, notamment) que le législateur intervienne afin de réglementer ce secteur d'activité et limiter les dérapages[135], même si, comme le soulignait Ocqueteau (1986) en référence à Cunningham et Taylor (1985), les forces privées répondent principalement aux intérêts du propriétaire et bien moins à un code ou à une norme juridique.

   La loi n° 83-629 du 12 juillet 1983 vient donc poser les premières réglementations spécifiques, et notamment l'interdiction pour tout agent ayant fait l'objet d'une sanction disciplinaire ou d'une condamnation pénale d'exercer cette profession. Trois ans seront nécessaires pour que sorte le décret d'application n° 86-1099 du 10 octobre 1986 qui insiste, entre autres, sur l'importance de la différenciation des uniformes avec la police et du caractère de simple citoyen dont il fait l'objet dans l'exercice de ses missions. L'année 1987 marquera la fin de cette première phase, avec l'application de l'autorisation préfectorale afin

---

134. On assiste à cette même logique d'encadrement législatif au Québec avec la loi 88 de juin 2006. Mulone, Dupont (2008b).

135. On peut citer, au début des années 1980, deux affaires. La première dite de « l'assassinat du clochard du Forum des Halles de Paris » et la seconde de « l'opération commando des Camemberts d'Isigny », qui faisaient suite à maintes affaires de répression privée de conflits sociaux par des milices patronales tout au long des années 1970. Ces affaires allaient entraîner une prise de conscience politique dans la nécessité d'assainir le secteur. On lira Belorgey (1982a, b).

d'exercer son activité. Il n'est donc pas question de légitimer une société qui n'aurait pas une autorisation d'exercer. Il est en revanche beaucoup plus malaisé de savoir si elle soumet régulièrement, et dans les meilleurs délais, la totalité du personnel à la procédure réglementaire de vérification de moralité. Il y a, en effet, un délai entre la demande de contrôle administratif de la moralité des employés (casier judiciaire) et le résultat. Ainsi, des personnes condamnées peuvent parfaitement travailler plusieurs mois sans être décelées. La réglementation ne joue non plus aucun rôle en ce qui concerne le contrôle de la compétence professionnelle. Chaque société vaut donc ce que valent ses pratiques de recrutement, de sélection, de formation et d'encadrement. L'autorisation préfectorale ne doit pas faire croire à l'existence d'une étiquette officielle de qualité: une société n'en vaut pas une autre et c'est au sous-traitant de faire le bon choix[136].

Il s'agit d'assainir une profession qui nageait au début des années 1980 dans un flou juridique propice aux dérapages individuels et aux surenchères commerciales.

2. 1987-1995: un encadrement législatif plus strict et la légitimation des acteurs privés[137]

Deux mouvements, en parallèle, se sont constitués au cours de cette période afin d'arriver à un partage des tâches privées et publiques.

* La légitimation des agents et des agences de sécurité privées avec l'aboutissement de la loi du 21 janvier 1995 qui reconnaît les acteurs de la sécurité privée comme éléments à part entière du contrôle social. Cette évolution aurait pu être accentuée par le projet de loi Debré, qui devait faire l'objet d'une annexe de la loi n° 95-73 du 21 janvier et renforcer le statut et les missions des sociétés privées[138].

* Le renforcement de la législation dans le contexte de l'organisation de la sécurité des manifestations sportives et culturelles avec, d'une

---

136. Le Doussal, Laures-Colonna (1992).

137. Pour des précisions sur les enjeux de la réglementation du secteur de la sécurité privée, lire Ocqueteau (1988).

138. «Ce projet visait à poursuivre l'œuvre entreprise en 1983 dans le sens d'une plus grande exigence de qualité des prestations de sécurité privée, en renforçant les conditions d'exercice de la profession, en encadrant plus strictement les missions de ces entreprises et en exerçant sur elles un contrôle plus étroit.» Pour plus d'information, Hermier, Grasset (1999).

part, l'implication et la responsabilisation des acteurs privés (organisateurs) et des municipalités et, d'autre part, le désengagement de l'État. Deux textes participent à ce phénomène :

- la loi Bredin du 13 juillet 1992, qui stipule notamment la création d'une homologation des enceintes par le préfet, après avis de la Commission départementale de sécurité ; qui demande aux fédérations d'édicter des règlements relatifs à l'organisation de toutes les manifestations dont elles ont la charge ; et qui prévoit des sanctions pénales pour les cas de non-respect des règles d'homologation, de vente abusive de billets, d'introduction de boissons alcoolisées dans les enceintes sportives, d'incitation à la haine.

- la loi Pasqua du 21 janvier 1995, qui responsabilise juridiquement les organisateurs des manifestations sportives et culturelles en matière de sécurité. Elle oblige notamment ceux-ci « à assurer un service d'ordre lorsque leur objet ou leur importance le justifie ». Une circulaire du ministère de l'Intérieur de 1994 était venue préciser la délimitation de deux périmètres de sécurité, avec une responsabilité pour l'organisateur de l'enceinte sportive et pour les pouvoirs publics du périmètre hors enceinte. « L'intervention éventuelle des forces de police à l'intérieur de l'enceinte sportive étant limitée aux cas de réquisition par l'organisateur ou en cas de nécessité absolue[139]. »

Depuis la circulaire mise en application le 2 décembre 1997, le rôle des forces de police a de nouveau évolué, puisqu'elles ne sont plus présentes dans les stades et n'assurent plus les palpations à l'entrée. Il ne reste plus qu'un représentant des forces de l'ordre, la plupart du temps, au sein du poste de surveillance et de commandement.

3. 1995-2008 : le déplacement des priorités générales de l'État au profit d'une responsabilisation des organismes privés de sécurité

Deux nouvelles phases sont à l'origine de cette évolution :

• 1995-1997 marque une période où l'on assiste à une application rigoureuse de la loi, avec notamment le partage de la charge financière entre l'État et l'organisateur. Il s'agit, en quelque sorte, d'une redistribution des pouvoirs tout en gardant un certain contrôle, avec

---

139. Circulaire NOR : INT/C/94/00311/C du 9 décembre 1994 du ministère de l'Intérieur et de l'aménagement du territoire.

une volonté globale des institutions publiques de s'attacher à certaines tâches au détriment d'autres:

- «Aux pouvoirs publics, un recentrage sur la maîtrise des flux (immigration, trafics illicites), la lutte contre le crime organisé, ainsi que le crime économique et environnemental.
- Au marché privé, la gestion d'espaces dits mixtes (juridiquement privés mais à usage public) comme les centres commerciaux ou les stades[140]».

Spécifiquement au regard des manifestations sportives et culturelles, le décret du 31 mai 1997 entérine cette évolution avec trois conséquences majeures: la déclaration préalable à effectuer auprès du maire (ou à la préfecture de police de Paris); la mise en place d'un service d'ordre, sous la responsabilité et l'autorité de l'organisateur qui a pour rôle de prévenir des désordres; la responsabilisation pénale des dirigeants et des personnes morales si ces dispositions n'ont pas été observées.

- 1997-2008 manifeste un abandon physique (et, par là, financier[141]) progressif des pouvoirs publics à l'extérieur de l'enceinte. On assiste, par ailleurs, à une intensification de l'encadrement des structures privées (projet de loi à venir) avec la possibilité «d'un agrément administratif, délivré sur justificatifs par l'autorité préfectorale, non seulement pour les dirigeants de la société, mais aussi pour ses employés. La possibilité, comme le prévoit la loi n° 99-291 du 15 avril 1999 pour les polices municipales, d'un retrait d'agrément ou d'une suspension. Enfin, des exigences de formation pour les personnels en cause doivent être imposées[142]». L'adoption, le 4 juin 1998, en première lecture à l'Assemblée nationale de la création d'une Commission nationale de déontologie de la sécurité avec une volonté de respecter des règles déontologiques pour la profession de la sécurité privée participe à ce même processus d'autonomisation sous couvert d'un encadrement.

---

140. Cette tendance a notamment été abordée dans un ouvrage collectif réalisé sous la direction de Shapland, Van Outrive (1999).
141. Les forces de l'ordre n'étant plus présentes, elles ne font plus peser sur l'organisateur une partie du coût financier de leur présence.
142. Hermier, Grasset (1999).

Enfin, pour compléter l'encadrement législatif, la loi n° 98-146 du 6 mars 1998 est venue étendre les peines à des faits commis à l'extérieur du stade.

Le nouveau projet de loi sur la sécurité élaboré par Nicolas Sarkozy participe de ce processus[143]. Il comprend, en effet, un volet dédié à la sécurité privée. Il reprend les grandes lignes du projet de loi de Charles Pasqua de janvier 1995. Comme dans les projets précédents, les sociétés de sécurité privée sont sous la tutelle de la police et de la gendarmerie. Ces dernières pourront exiger tout document, notamment les registres du personnel, et pourront se rendre dans les locaux de ces entreprises entre 8 h et 20 h. La principale nouveauté du texte est l'autorisation donnée au personnel de sécurité de pratiquer des palpations de sécurité pour détecter des objets dangereux[144]. On assiste donc à une nouvelle reconnaissance du rôle de la surveillance privée, et à une nouvelle étape du désengagement de l'État dans certaines tâches de sécurité.

Cette caractéristique de voir l'État légiférer et chercher à légitimer l'industrie privée se retrouve au Québec[145]. On observe que l'industrie de la sécurité privée ne tente pas de remplacer la police, mais cherche à se construire une place à part entière ; il n'en va pas de même pour l'institution policière (ici, le Service de police de la Ville de Montréal [SPVM]) qui cherche à s'approprier la responsabilité de la sécurité dans le contexte de l'organisation des événements festifs[146].

La responsabilisation et l'engagement des acteurs privés en Europe et la réappropriation des pouvoirs publics en Amérique du Nord

Les foules ne se rassemblent plus uniquement dans des espaces publics, mais aussi dans des espaces privés où la répartition des pouvoirs est beaucoup moins claire. Dans un pays qui détient une très forte tradition étatique, il semble donc intéressant de se demander si certaines situations ne subissent pas des recompositions, et de se pencher sur la problématique de la redistribution des pouvoirs. Ces grands déplacements de populations, jusqu'à la

---

143. Loi n° 2003-239 du 18 mars 2003 pour la sécurité intérieure.
144. *En toute sécurité*, 15 octobre 2002, n° 310, 2.
145. Mulone, Dupont (2008b).
146. On peut noter ainsi, pour la première fois, une gestion de la sécurité autonome du SPVM dans le cadre de l'organisation du festival Juste pour rire en juillet 2008, et l'abandon d'une gestion privée qui fonctionnait jusque-là. Événement test pour le service policier, cette évolution témoigne d'une réelle motivation de commercialiser ses ressources.

fin des années 1960, se faisaient uniquement dans la rue. À partir du début des années 1970, l'espace privé devient à son tour l'objet de grands rassemblements, entraînant dans de nombreux pays l'émergence de nouveaux dispositifs. Il faut attendre les années 1980 et plus encore les années 1990 pour assister à une véritable mutation structurelle et à une redéfinition de la place des pouvoirs publics dans la régulation des dysfonctionnements sociaux liés à l'organisation de manifestations sportives et culturelles. En effet, la prise en charge de la sécurité par l'État est remise en cause. Les institutions publiques, dans des contextes spécifiques, semblent dans l'incapacité de maintenir l'ordre et mettent en place une nouvelle répartition des responsabilités. On assiste, en quelque sorte, à une révolution culturelle avec un abandon de la présence de la puissance publique au sein des enceintes sportives au profit d'un organisateur privé. Alors que les pouvoirs publics étaient restés défiants très longtemps face à l'émergence du marché de la sécurité privée, à partir de cette période, ils semblent admettre une nouvelle conception du contrôle social avec une nouvelle répartition des tâches (Ocqueteau, 1997).

Ainsi, toutes les formes de sécurité sont légitimées, à savoir police, gendarmerie, police municipale, sociétés de gardiennage. La sécurité vise une optimisation de la sécurité collective. On semble en apparence se défaire de la formule chère à Max Weber (1959) de «la recherche par l'État moderne du monopole, dans les limites d'un territoire, de la violence physique légitime comme moyen de domination». En effet, on pourrait penser au regard de l'évolution législative liée à la sécurité des manifestations sportives et culturelles que l'État se désengage au profit de la sécurité privée.

Or, il faut faire preuve de plus de nuance et revenir sur le rapport de Philippe Swinners-Guibaud pour mieux comprendre ce phénomène. Au cours du match PSG-Caen au parc des Princes, plusieurs CRS sont frappés par des supporters parisiens. Charles Pasqua, alors ministre de l'Intérieur, se demande s'il est logique qu'il y ait à l'intérieur d'un stade la présence de CRS. Cela va déboucher sur la loi n° 95-73 du 21 janvier 1995 (dite LOPS ou encore loi Pasqua) qui va responsabiliser juridiquement l'organisateur en matière de sécurité et délimiter un périmètre de sécurité[147]. Pour la première fois, les pouvoirs publics français reconnaissaient dans un texte

---

147. L'organisateur a la responsabilité de la sécurité à l'intérieur de l'enceinte privée, tandis que les pouvoirs publics assurent la sécurité à l'extérieur, tout en sachant qu'il leur est possible d'intervenir à la demande de l'organisateur ou de leur propre initiative.

législatif que le secteur privé agissait comme un coproducteur de la sécurité collective.

Pourtant, à y regarder de plus près, il semble plus judicieux de parler d'encadrement par l'État de la sécurité. L'efficacité de l'organisation d'une manifestation réside dans la répartition des compétences, un partage des tâches et donc, dans le même temps, des responsabilités en matière de sécurité. En fait, on suit la règle traditionnelle : à la police la gestion de l'espace public et au propriétaire la gestion de l'espace privé.

On retrouve complètement l'analyse de Max Weber (1959) qui montrait que le «droit pour un individu de faire appel à la violence ne lui était accordé que dans la mesure où l'État le tolérait».

L'organisation par la France de la Coupe du monde caractérise bien ce phénomène. Sous l'égide de la Délégation interministérielle pour la Coupe du monde (DICOM)[148], le 21 mai 1997, est décidée une répartition stricte des compétences et des espaces d'intervention pour l'organisateur et les pouvoirs publics en matière de maintien de l'ordre. D'un côté, les organisateurs, avec l'appui de prestataires de sécurité privée, assurent la sécurité dans l'enceinte des stades (espaces privés) ; et la puissance publique veille à la gestion à l'extérieur (espace public). Pourtant, il semblerait plus judicieux de parler d'un habillage du public en privé. En effet, force est de constater que l'organisation privée, pendant la Coupe du monde, comptait à sa tête deux anciens hauts fonctionnaires mis à disposition ou détachés pour l'événement. L'État ne pouvait imaginer l'éventualité, dans un tel contexte médiatique, d'un quelconque écart en matière de gestion de la sécurité ; il en allait de sa crédibilité. L'organisateur de la manifestation évoluait donc dans un environnement très balisé, où l'État était omniprésent et englobait complètement la gestion des risques de l'événement. Ainsi, malgré la présence de supporters à haut risque qui se sont adonnés à quelques débordements aux alentours des stades, les résultats ont globalement été à la hauteur de ceux escomptés.

Cependant, on peut légitimement se poser la question : Ce qui semble établi pour un événement international de grande ampleur reste-t-il vrai pour d'autres événements, à savoir d'autres manifestations sportives internationales, nationales, ou encore pour des manifestations culturelles

---

148. Cette structure regroupait différents ministères dont : l'Intérieur, la Défense, les Affaires étrangères, les Transports, l'Équipement, la Jeunesse et les Sports, la Justice, la Santé et le Tourisme, etc.

(festivals ou concerts musicaux)? En d'autres termes, il s'agit de se demander si les innovations apportées seront sans lendemain ou si elles vont pénétrer le champ de la sécurité; et si, avec une telle compétition, on s'est trouvé face à un modèle de gestion d'événements de grande ampleur. Il semble établi que le contexte exceptionnel d'un événement de cette ampleur demandait des mesures exceptionnelles, et qu'aucune autre manifestation (en dehors des Jeux olympiques) ne nécessiterait un tel déploiement.

En fait, pour les manifestations étudiées, nous constatons les mêmes éléments. On retrouve ainsi les personnes ayant appartenu à l'organisation privée de la Coupe du monde de football 1998, dans les principales manifestations sportives s'étant déroulées après celle-ci, et notamment les Championnats du monde de handball 2001, les Championnats du monde de cyclisme 2000, les Championnats du monde d'athlétisme 2003, le Comité d'organisation de la candidature aux Jeux olympiques de Paris en 2012.

L'État a du mal à se désengager complètement au profit d'institutions privées. Il prend donc des garanties pour que tout aille pour le mieux. En faisant appel à d'anciens fonctionnaires de police, des préfets détachés pour l'occasion, il accorde sa confiance à des personnes pour lesquelles il a des garanties sur leur travail et leur compétence. En outre, l'organisation de ces manifestations demande des spécificités et des principes de gestion particuliers reproductibles d'un événement à un autre. Il semble donc normal de retrouver les personnes qui ont travaillé dans l'une pour des fonctions similaires dans l'autre.

Au Québec, la logique est la même. Lors du Grand Prix de formule 1 du Canada, sur les six personnes chargées de la direction de la sécurité, on retrouve un universitaire en tant que coordonnateur, une personne de la Sûreté du Québec en tant qu'adjoint à la sécurité. Ensuite, quatre superviseurs se partagent les zones; il n'y a qu'un civil contre un agent du Service de police de Montréal et deux agents de la Sûreté du Québec. Cela va même plus loin avec une réappropriation affichée en 2008 de l'espace festif par les forces de police avec la nouvelle politique de commercialisation des services.

Cette véritable mutation pose un certain nombre de questions qu'il s'agit maintenant de considérer pour l'organisateur qui pourrait se demander s'il vaut mieux utiliser telle ou telle organisation.

- L'image : Le policier, suivant les pays, est détenteur d'une image, d'une responsabilité et d'une formation plus sérieuse. Il reste que l'uniforme policier dans un événement festif n'est pas toujours de mise ; dans un pays comme la France, la seule présence d'un uniforme peut entraîner des exactions.

- L'expérience : Le policier n'est pas encore formé pour accueillir des spectateurs, vérifier des billets, contrôler des accès et des accréditations. Il est surtout peu motivé à l'idée de gardienner un espace ou du matériel. Leur expérience peut davantage être remise en question quand, comme pour Montréal, les policiers engagés sont, pour la plupart, des «cadets policiers» qui vivent une première expérience de police le temps d'un été et qui reprendront, pour la grande majorité d'entre eux, par la suite leurs études. De plus, il peut sembler paradoxal de disposer de temps de police et d'équipements au détriment d'un service qui doit être rendu au quotidien.

- La flexibilité : La police, par le jeu syndical, peut sembler peu flexible à tout changement, alors que le milieu événementiel est tout particulièrement rythmé par des changements et demande donc une grande flexibilité de la part des organisations qui en ont la gestion.

Une ligne directrice avec trois missions : la circulation, la sécurisation et le judiciaire

Si l'on oublie le cas particulier des fonctions possibles attachées à la commercialisation, les fonctions policières s'articulent autour de trois dimensions qu'il convient de présenter.

Les attentes envers les institutions policières sont de plus en plus nombreuses en vue d'assurer la régulation sociale. Elle les a ainsi obligées à s'adapter aux besoins et à modifier sa relation avec son environnement et, notamment, à mettre sur pied des pratiques de partenariat : pour le privé, des missions d'accueil et de surveillance, et classiquement aux forces de l'ordre publiques trois missions particulières : la circulation, la sécurisation et le judiciaire.

Accueillir et orienter les personnes et les véhicules

La première tâche est d'agir en matière de circulation. Les forces de l'ordre se situent donc chaque fois aux points névralgiques de la manifestation. Aux gares des chemins de fer, tout d'abord. Il faut prévenir et contrôler des flux pour éviter les bousculades. Elles peuvent venir, entre autres, en renfort des services de sécurité de la Société nationale de chemins de fer français pour le contrôle des billets. Elles agissent en groupe. Le plus souvent, on trouve une demi-compagnie de CRS[149] ou de gardes mobiles sur ces points.

Ensuite, on les retrouve sur des points clés de la route pour orienter les véhicules vers les stationnements et désengorger les centres-villes. Cela est particulièrement flagrant dans le cas des Vieilles Charrues, avec deux équipes de Gendarmerie nationale postées à l'est et à l'ouest de Carhaix pour orienter les véhicules vers les deux zones de stationnement.

À côté de points fixes, les pouvoirs publics se déplacent pour analyser la situation, notamment les bouchons. Ce sont les brigades motocyclistes qui effectuent ces rondes. Elles ont aussi pour fonction d'accompagner et d'ouvrir la route pour toutes les sorties des véhicules de secours du Service départemental d'incendie et de secours (SDIS); d'en faciliter les déplacements comme pour les Vieilles Charrues, ou pour assurer la protection des véhicules de secours et des personnes comme pour Aurillac. En effet, à la suite des violences à l'encontre des secouristes du SDIS lors d'intervention de nuit, un dispositif de sécurité a été mis en place par la préfecture afin de les assister dans leur déplacement. Elles peuvent, enfin, accompagner à la demande des organisateurs un artiste qui reste bloqué aux portes de la ville.

Sécuriser et maintenir l'ordre

Le second volet concerne la sécurisation. On trouve cette fonction aussi sous les termes de «maintien de l'ordre» ou «police administrative». C'est «l'ensemble des interventions de l'administration qui tendent à imposer à la libre action des particuliers la discipline exigée par la vie en société [...]. La police administrative a pour but de prévenir les atteintes à l'ordre public[150]. Elle est soumise à l'autorité du préfet, représentant de l'État sur un département, dont une des missions consiste à assurer l'ordre public, c'est-à-dire la tranquillité, la sécurité et la salubrité, dans des lieux publics[151]». Il revient aux forces de l'ordre de sécuriser des espaces principalement par une présence en nombre et, le plus souvent, à distance. En effet, leur seule présence suffit pour permettre le bon déroulement de la manifestation. En

---

149. Compagnie républicaine de sécurité, chargée du maintien de l'ordre public en France et rattachée à la police nationale, comme la garde mobile sur la même mission est rattachée à la gendarmerie nationale.
150. Rivero (1980, 424-425).
151. Bodin, Trouilhet (2001, 152).

temps normal, elles n'ont pas besoin d'intervenir. Relativement aux manifestations étudiées, seul le football entraîne une intervention des forces de l'ordre, plusieurs fois par an, dans l'enceinte ou à l'extérieur du stade contre des supporters violents. On peut citer aussi l'intervention de CRS à Aurillac pour interpeller des revendeurs sur le site de Tronquières. Le reste du temps, elles se positionnent sur le site sans intervenir ou très marginalement[152].

Pour le football, les principes généraux d'organisation des forces de police sont bien délimités : «échange d'informations entre responsables policiers chargés des villes concernées par les matchs et avec les délégués à la sécurité des clubs ; neutralisation des abords du stade avec pré-barrage[153], réception et contrôle des supporters avant la rencontre (accueil à la gare, prise en charge sur l'autoroute, etc.) ; intervention dans le stade en cas de manifestations de violence ; dégagement des abords du stade ; encadrement et reconduction des supporters adverses à partir de l'enceinte sportive[154]». En revanche, ces principes s'appuient sur un paradoxe. En effet, «le dispositif policier assure une gestion au mieux de l'intérêt général, entre l'application stricte de la loi Alliot-Marie et les complications apportées par l'implantation urbaine des stades. Il est évident qu'il convient d'assurer au mieux les logiques qui ne sont pas complémentaires. Les riverains des stades subissent de nombreuses contraintes et nuisances, des problèmes de circulation et d'évacuation. Le maintien de l'ordre et la sécurité en centre-ville doivent en effet tenir compte d'un certain nombre d'impératifs autres que ceux propres à la manifestation sportive : sécurité dans les rues, sécurité et protection des bâtiments publics, sécurité des riverains, alors qu'il s'agit parfois de contrôler une foule identique à celle d'une ville comme Châtellerault[155]».

On peut, en outre, citer l'exemple du Printemps de Bourges lors d'une soirée particulièrement animée avec des concerts de rap dans les deux plus grandes salles du festival. Les CRS ont placé à proximité d'un des sites leur bus et d'autres véhicules de plus petite taille. Même s'il n'y avait pas de

---

152. On pouvait noter, à Bourges, des interventions en partenariat avec les agents de sécurité privée pour interpeller de potentiels délinquants. On trouve cette même dynamique dans le cadre du Festival international de jazz.
153. Un des principaux problèmes soulevés par le contrôle des foules est l'implantation des stades en centre-ville.
154. Bodin, Trouilhet (2001, 154).
155. *Ibid.*, 162-163.

présence humaine, la zone, du seul fait de la présence de ces bus, a été très calme.

On retrouve cette présence pour de la sécurisation aux Eurockéennes de Belfort, à l'entrée du camping et devant les entrées du site. Leur présence a tendance à déplacer les potentiels délinquants, notamment ceux revendant des billets à la sauvette[156].

Quelques équipes patrouillent, le plus souvent par trois. Il s'agit ici de prévention. Les forces de l'ordre se montrent et font un repérage des lieux. À Bourges et Aurillac, des équipes fonctionnent en ce sens. On retrouve ce même dispositif autour des salles de spectacle comme le Zénith ou le Palais Omnisports de Paris Bercy (POPB), ou encore autour des stades comme celui du stade de France. Mais ce phénomène qui reste vrai lors de rencontres sportives au POPB, tend, lors des concerts de musique, à être de moins en moins vrai. On constate, ainsi, un abandon physique de l'espace public par les forces de l'ordre.

Un cas particulier de sécurisation mérite qu'on s'y attarde. Depuis plusieurs années, en parallèle de ces grandes manifestations de type festival, se déroule ce que l'on appelle des Teknivals[157] ou encore des *free parties*[158]. Ce sont des manifestations où se réunissent des jeunes qui dansent au rythme de la musique techno. La particularité tient en ce que les organisateurs ne se font pas connaître auprès des pouvoirs publics et organisent leur événement sans tenir compte d'un quelconque dispositif de sécurité. Pour essayer de minimiser les problèmes de sécurité, les pouvoirs publics ont tenté, dans un premier temps, de mettre en place, à côté de dispositifs de secours et de prévention, un contrôle de sécurité aux entrées afin de sécuriser les lieux. À partir du moment où le jeu de piste prend fin et que la longue caravane prend possession d'un espace, les pouvoirs publics mettent en place un contrôle des premiers véhicules, mais ils restent en dehors le plus souvent de la manifestation. Depuis la loi Sarkozy

---

156. Pour Montréal, des policiers sont installés dans les corridors de sécurité pour faire bouger les spectateurs. La simple présence d'agents de sécurité ne serait pas suffisante pour imposer la fluidité de circulation et la force policière devient une nécessité car mieux écoutée par les citoyens.

157. Événement musical illégal qui rassemble des personnes sur plusieurs jours.

158. Événement musical illégal qui rassemble des personnes le temps d'une soirée. Pour une étude détaillée de cette subculture, Pourtau (2005a ; 2005b).

de mai 2002[159], relative à certains rassemblements festifs à caractère musical, les organisateurs de rassemblements «donnant lieu à de la musique amplifiée», réunissant plus de 250 personnes et «susceptibles de présenter des risques pour les participants en raison de l'absence d'aménagement ou de la configuration de lieux» doivent soumettre une déclaration préalable en préfecture «au plus tard un mois avant la date prévue pour le rassemblement».

Cette déclaration doit comporter une description des «dispositions prévues pour garantir la sécurité et la santé des participants, la salubrité, l'hygiène et la tranquillité publiques», ainsi qu'une «autorisation d'occuper le lieu donné par le propriétaire». Ces dispositions sont assorties de sanctions en cas d'infraction: notamment la confiscation du matériel sono, une suspension du permis de conduire et la condamnation à un travail d'intérêt général.

Avec ce texte, les pouvoirs publics adaptent le précédent décret du 31 mai 1997, qui s'adressait aux manifestations de plus de 1 500 personnes, pour celles de moins grande importance. Ces rassemblements dérangent les pouvoirs publics qui n'ont pas d'interlocuteur et ne peuvent donc faire peser sur lui les mêmes prérogatives que sur les manifestations «organisées». Avec ce décret, ils espèrent responsabiliser les organisateurs. Toutefois, l'application reste difficile. Les pouvoirs publics ont du mal à intervenir, d'autant plus lorsqu'on assiste à des *rave parties* de masse qui réunissent parfois jusqu'à 20 000 personnes.

Six ans après la promulgation de ce texte, les résultats sont nuancés. La législation n'a, au départ, fait que déplacer les *raves* à la frontière de la France, donc en dehors de la réglementation nationale. Puis, elles ont repris sur le territoire national avec des attitudes différentes suivant les politiques, l'interdisant dans certains cas et confisquant le matériel sono; organisant, dans la plupart des autres cas, des moyens de secours minimums afin d'encadrer au mieux la manifestation. Plus rarement, les organisateurs se sont pliés aux attentes du décret et ont obtenu les autorisations nécessaires.

---

159. Décret n° 2002-887 du 3 mai 2002 relatif à certains rassemblements festifs à caractère musical.

Administrer le judiciaire

Dernier volet de la gestion policière : le judiciaire. Face au grand nombre de personnes assistant à ces manifestations et afin de pouvoir répondre à la demande supplémentaire de plaintes, le pôle judiciaire est renforcé. Il se situe au cœur de la manifestation (tournoi de Roland-Garros, Eurockéennes de Belfort), ou dans le commissariat de la ville (Bourges, Carhaix, etc.), ou encore à l'essai pendant le Festival international de jazz en 2008, dans un autobus spécialement aménagé à cet effet. Il s'agit, pour les personnes qui ont été victimes d'un délit (vol, violence, etc.), de pouvoir le plus rapidement et le plus facilement possible déposer plainte. Mais force est de constater qu'on n'assiste pas à une augmentation exponentielle, car les personnes déposent plainte plutôt sur leur lieu de résidence, voire pas du tout.

«Le caractère préventif de la police administrative la distingue de la police judiciaire qui intervient à l'occasion d'infractions et dont le but est la répression[160].» Le rôle dévolu à la police judiciaire est «de constater les infractions, d'en découvrir les auteurs et de réunir les preuves, afin de permettre l'action de la juridiction pénale[161]. C'est le procureur de la République qui a la charge de diriger l'action de la police judiciaire[162]».

On peut ainsi voir apparaître cette présence sur le terrain d'un procureur de la République et le travail étroit avec le ministère de la Justice. La Coupe du monde de football en 1998 a permis, pour la première fois, de trouver une cohésion entre la justice et les forces de police. Les officiers de la police judiciaire et les magistrats pouvaient constater les infractions directement sur le terrain. Une permanence était assurée au tribunal pour faciliter le traitement en temps réel et sanctionner les actes commis pendant l'événement à l'intérieur comme à l'extérieur des enceintes sportives. Cette expérience reste cependant unique. Elle n'a pas été, dans la pratique, reconduite à ce niveau d'investissement des acteurs. Ainsi, la présence d'un procureur de la République pendant la Coupe du monde de rugby ou les Championnats d'Europe de basket, les Championnats du monde de handball n'a pas été retenue. La place de la justice reste généralement en retrait de l'événement. Il faut cependant noter, pendant les festivals de musique comme les Francofolies, les Eurockéennes et les Vieilles Charrues, l'implication étroite du procureur dans la manifestation. Il est un des

---

160. Bodin, Trouilhet (2001, 152).
161. Rivero (1980, 425).
162. Bodin, Trouilhet (2001, 152).

acteurs, à part entière, des réunions de sécurité[163]. Mais sa position sur le terrain reste propre à l'intérêt de la personne et non de l'institution à laquelle il est attaché.

Une gestion de la sécurité civile et des secours qui s'organisent

Les mutations en ce qui concerne les secours lors de ces grands rassemblements sont tout aussi spectaculaires. Le premier texte qui fait comprendre, pour la France, l'enjeu de réunir dans un espace une foule festive est la circulaire NOR/INT/E/88/00157 C du 20 avril 1988. À la suite de la venue du pape Jean-Paul II à Taizé et Paray-le-Monial ainsi que le concert de Madonna dans le parc de Sceaux, les autorités présentes se rendent compte qu'il ne peut y avoir de hasard pour sécuriser ces lieux. Il va ainsi s'agir de définir non pas un modèle idéal, mais les règles minimales d'organisation relatives à assurer la sécurité des spectateurs, des principes que nous retrouverons dans les pays européens et nord-américains étudiés.

Une circulaire[164] pour construire les règles minimales à préserver en matière de grands rassemblements

On assiste d'abord à un découpage dans le temps de la réflexion à tenir en matière d'organisation des secours. Il s'agit de penser l'événement en amont, dans le temps de préparation, du choix du site à son aménagement ; puis, les secours doivent assurer le suivi de la manifestation avec la gestion des mouvements de foule et des incidents ; finalement, la fin de la manifestation doit être prise en considération avec, notamment, l'évacuation des spectateurs.

Les autorités en présence estiment une «balance des risques encourus». L'organisateur comme les autorités publiques y exposent les éléments favorables et défavorables pour donner au responsable de la commune l'autorité d'interdire ou non la manifestation.

---

163. Cette implication a notamment été visible dans le processus de comparution immédiate demandée pour une conductrice en état d'ivresse qui avait forcé, pendant le festival, un barrage de police.

164. Les propos de cette section reprennent dans les grandes lignes les points discutés par cette circulaire NOR/INT/E/88/00157C du 20 avril 1988 du ministre de l'Intérieur.

Tout est une question de préparation en matière de secours

Comme pour la sécurité, la préparation est un maître mot, une exigence incontournable. Il ne s'agit pas de réfléchir à ce que l'on doit faire face à un incident. Il faut y avoir accordé une attention et un travail avec les personnes concernées. On va ainsi instituer des groupes d'étude et de réflexion sous l'autorité du préfet, en France, ou du maire, pour le Québec, suivant la taille de la manifestation. L'équipe constituée comprend alors, entre autres, les autorités publiques de police ou de gendarmerie, les autorités des services d'urgence, les autorités des services de sécurité civile et celles de l'organisateur. Imposée en France, cette réflexion sera chaque fois mise en place dans tous les pays étudiés. Ce qui est intéressant de voir est la place de chacune de ces autorités dans la dynamique d'ensemble, et donc de constater que c'est surtout une question de personne (expérience et motivation) qui va générer la place de chacun plus que la place de son institution.

La prévention et ses mécanismes prennent également une place prépondérante. On accorde une place centrale à l'espace (la typologie des lieux avec une analyse des risques, les axes routiers, les accès au site pour le transport individuel et en commun) avec, pour fil conducteur, la fluidité de la distribution des secours ainsi que la capacité à intervenir des forces de l'ordre. On prévoit ainsi des itinéraires secondaires, des axes prioritaires pour les véhicules de secours, des espaces réservés pour des stationnements d'équipement et du personnel. On cherche à utiliser tous les moyens possibles, sans oublier la voie des airs ou des mers.

L'aménagement du site est très discuté. On cherche à accueillir de manière sécuritaire, à éviter tout goulot d'étranglement, tout objet (barrières, notamment) qui présenterait un danger. La foule est considérée comme de l'eau ; il convient donc de la faire circuler dans une lie sans remous. Une attention est demandée en matière de signalisation pour les points d'eau potable, les postes de secours, etc., comme pour les modes de communication avec des systèmes de sonorisation pour une évacuation par exemple, ou encore des éclairages en conséquence, l'ensemble se trouvant sous couvert de groupes électrogènes pour des ressources de substitution.

Le choix de la date est intégré dans l'analyse de risque. Il convient que l'événement ne vienne pas coïncider avec d'autres festivités, ou encore avec une perspective de circulation particulière comme des retours massifs de vacances, etc.

On regarde, en outre, le public considéré. L'âge, les éventuelles confrontations possibles entre certains groupes (supporters dans le monde du football) ou d'éventuelles contre-manifestations pouvant venir compliquer (voire nuire à) la manifestation (phénomène des technivals naissants) sont des éléments dont il faut avoir pleine conscience.

Par ailleurs, la salubrité et l'hygiène sont intégrées dans cette problématique de secours. On porte une attention aux toilettes chimiques, mais aussi à tout aliment et ses formes de conditionnement (réglementations par rapport aux normes de réfrigération), ou encore de distribution (le verre est peu conseillé).

Finalement, pour parfaire aux règles minimales, les secours doivent être coordonnés à partir de postes de commandement opérationnels pour un éventuel déclenchement de mesures d'urgence suivant des codifications particulières. Suivant l'événement, plusieurs postes peuvent prévaloir. Souvent, on trouve un poste de commandement principal et un autre spécifiquement sur le site.

Les opérations et la question du suivi de l'entrée des spectateurs à leur évacuation

Durant l'événement, il convient d'en assurer les opérations. Les dispositifs pensés doivent être mis en œuvre sur le terrain et placés en conséquence avant l'arrivée des spectateurs. Tout doit être testé, des modes de communication aux trajets des véhicules de secours. Une vérification précise et minutieuse doit être considérée en interne pour chaque service et coordonnée au sein du poste de commandement interservices.

Chaque institution doit être capable d'agir suivant les problématiques et les niveaux d'urgence. Une attention particulière est portée au carroyage des plans pour localiser précisément le lieu de l'incident. Chacune des institutions doit avoir en sa possession des plans avec la matérialisation effective des dispositifs de chacun et des voies de déplacement. Les institutions doivent créer en symbiose des mécaniques pour scénariser tous les types d'incidents et les procédures nécessaires pour y répondre, comme nous l'avons indiqué dans le premier chapitre, portant un soin à la fois aux modes d'opération et de communication, notamment avec les services de presse, ou encore aux familles des victimes impliquées.

Finalement, une attention particulière est donnée à l'évacuation en toute fin d'événement, d'abord du site, puis des axes routiers.

Une fois ces principes établis, tout n'est encore une nouvelle fois qu'une question d'organisation.

Une activité établie... quelques caractéristiques de l'organisation des secours : du risque courant à l'événement majeur

Pour comprendre à quel point il n'y a pas de hasard en matière d'organisation des secours, nous chercherons à établir une comparaison entre les modes d'organisation des secours de deux événements majeurs. En France, nous prendrons l'exemple des Eurockéennes de Belfort, et au Québec, celui du Grand Prix de formule 1 du Canada à Montréal. Force est de constater que les organisations mises en œuvre sont équivalentes dans chacun des pays étudiés, et plus loin, pour chaque manifestation étudiée.

Une hiérarchisation des acteurs pour une harmonisation des logiques d'action – la théorie

L'organisation médicale des Eurockéennes s'intègre dans l'organisation des secours. Elle repose sur une coopération et une interconnexion de deux services, le Service départemental et de secours (SDIS) et le Service d'aide médicale urgente (SAMU).

Pour le Grand Prix de formule 1 du Canada, nous trouvons de la même façon cette structuration avec un corps représenté par les services de sécurité des incendies (SIM et SPIM)[165] et un corps médical (Urgences santé pour le transport, et des professionnels de la santé autour d'un médecin chef pour le Grand Prix et d'un hôpital). La particularité est de distinguer deux formes de secours à personne : le grand public et les pilotes.

Pour le fonctionnement des secours en situation normale, ces deux services mettent à la disposition des organisateurs les moyens en personnel, en matériel et organisationnels. Ils interviennent majoritairement en qualité de prestataires de services contre rétribution des organisateurs. Pour ce qui est d'une montée en puissance, nécessitée par la survenue d'un accident grave, l'organisation générale des secours passe sous la responsabilité préfectorale et opérationnellement sous le SDIS pour la France, et

---

165. On distingue ainsi des personnes spécifiquement attachées à des actions de prévention pour contrôler les structures en place (gradins, tentes, etc.) et les matériaux entreposés (normes pour le feu) ; et des actions d'opérations (pour les interventions en cas d'incendie des structures ou des véhicules en course, par exemple).

de la sécurité civile pour le Québec. Les deux services interviennent dans leur mission habituelle de service public.

Pour chacune des interventions, des procédures et des fiches réflexes ont été établies répertoriant les missions et les moyens nécessaires pour les personnes (officier de site, chef du centre d'engagement des moyens, chef d'équipe d'intervention) et les structures (poste de commandement, centre d'engagement des moyens) qui évoluent pendant les manifestations. Enfin, une attention particulière est portée à la transmission de l'information, principalement au moment d'une alerte.

L'organisation des secours : risque courant

Pour Belfort, deux autorités sont concernées par l'organisation des secours : d'une part, le service départemental d'incendie et de secours (SDIS) et, d'autre part, le service d'aide médicale d'urgence du 90 (SAMU).

Le premier est chargé d'assurer le secours à victime et l'intervention sur tout type d'accident (feu, etc.). Son champ d'action s'organise sur le site du festival et le camping du CD 24.

La structure suivante est mise en place afin de répondre à ces missions :

- un officier capitaine ou lieutenant, responsable de l'ensemble des moyens, sapeur-pompier : c'est l'officier de site ;
- un chef du détachement sapeur-pompier, lieutenant ou adjudant : c'est le chef de centre d'engagement des moyens ;
- un détachement de sapeurs-pompiers composé de 17 personnes, renforcé à partir de 21 h par 6 sapeurs-pompiers ;
- deux opérateurs-radio au PC.

L'ensemble du dispositif est calqué sur l'organisation départementale :

- un PC assure la fonction de Centre de traitement avancé (CTA) sur le site ;
- trois messages peuvent arriver : les appels téléphoniques du réseau Eurockéennes, les « 18 » et « 112 » qui arrivent au CTA-CODIS et qui sont retransmis au PC.

Le second est constitué de deux centres médicaux chargés des urgences et qui assurent une consultation ouverte. Un centre médical est installé sur le camping de Chaux et un autre sur le site du festival.

La direction médicale des Eurockéennes est assurée par un médecin qui a pour missions :

- de diriger l'ensemble des structures médicales mises en place par le SAMU sur le site du camping ;
- de veiller au bon déroulement des opérations de secours à personne ;
- d'assurer les relations avec les responsables de l'organisation, les divers intervenants et les autorités publiques.

Le principe est de traiter sur place tout ce qui peut l'être et d'évacuer vers un établissement hospitalier uniquement lorsque la situation le nécessite.

Comme en témoigne le tableau *infra*, pour comprendre la logique de traitement de l'information, on distingue le lieu de réception de l'incident, la transmission et l'engagement des moyens.

Figure 7 Schéma de transmission d'une alerte

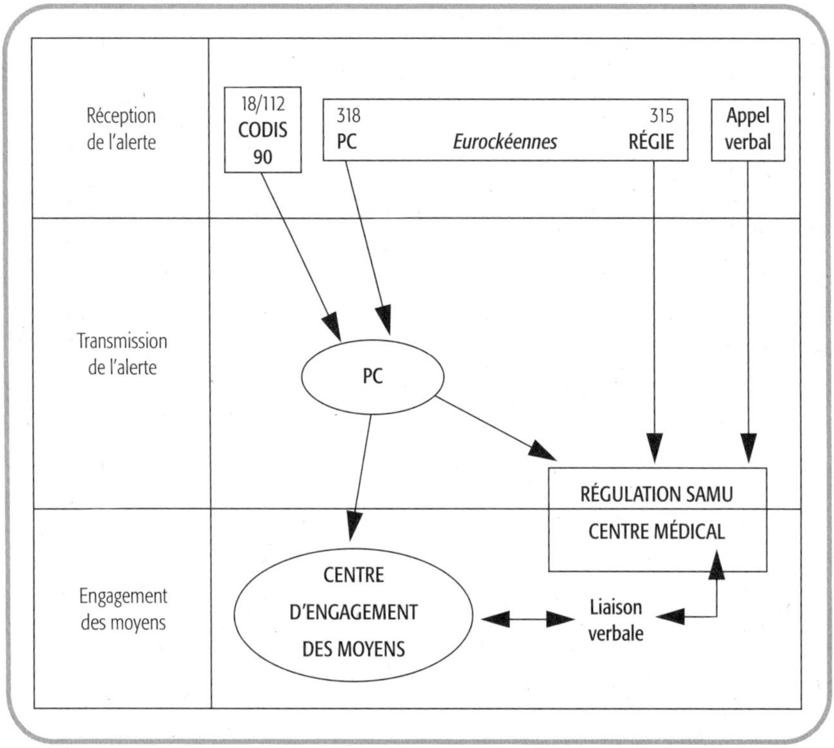

Pour Montréal, l'organisation, dans sa logique d'intervention et de structuration, est très similaire.

Pour compléter l'organisation des secours, on peut ajouter que le service des incendies se structure en deux entités. Une entité dont la tâche en amont est de prévenir les risques et de s'assurer que toutes les structures sont installées dans les règles de l'art[166], que les objets utilisés respectent les normes en matière de résistance au feu, et que les accès aux différents lieux potentiellement à risque (bâtiments recevant du public, zone de stockage d'essence, etc.) sont dégagés en tout temps. Une entité opérationnelle dont la mission est l'intervention à la fois sur la piste pour les incidents de course et sur le site pour les spectateurs. Le positionnement des divers véhicules pour les incendies est réfléchi à partir de la capacité d'accessibilité de la zone et des risques que celle-ci représente. À la lumière de ces constats, chaque véhicule entre sur le site avant les spectateurs et se met en veille. L'ensemble du dispositif est coordonné par un chef aux opérations de la direction des opérations et de la prévention. Plusieurs agents compléteront l'équipe avec, notamment, un lieutenant responsable des événements spéciaux de la section planification opérationnelle pour la gestion des opérations, des agents de la division de l'expertise et du développement de la prévention pour tous les aspects reliés à la prévention, ainsi que des équipes d'agents avec les véhicules appropriés réparties sur le terrain.

Une équipe médicale vient compléter le dispositif avec une cinquantaine de médecins, 20 inhalothérapeutes, 10 infirmières et un technologiste de la banque de sang. L'ensemble est sous la coordination d'un médecin chef. Une clinique est installée pour les spectateurs ainsi qu'un hôpital de piste pour les pilotes. Des liens de communication sont mis en œuvre pour communiquer non seulement avec l'ensemble des véhicules de secours, mais également avec un hôpital de la ville pour accueillir au besoin tout patient. Des équipes à pied (15 personnes du domaine médical) ainsi que des unités mobiles (jusqu'à 120 personnes) pour des premiers soins et de la «bobologie» sont réparties sur le site. On peut y ajouter des véhicules d'intervention rapide et de décarcération. On compte également quatre ambulances, une équipe de plongeurs et un hélicoptère pour le transport de patients si les conditions d'urgence sont requises.

---

166. Normes de sécurité en matière d'incendie, normes de prévention, identification des sorties d'urgence, normes du bâtiment, identification du matériel d'incendie, procédures et plans d'évacuation.

Dans le cadre particulier de la Coupe du monde de football en 1998 et donc spécifiquement pour un stade, le dispositif prévoyait sur chaque site : une cellule de commandement composée d'un manager médical local, d'un infirmier logistique, d'un médecin régulateur et d'un permanencier auxiliaire de régulation ; des équipes opérationnelles composées de médecins urgentistes, d'un médecin doublement qualifié pour les urgences et le sport pour le terrain et d'infirmiers ; une cellule secourisme comprenant des équipes fixes, des équipes mobiles et des équipes spécialisées pour le relevage. Au total, on comptait 150 médecins et infirmiers, 1 200 secouristes pour 64 matchs. Chaque stade était pourvu d'une infirmerie principale, de trois infirmeries satellites (14 espaces médicaux pour le Stade de France), d'un ou deux postes tièdes (spécifiques aux périodes de forte chaleur). Le tout était équipé d'un matériel médical sophistiqué. Les moyens mis en œuvre permettaient de gérer de front 2 urgences absolues et 20 urgences relatives. L'intervention de tous les personnels médicaux s'est effectuée selon des procédures rigoureuses et une formation des équipes médicales et de secours. Il est utile de préciser que ce dispositif lourd et relativement complexe se justifiait en partie par les risques d'attentats inhérents à une organisation telle qu'une Coupe du monde de football.

Enfin, pour avoir un ordre d'idées, les statistiques médicales sur la compétition étaient les suivantes : 2 682 patients ont été examinés pour 2,7 millions de spectateurs, soit un ratio de 0,1 % ; 110 évacuations ont été effectuées vers un milieu hospitalier, dont 17 transferts par moyen médicalisé. La traumatologie a représenté une proportion élevée de motif d'intervention ; 70 patients présentaient une pathologie cardiovasculaire, dont deux arrêts cardiorespiratoires ayant nécessité une réanimation spécialisée ; 9 patients ont été évacués pour des problèmes coronariens.

L'organisation des secours : événement majeur

À partir de la nature et de l'analyse des risques, des structures se mettent en place. Le risque courant habituel porte essentiellement sur les secours aux personnes dont l'origine est normalisée et sur les conséquences pour un petit nombre (blessés, malaises, etc.).

Les données du service d'urgence (SAMU) recueillies au festival des Eurockéennes en 1998 témoignent de cette réalité[167].

---

167. Afin de pouvoir évaluer la part relative de ces données, il convient de préciser que le festival reçoit entre 25 000 et 30 000 personnes par jour.

Tableau 11 Nombre de consultations, Eurockéennes, 1998

	Camping	Malsaucy	Total
Jeudi 2 juillet	10		10
Vendredi 3 juillet	47	147	194
Samedi 4 juillet	112	269	381
Dimanche 5 juillet	112	270	382
Lundi 6 juillet	11		11
Total	292	686	978

Tableau 12 Évacuations vers l'hôpital, Eurockéennes, 1998

Patients traités en ambulatoire		Patients hospitalisés à l'unité médicale d'accueil	
Traumatologie	1	Traumatologie	1
Gynécologie	1	Médecine	3
Médecine	1	Intoxication, LSD, ecstasy	1
Total	3	Total	5

Trois interventions avec transport vers le Centre hospitalier de Belfort ont été réalisées en dehors du site et du camping, sur le CD 24. Les trois patients transportés ont été traités en ambulatoire.

En comparaison des années précédentes, on constate une nette régression depuis 1995 avec une stabilité depuis lors.

Tableau 13 Évacuations vers l'hôpital, Eurockéennes, 1994-1998

1994	1995	1996	1997	1998
9	29	5	8	8

Si on recherche le détail des pathologies spécifiques à la toxicomanie, le tableau *infra* nous permet de mieux évaluer les spécificités.

Tableau 14 Problèmes liés à la toxicomanie, Eurockéennes, 1998

	Camping	Malsaucy	Total
État de manque	1	0	1
Abus de cocaïne	0	0	0
Abus de cannabis	1	1	2
Abus d'héroïne, surdose	0	0	0
Abus de LSD ou d'ecstasy	3	3	6
Abus de champignons hallucinogènes	0	2	2
Total	5	6	11

Pour les années antérieures, on constate également une nette diminution depuis 1996, avec une stabilité à partir de 1997.

Tableau 15 Problèmes liés à la toxicomanie, Eurockéennes, 1995-1998

	1995	1996	1997	1998
État de manque	1	2	1	1
Abus de cocaïne	1	0	0	0
Abus de cannabis	2	8	3	2
Abus d'héroïne, surdose	10	7	1	0
Abus de LSD ou d'ecstasy	11	11	5	6
Abus de champignons hallucinogènes	0	0	0	2
Total	25	28	10	11

Pour une vue d'ensemble des pathologies, on peut regarder le tableau *infra*.

Tableau 16 Pathologies rencontrées, Eurockéennes, 1998

	Camping	Malsaucy	Total	%
Céphalées	44	230	274	28,6
Petites plaies nécessitant pansements et ampoules	54	59	113	11,8
Petites traumatologies, douleurs musculaires	28	72	100	10,4
Coups de soleil	13	71	84	8,8
Douleurs abdominales et gastroentérites	31	48	79	8,2
Pathologie ORL	26	23	49	5,1
Rage de dents	23	20	43	4,5
Soins infirmiers suivis de traitements	5	25	30	3,1
Piqûres d'insectes	10	15	25	2,6
Pathologies ophtalmologiques	11	12	23	2,4
Problèmes menstruels	9	14	23	2,4
Malaises liés à la chaleur ou à la foule	1	16	17	1,8
Problèmes dermatologiques	8	8	16	1,7
Brûlures	2	12	14	1,5
Éthylisme aigu	1	13	14	1,5
Toxicomanie	5	6	11	1,1
Attaque de panique	3	8	11	1,1
Allergies	4	5	9	0,9
Plaies nécessitant sutures	4	4	8	0,8
Crise d'asthme	0	8	8	0,8
Insolations	0	5	5	0,5
Morsure de chien	2	0	2	0,2
Divers	8	12	20	2,1

Pour la comparaison avec les années précédentes, il y a des différences notables suivant les pathologies et les années.

Tableau 17 Pathologies rencontrées, Eurockéennes, 1995-1998

	1995	1996	1997	1998
Allergies	25	3	4	9
Attaques de panique, anxiété	14	12	8	11
Brûlures	22	5	11	14
Céphalées	274	115	158	274
Coups de soleil	92	1	1	84
Crise d'asthme	11	11	2	8
Douleurs abdominales, gastroentérites	58	34	44	79
Éthylisme aigu	7	16	5	14
Insolations	6	0	0	5
Malaises	53	47	47	17
Morsure de chien	7	6	5	2
Pathologie ophtalmologique	23	12	10	23
Pathologie ORL	41	21	37	49

Pour ce qui est du risque majeur, il prend pour cible un grand nombre de personnes et son origine est aléatoire (attentat, cataclysme naturel, etc.).

Ces deux problématiques théoriques font l'objet d'une attention particulière :

- le secours à personne qui, par le grand nombre relatif d'interventions, demande une réponse plus adaptée que celle que pourrait donner le service ;
- le risque non négligeable d'un événement majeur déclenchant la mise en activation du plan rouge :
  - un incendie ou l'effondrement d'une structure,
  - une panique générale de la foule,
  - un affrontement physique entre de nombreux spectateurs.

Le temps d'intervention relativement long des secours extérieurs oblige donc à prévoir des moyens suffisamment conséquents sur le site pour faire face à tout événement de manière autonome.

Par conséquent, l'organisation des secours sur le site doit permettre :

- la gestion des interventions courantes de manière autonome sans interférer avec le reste des secours en dehors des évacuations vers le centre hospitalier ;
- la gestion initiale d'un événement majeur avec, notamment, l'articulation des moyens sur place avec ceux du plan rouge.

Pour la France, en cas d'événement majeur, une montée en puissance d'un dispositif sapeur-pompiers est mise en place. Elle est formulée au centre opérationnel départemental d'incendie et de secours (CODIS) sur demande de l'officier du site. La même logique de donner la responsabilité des opérations à la sécurité civile existe au Québec.

Cette gestion entraîne :

- l'information en temps réel de l'autorité préfectorale et de la direction départementale d'incendie et de services de secours ;
- l'activation du CODIS à Belfort ;
- l'engagement des moyens du Plan rouge.

En cas de déclenchement de ce plan, le schéma de transmission est modifié. La sectorisation du site est nécessaire et des fréquences tactiques sont données aux intervenants.

Quel que soit le pays concerné, il s'agit en amont de se mettre d'accord, en cas d'incident majeur, sur des règles de gestion et de communication à suivre que nous retrouvons dans la section 2.5. Il faut chaque fois chercher les ressources disponibles, les moyens externes qui peuvent être mis en œuvre et toutes les procédures pour s'adapter au cas présent. On doit prévenir et donc réduire les risques par de l'aménagement, par de la formation, etc. On cherche ainsi à limiter les causes et si l'événement a lieu, à réduire les conséquences.

Une coordination délicate sans règles strictes et reposant sur des humains : les réalités

Force est de constater que les textes en matière d'assistance médicale et de secours nécessaires à l'organisation d'un grand rassemblement sont réduits à leur plus simple expression. Pourtant, l'absence d'obligations précises, notamment législatives, ne dispense en aucune façon l'organisateur de mettre en place un service de secours et d'assistance pour les travailleurs et les spectateurs.

Historiquement, pour le football en France, la fédération exige, à partir d'un certain niveau de compétition, la présence d'un médecin sur le terrain. Cette disposition était encore reprise récemment par la Ligue nationale de football qui demandait de plus la présence d'une équipe de secouristes et d'une ambulance. Traditionnellement, les clubs professionnels assuraient la présence d'un médecin sur le banc de touche et comptaient sur le SAMU ou la Croix-Rouge pour l'assistance médicale du stade. Actuellement, un certain nombre de clubs de première division ont mis en

Figure 8 Schéma d'un Plan rouge

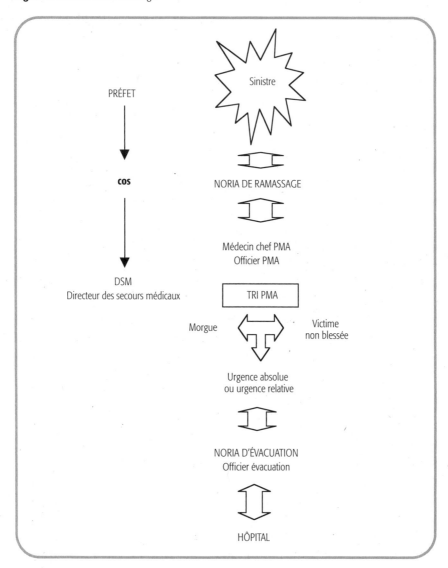

place un service médical privé, équivalent à ce qui a été fait lors de la Coupe du monde 1998. Un Plan de secours spécialisé (PSS) est également imposé par le Préfet sur certains sites.

On exige donc une structure, mais rien concernant le nombre, l'emplacement, les qualités, etc. Cette imposition ne se fait pas de manière réglementaire par la loi, mais par l'association de tutelle de ce sport.

Ainsi, l'article 358 du règlement des Championnats de France de première et seconde divisions est le texte qui précise les modalités entre les clubs et le médecin. Un service médical doit être mis en place à l'attention des spectateurs selon les règles légales en vigueur. Une attention particulière est donnée aux accès, aux éclairages, aux locaux et au matériel qui doivent être mis à la disposition, notamment pour les communications.

Il n'y a donc pas de dispositions législatives spécifiques aux stades de football ni aux manifestations culturelles ou sportives, mais seulement des suggestions demandées par la fédération. Aucune norme n'existe actuellement quant au nombre de médecins ou de secouristes devant être présents sur les sites. On est lié uniquement à la qualité des personnes responsables qui, du fait de leur expérience respective, imagineront les besoins minimums dont elles jugeront la présence opportune.

La mise en place de ces structures dépend donc des personnes en présence et bien davantage de leur personnalité et de leur bon jugement. Si la personne responsable est ouverte à la discussion et réfléchit aux risques encourus et aux moyens nécessaires pour les contenir, alors tout se passe pour le mieux. Si, à l'inverse, on est face à une personne qui veut imposer sans discussion possible telle ou telle action, voire empêcher, lors d'une manifestation culturelle, par exemple, l'utilisation d'un appareil pyrotechnique pour raison de sécurité, nous voici devant un problème de partialité et de jeu d'ego et de pouvoir. En imposant telle ou telle mesure, les pouvoirs publics entraînent des conséquences financières pour l'organisateur qui cherche à les minimiser le plus possible. On est ainsi bien dans un jeu d'équilibre où il s'agit d'arriver à trouver ces fameuses règles minimales et adaptées à chaque contexte. La volonté parfois des institutions publiques de vouloir imposer des normes qui existent pour des structures permanentes (et non temporaires comme c'est souvent le cas pour des festivals) nuit aux organisations de ces événements (notamment les plus petites) qui se retrouvent en situation de ne plus pouvoir assumer leur responsabilité en matière de sécurité. On comprendra évidemment que sur ces questions de sécurité, il reste essentiel d'avoir des garde-fous que représentent les pouvoirs publics, mais il est primordial que ces derniers assument ce rôle d'accompagnement de structures plus ou moins performantes, ou plus ou moins attentives à respecter ces règles minimales de sécurité et de secours.

Si les gardes-fous sont primordiaux, il convient, pour les acteurs publics, de prendre conscience que ces restrictions demandées peuvent avoir pour conséquence de vraies problématiques de créativité. On irait ainsi de plus en plus vers des spectacles sans nouveauté, sans évolution, de peur d'assumer des responsabilités pour les pouvoirs publics ou des coûts pour les organisations privées. Il y a donc une vraie conscientisation et de vraies discussions à faire pour l'ensemble des acteurs sur ces questions essentielles.

3.4 Élaborer des actions stratégiques

Une stratégie d'actions (majoritairement préventives), susceptible d'assurer la sécurité lors d'un événement festif, tient en quatre points:

1. L'aménagement de l'espace, du temps et des flux. Les responsables de l'événement définissent des procédures d'accueil, d'entrée et de sortie; ils canalisent les flux des participants; ils assurent le confort des spectateurs; ils séparent les groupes belligérants. Ces dispositions visent à éviter les frustrations, les longues attentes, les goulots d'étranglement et les confrontations. Les mesures concrètes pour obtenir ces résultats sont variées: agents d'accueil et d'information, voies réservées, barrières, signalisations, horaires, etc.

2. L'organisation de la surveillance et des interventions. Les incidents, les infractions, les mouvements de foule et les facteurs de frustration sont connus en temps réel et font l'objet d'une intervention rapide grâce à une équipe d'agents de sécurité et d'accueil ainsi que d'un système de télésurveillance. Toute l'information recueillie est retransmise à une centrale de coordination d'où les intervenants sont dépêchés selon les besoins. Le site est aménagé de manière que tous les espaces importants soient pleinement visibles.

3. Le contrôle des armes, des matières dangereuses et des excitants. Des procédures de contrôle d'accès excluent les armes et les produits dangereux du site. Un règlement interdit la vente de boissons dans des bouteilles de verre, etc.

4. Une sécurité qui s'harmonise avec une ambiance festive. Les écarts inoffensifs sont tolérés. Les interventions sont peu nombreuses et discrètes.

Deux grandes «familles» de prévention sont utilisées par les organisateurs de ces événements pour chercher à être avant tout proactives: la prévention situationnelle et la prévention sociale. Comme le remarquait Hastings (1993, 48 et 54), «le contrôle social ne se fera plus par une attention exclusive au criminel; dans le futur, l'accent sera mis sur les stratégies proactives aux dépens de celles qui sont réactives, et la priorité sera accordée aux causes sociales et psychologiques de l'acte et aux conséquences de l'acte pour la victime. Les politiques préventives constitueront un moyen de réorganiser la lutte contre la criminalité et la peur du crime [...]. L'approche préventive visera à éliminer la cause avant qu'elle ait sa conséquence prévue». Dans cette sphère, on cherche une amélioration de l'aménagement (prévention situationnelle), un développement de l'éducation des publics (prévention sociale) et une mobilisation collective de l'ensemble des partenaires (partenariat).

Ensuite, s'organise dans l'événement un panachage de stratégies suivant les besoins de la manifestation. Il est question d'actions répressives et de médiations, puis d'actions de communication et de soutien auprès des potentielles victimes.

Si, dans la plupart des événements festifs rassemblant ces foules, tout se déroule sans incident grave, ce sont avant tout ces efforts de prévention et plus globalement les actions stratégiques qui en favoriseraient le bon déroulement.

Utiliser des outils stratégiques spécifiques de prévention situationnelle pour construire des «bulles de sécurité»

Un grand rassemblement présenterait ainsi de bonnes chances de se dérouler sans incident grave si les principaux responsables s'entendaient pour mettre en place une stratégie visant à aménager l'espace, le temps et les flux; à organiser une surveillance et l'intervention; à contrôler les armes et autres matières dangereuses; et, finalement, à imaginer une sécurité compatible avec l'ambiance festive de l'événement.

Les responsables de la sécurité ont régulièrement recours à des dispositifs de surveillance au moyen d'agents et de télésurveillance; l'espace est aménagé en fonction de données préventives, les employés portent des badges avec des photos, etc. Il s'agit là de prévention situationnelle pragmatique, sans référence théorique. Or, il est important de relever que ces mécaniques sont basées sur un corpus théorique et fondées sur la théorie du choix rationnel, la criminologie environnementale ou encore l'approche des activités routinières[168].

Des principes de gestion de la sécurité plus ou moins connus et utilisés

La réponse à un problème s'appuie sur une stratégie précise et est fondée sur une analyse complète de la situation. Cette analyse se déroule en trois temps:

1. Délimiter des objectifs: supprimer la problématique, en réduire l'ampleur ou les conséquences, améliorer la réponse ou assumer les responsabilités;

2. Développer des choix de stratégies: la médiation, la communication, l'éducation, la mobilisation collective, la prévention, la répression ou encore l'amélioration de l'environnement;

3. Mettre en œuvre le plan et contrôler l'application autour des objectifs poursuivis, des stratégies utilisées et de l'échéancier prévu.

Au-delà d'un simple descriptif des modes d'organisation en matière de sécurité que nous nous efforçons de mettre en évidence dans ce travail, nous constatons qu'ils témoignent d'une grande stabilité dans la gestion globale des risques entre les diverses manifestations. Ils permettent également de mettre en évidence que ces dispositifs ne sont pas arrêtés dans le temps mais en évolution constante, suivant les événements. On peut ainsi dire que ces derniers construisent le droit et les dispositifs mis en place. Ainsi, au football, les dispositifs sont aujourd'hui bien établis. Des structures, telle la Commission nationale mixte d'animation et de sécurité dans les stades, en France, encadre la mise en place des différents dispositifs. On retrouve donc ces dispositifs d'un stade à un autre, en ce qui concerne les stades de l'élite de ligues 1 et 2.

Pour les autres manifestations sportives et culturelles, on ne retrouve pas cette homogénéisation. On garde certes des dispositifs identiques con-

---

168. Brantingham, Brantingham (1984); Clarke (1997); Cornish, Clarke (1986); Cusson (2002); Felson (2002); Clarke, Eck (2003).

cernant, par exemple, l'accueil du public, la billetterie, les systèmes d'accréditation, de moyens de communication, etc., mais pas certaines spécificités d'action, comme la prévention des toxicomanies, la gestion des revendeurs sur les sites, les moyens d'évacuation en cas d'intempéries, etc., tout simplement parce que l'on n'a pas été confronté au problème, ou que l'on n'y a pas réfléchi, ou encore que l'on ne sait pas forcément ce qui se fait ailleurs.

Il s'agit pour nous de définir ces modèles de gestion stratégique que l'on peut retrouver d'un pays à un autre, ou d'une manifestation à une autre, à commencer par ce qui prédomine en matière d'événements festifs, la prévention situationnelle.

Les deux logiques de la gestion de la sécurité : la gestion logistique du site et de l'environnement, et la gestion des personnes

Avant d'aborder ces deux logiques fonctionnelles, il faut souligner l'importance d'un commandement unique, avec une répartition claire des responsabilités et des missions entre chacun des acteurs. Deux axes de réflexion prédominent dans la gestion de la sécurité : la gestion logistique du site et son environnement (les scènes, les éclairages, les toilettes, les campings, etc.) et la gestion des personnes.

La gestion logistique du site et de l'environnement est sous la responsabilité intégrale de l'organisateur, mais fait l'objet d'un contrôle strict d'une commission de sécurité ; par exemple, en France, il existe trois niveaux distincts. Le premier, sur le plan national, est présidé par le ministre chargé des Sports ou un représentant ; le deuxième, sur le plan départemental, est présidé par le préfet ; le troisième, sur le plan local, peut être créé par le préfet (Commission de sécurité d'arrondissement, communale ou encore intercommunale). Dans nos études, c'est la Commission consultative départementale (ou une sous-commission mixte départementale) qui était généralement présente, avec le préfet.

On peut distinguer deux grands ensembles : les manifestations régulières dans des espaces fixes (stades ou salles), où les commissions n'interviennent qu'une fois par an (légalement ou deux fois à la demande de l'exploitant) et, d'une manière générale, elles portent un regard sur les structures du bâti, des gradins, de la toiture, de la résistance au feu, etc. ; et les manifestations événementielles, de type festival, dans des espaces qui n'ont pas forcément pour objet de recevoir de grands rassemblements de populations. Pour les Francofolies de La Rochelle et les Eurockéennes, la Commission intervient la veille du début du festival et le lendemain. Il s'agit, dans un premier temps, de relever les éléments considérés comme présentant des risques ou non conformes à la législation en vigueur, tout en sachant très bien que cette dernière ne différencie pas les manifestations régulières de celles événementielles, et impose un certain nombre de critères qu'il est impossible de tenir pour le festivalier, soit par manque de moyens financiers, soit par manque de temps. Après ce premier constat, il appartient aux organisateurs des festivals de procéder au mieux aux modifications pour le lendemain. La Commission constate alors si les limites exposées la veille ont trouvé une réponse, et valide ou non l'homologation du festival. Pour le Printemps de Bourges, la Commission part du principe que chaque nouvelle journée nécessite une homologation spécifique au regard des nouvelles dispositions des scènes, et des effets de lumières et de sons, etc. Il n'existe pas, en réalité, de textes précis sur ce sujet ; cela dépend le plus souvent des personnes responsables des commissions et du préfet.

Le second, concernant la gestion des personnes, s'appuie sur une pluriactivité dans une logique partenariale. À ce stade de l'analyse, on peut constater la présence d'acteurs privés dans :

- une logique d'accueil ;
- une logique de mise en sécurité des sites, des personnes (public, artistes et personnalités) ;
- une logique d'intervention en cas d'incident ;
- une logique de secours à personne.

Et la présence d'acteurs publics dans :

- une logique de prévention ;
- une logique de maintien de l'ordre public ;
- une logique de gestion de la circulation ;
- une logique de secours à personne.

Il s'agit de trouver, pour l'ensemble des acteurs, un juste équilibre entre ces différentes logiques. Ainsi, un équilibre entre la sécurité et :

- la grande majorité du public qui vient dans un esprit festif ;
- le laisser-faire (tout en contrôlant) auprès des divers trafics (billets, stupéfiants). Cette idée était particulièrement frappante lors du festival des Eurockéennes, avec une sorte de jeu territorial perpétuel entre la sécurité de l'organisateur, qui ne souhaitait aucune vente de billets

devant l'entrée, et les divers revendeurs, qui voulaient être au plus près des festivaliers.

Concernant plus particulièrement les stupéfiants, il fallait non pas empêcher les consommateurs de drogue (marijuana, cannabis) d'entrer sur le site, mais uniquement repérer «les plus gros revendeurs», de les interpeller et de les amener à la gendarmerie le cas échéant (la logique de la gendarmerie, des douanes et des renseignements généraux étant plutôt de remonter des filières, sans action spécifique sur le site). On peut noter tout de même, de la part de la gendarmerie, une sorte de quantité minimum à saisir pour répondre aux attentes de la hiérarchie. Cette perspective était particulièrement visible lors des bilans journaliers entre les différents services, où la gendarmerie annonçait avec beaucoup de régularité la prise de tant de grammes de cannabis et tant de pastilles d'ecstazy;

- l'égalité de ses services. La sécurité devrait être un bien public, alors que son développement se fait très souvent au service des inégalités. On peut constater des différences considérables entre des espaces privilégiés : zones VIP pour les festivals et les salles de concert ; zones privilèges ou encore présidentielles pour les stades. Sans parler des différences sur le plan des services (restauration, chauffage, etc.), ces espaces étant généralement sursurveillés avec, à chaque nouvelle entrée, des zones de contrôle. Lors d'un concert rock, au Palais Omnisports de Paris Bercy, seule la zone VIP respecte des escaliers fluides qui permettraient, en cas de panique, de pouvoir beaucoup plus facilement faire évacuer le public. Ceci s'explique par le fait que c'est le seul espace où évoluent deux agents de sécurité en haut et en bas des escaliers, agents qui sont complètement absents du restant du Palais Omnisports de Paris Bercy. Ils sont uniquement placés au-devant de la scène, derrière les glissières de sécurité ;

- les questions de secours à personne où, très souvent, ils sont en opposition. Une porte doit rester fermée pour que le public ne rentre pas intempestivement, et ouverte pour les sapeurs-pompiers afin qu'elle soit une voie de secours en cas d'évacuation.

Séparer le travail en amont de la gestion opérationnelle

Plusieurs grands principes, quelle que soit la manifestation, se dégagent généralement et participent à la prévention de la sécurité de l'organisation, dont deux : le travail en amont et la gestion opérationnelle.

Comprendre que le travail en amont représente 80 % de la sécurité

C'est le fondement sur lequel toutes les organisations de sécurité reposent, mais celles-ci sont peu réactives au vu du grand nombre d'agents concernés. Il s'agit donc de penser en amont les divers scénarios, puis, lors des opérations, de s'y ajuster. Cette étape met en évidence, à partir de différents critères que sont l'aspect juridique, l'espace dans lequel se déroule l'événement, les forces de sécurité en présence, le type de public, le type de manifestation et les enjeux s'y rattachant, les risques que comporte une manifestation. On les prévoit, les hiérarchise et y apporte des réponses types. Trois aspects sont à retenir dans une gestion des risques : les acteurs des risques, les objets et les facteurs.

L'anticipation et la communication sont deux atouts intimement liés à ce stade de préparation. Le premier permet, par une parfaite connaissance du terrain, des personnes et de l'évaluation des risques, de minimiser tous les aléas. Le positionnement temporel et spatial dans l'enceinte ou sur le site est un facteur primordial pour l'équilibre de la manifestation. La prise de conscience de zones clés (scène, terrain de jeu, entrées, loge des artistes, vestiaires, zone VIP, etc.) et des outils stratégiques (billetterie, signalisation, vidéosurveillance, documents indicatifs des publics, fiches réflexes en cas d'incidents, etc.) devient incontournable.

Le second détermine la politique à tenir et la philosophie générale de la sécurité. Chacun des coordonnateurs fait passer un certain nombre de messages sur les missions et les attitudes à respecter. Pour les manifestations internationales (spécifiquement pour le football), une information particulière est élaborée avec des officiers de liaison[169] rattachés aux supporters du pays ou les groupes de supporters des clubs.

Enfin, on peut constater une gestion qui reposerait davantage sur la prévention situationnelle[170] que sur une prévention sociale. Il s'agirait de contenir l'ordre plutôt que de chercher à répondre à des carences sociales plus globales. On est loin, en France ou au Québec, d'une combinaison entre une prévention sociale et une prévention situationnelle comme cela

---

169. Ces officiers de liaison sont appelés *spotters*. Ils ont un rôle d'intermédiaire entre les supporters et les forces de l'ordre. Ils permettent de donner des informations sur les supporters à risque et de les identifier.

170. Clarke (1995). Il dégage trois techniques principales dans ce type de prévention : augmenter l'effort, augmenter les risques, réduire les gains. Les conceptions de structures comme des stades ou des salles de spectacle s'appuient sur ces principes et participent, en ce sens, à une sorte de sanctuarisation de l'espace.

existe en Angleterre, en Belgique et aux Pays-Bas. Il ne faut pas pour autant en déduire que la prévention repose uniquement sur cette technique.

Il n'en demeure pas moins vrai, comme cela a notamment été signalé lors du colloque de Saint-Denis appelé «Un stade dans la ville, la ville dans le stade»[171], que l'événement, qu'il soit culturel ou sportif, peut servir de développement économique et social, et renforcer les liens sociaux. Il utilise la compétition pour tenter de répondre à des problèmes sociaux de fond plus permanents (délinquance juvénile, racisme, etc.) à partir d'un événement ponctuel. Il met en place des projets internationaux, mais aussi locaux favorisant l'intégration culturelle et sociale des jeunes [...]. La réunion de l'ensemble des acteurs locaux (travailleurs sociaux, clubs sportifs, associations), l'action de préparation sur du long terme autour de volets sportifs et festifs (tournois, fêtes de quartiers, spectacles, carnavals) sont des éléments essentiels pour éviter les frustrations. Les projets permettent de tisser des liens entre les différentes populations. [...] Les stratégies sociales et préventives conduisent à davantage de solidarité car elles facilitent la communication entre les individus et les associations à travers le contact humain qu'elles engendrent et le lien social qu'elles créent [...] Enfin, ces manifestations se positionnent comme des acteurs dans la lutte contre les barrières sociales et raciales. Elles représentent des possibilités de développement économique et social [...]. L'événement a la capacité de mobiliser l'imaginaire des personnes en s'intégrant dans des perspectives sociales[172].

Bien que ce constat est complètement établi pour des grands événements internationaux majeurs, dont les enjeux économiques, sociaux et médiatiques sont considérables, il semble beaucoup moins évident que l'événement puisse servir de développement économique et social et renforcer les liens sociaux quand sa portée reste limitée. La Coupe du monde de rugby en 1999, en France et en Grande-Bretagne, n'a pas eu la même dynamique, mais il est vrai que cela ne se déroulait qu'en partie en France, qui plus est, au mois d'octobre, et non durant une période de vacances comme en juillet pour la Coupe du monde de football en 1998.

Les Championnats d'Europe de basket en 1999, les Championnats du monde de handball en 2001, ou encore les Championnats du monde de cyclisme en 2000, entièrement organisés en France, cette fois-ci, ne se

---

171. Diaz (1999a).
172. *Ibid.*, 34-38.

sont pas non plus ancrés dans une dynamique de développement économique et social, même si certains organismes (villes, associations, etc.) ont tenté d'utiliser les structures mises en place lors de la Coupe du monde de football en 1998.

Les salles de spectacle, quant à elles, semblent complètement extérieures à de tels objectifs. Enfin, les festivals, d'une certaine manière mais sur des périodes très courtes, participent à une dynamique d'intégration économique et sociale autour de l'événement.

Après ce travail de planification en amont, et une fois le déroulement de la manifestation déclenché, différents éléments de gestion opérationnelle sont alors organisés.

Une gestion opérationnelle axée sur les agents

Le premier souci opérationnel repose sur l'accueil du public. L'essentiel des modifications dans la gestion a été réalisé dans ce sens avec les stadiers dans le sport (football, rugby et basket), avec des agents professionnels ou bénévoles[173]. Cette politique d'accueil des supporters est apparue d'abord en 1990, en Angleterre, avec le rapport Taylor pour prévenir des violences dans les stades. La mission des stadiers (ou *stewards*) se concentre, d'une part, sur l'accueil et le contrôle des billets et, d'autre part, sur l'assistance et le rappel de la règle.

On peut remarquer deux grandes tendances qui complètent la gestion de la sécurité : la part croissante prise par les femmes, dont on a précédemment évoqué l'intégration, et la présence des bénévoles dont on peut discuter maintenant des avantages et des limites.

Le bénévolat prend une place considérable dans les grands événements sportifs. Mais les missions et les logiques diffèrent d'une fédération à une autre. Contrairement à la Coupe du monde de football en 1998, où 12 000 bénévoles étaient présents, le club de football du Paris Saint-Germain n'utilise pour ses rencontres que des professionnels. Le volontariat présente des avantages financiers évidents, mais a aussi le désavantage de ne pouvoir toujours proposer des compétences valables et uniformes. Seules des superstructures comme la Coupe du monde de football ou les Cham-

---

173. La Coupe du monde de football comptait pas moins de 7 000 stadiers, tous stades confondus, avec un tiers de professionnels et deux tiers de bénévoles, avec une moyenne de 1 stadier pour 100 spectateurs. Diaz (1998).

pionnats d'Europe de football mettent en place ces actions, mettant ainsi sur pied de nouvelles formes d'emploi et de participation à l'événement.

Pour la Fédération française de basket (FFB), le bénévolat relève de la même problématique que pour la Coupe du monde de football. Certains bénévoles avaient d'ailleurs participé à ce dernier et voulaient à nouveau s'impliquer dans un autre événement majeur. Leur mission était, à une échelle inférieure (le Palais Omnisports de Paris Bercy est cinq fois moins grand que le Stade de France), la même.

Pour la Fédération française de rugby (FFR), les bénévoles impliqués dans la sécurité appartiennent à l'encadrement et occupent des places de coordination et de responsabilité. Ils sont, en effet, répartis sur l'ensemble du stade en tant que responsables d'une zone précise[174]. Ils sont accompagnés par un professionnel d'une société qui dirige ses agents dont il a la garde et qui rend compte au bénévole de la FFR.

Plus adaptés à certaines manifestations, on peut citer également les agents d'information placés devant les grilles d'entrée des stades. Cette nouvelle initiative est due à la Fédération française de rugby, afin d'améliorer la gestion des flux et de répondre au mieux aux attentes du public, et en prévenant la création de stress ou d'énervement. Dans un registre plus «musclé», l'intervention de ce que nous pourrions appeler des BAC[175] privés pendant les Eurockéennes ou les Vieilles Charrues. Il s'agit d'un groupe mobile de six agents, qui se déplacent en voiture ou à pied et qui interviennent spontanément dans n'importe quel espace entre le site-spectacle et les sites-campings. Leur mission est d'inviter la ou les personnes impliquées dans un incident à se calmer. Ce système de patrouille apparaît de plus en plus dans des spectacles à risque (concerts de rap aux Francofolies de La Rochelle). Il s'est étendu aussi au secours à personne, avec des patrouilles d'un infirmier avec un ou deux brancardiers munis d'un appareillage radio adéquat. Le principe est toujours d'être le plus près possible du terrain et de répondre le plus rapidement possible à tout incident. On peut citer, en outre, l'intervention en scooters, dans le cas précis des Francofolies, pour remédier au mieux au problème de circulation et pouvoir évoluer plus rapidement et plus librement dans et à l'extérieur de l'enceinte.

---

174. Le Stade de France est découpé en 4 secteurs et 50 sous-secteurs.
175. Brigade anti-criminalité.

Enfin, nous terminerons sur ce point avec le travail des conseillers sociaux de rue. Cette nouvelle piste a été à l'étude pour l'Euro 2000 en Belgique et aux Pays-Bas. Leur mission reprenait celle généralement occupée par les assistantes sociales, mais dans un cadre footballistique[176].

On le voit, toutes ces innovations ont le souci de répondre à un double impératif : adaptation et flexibilité.

Établir les autres mesures issues largement de la prévention situationnelle

L'usage de la technologie pour assurer la sécurité dans un espace (qu'il soit public ou privé) est dorénavant courant, voire valorisé. Cela n'a pas épargné les espaces d'accueil de grands rassemblements de populations. En quelques années, ces dispositifs sont devenus monnaie courante. Cependant, il convient d'en assimiler les avantages et les limites.

Cette utilisation exponentielle, dont la finalité est le contrôle des masses, peut soulever des questions ; nous essaierons ici de comprendre sa nécessité pour ce qui est de la surveillance d'un espace et du contrôle des armes et des matières dangereuses.

Surveiller et contrôler des personnes, des biens, des armes et des excitants

Selon l'expression de Bottoms et Wiles[177], ces espaces peuvent être considérés comme de véritables « bulles de sécurité », juridiquement privées mais dont l'usage est organisé pour le public. Des espaces d'autant mieux sécurisés que l'espace extérieur a fait l'objet d'une attention stricte par les pouvoirs publics. Et parallèlement, les pouvoirs publics peuvent s'attacher à l'extérieur des sites d'autant mieux s'ils savent que l'intérieur ne posera pas de problème. Mais cela a un coût, et pour « ceux qui [peuvent] y mettre le prix, des combinaisons de technologies et de prestations en main-d'œuvre [permettent] de réaliser des mises en bulle plus ou moins hermétiques[178] ». Ainsi, le fait que ces espaces sont très bien sécurisés a le plus souvent pour conséquence de déplacer les manifestations de violence et les risques, en général, à l'extérieur de l'enceinte.

---

176. *Ibid.*
177. Bottoms, Wiles (1994).
178. Robert (1999b, 12).

On avait déjà pu constater ce phénomène à Lens et à Marseille durant la Coupe du monde de football en France en 1998. Plus récemment[179], de graves incidents en Turquie ont causé la mort de deux supporters anglais la veille de la rencontre.

Dans les manifestations étudiées, des incidents sont régulièrement observés à l'extérieur. L'entrée dans l'espace privé (Eurockéennes de Belfort, Printemps de Bourges, Zénith de Paris) fait ainsi souvent l'objet de tensions (revente de stupéfiants et de billets, tentative pour rentrer, bousculades, etc.). Un contrôle plus ou moins strict suivant les particularités de la manifestation se met en place.

Principalement, on cherche à contrôler tout objet qui pourrait présenter des risques par eux-mêmes pour les personnes, comme une arme[180], ou encore les bouteilles en verre, les canettes et les bouteilles d'eau dont on enlève le bouchon de peur qu'ils servent de projectiles.

Préoccupation moins essentielle par rapport à l'événement, la circulation routière pose aussi un problème (par exemple, à La Rochelle)[181]. Cet espace fait donc l'objet d'une attention particulière par les pouvoirs publics. Il s'agit, dans le même temps, de limiter les nuisances pour les riverains et de faciliter au mieux les flux de circulation sans pour autant présenter des risques pour les populations venues participer à la manifestation.

Mettre en débat l'apport de la vidéosurveillance et de la technologie

D'abord rudimentaires, les systèmes se sont perfectionnés non seulement pour prévenir les mouvements de foule ou d'éventuels incidents techniques, mais aussi pour repérer les potentiels agitateurs et contrôler les flux de circulation des personnes. Le seul Stade de France compte pas moins de 170 caméras vidéo qui permettent de visualiser les différents espaces du stade, mais aussi les stationnements, les gradins, les vomitoires ou les déambulatoires. Ces caméras sont rotatives et peuvent en quelques secondes

---

179. Un supporter de Leeds tué à Istanbul (*Libération*, le jeudi 6 avril 2000). Le second a succombé quelques heures plus tard, cinq autres blessés graves sont également à déplorer.

180. Avec des particularités, comme le fameux couteau (le sgian dubh [prononcer : *skin dou*]) généralement porté par les Écossais en kilt dans leur chaussette droite et que l'on tolère à l'entrée des stades.

181. Durant Les Francofolies, le festival était ainsi marqué le troisième jour par un incident entre une conductrice éméchée forçant le passage d'une rue spécialement fermée pendant le festival et fauchant du même coup un policier en faction.

focaliser sur une partie précise du public et identifier le ou les trouble-fêtes. La technique permet dans le même temps d'enregistrer l'action et de garder instantanément des images arrêtées pour apporter des éléments de preuve. Tourniquets automatiques, barrières mobiles, contrôle centralisé des issues de secours et des grilles de clôture complètent ce dispositif.

Le Stade de France peut apparaître comme une sorte de modèle technologique. On peut, cependant, se demander, plus généralement, quelles sont les technologies de sécurité qui interviennent dans le champ de la sécurité pendant de grands rassemblements. Assiste-t-on au passage d'une gestion humaine à une gestion technologique dans ces espaces? Quelles incidences cela entraîne-t-il sur la régulation du contrôle social? Enfin, ces technologies contribuent-elles à assurer plus de sécurité pour les spectateurs?

La place de la vidéosurveillance en débat

Le marché de la vidéosurveillance s'est considérablement étendu. Il ne s'arrête plus seulement aux entreprises privées, mais se généralise dans les lieux publics. Selon les sources de la revue *En toute sécurité*, le taux d'équipement est proche de 100 % pour les grandes surfaces, les banques et les commerces de luxe, et de 80 % dans les grandes entreprises et les administrations publiques. En 1998, ce même taux n'atteignait que 10 % dans les centres sportifs. Le marché, lui, s'élevait à 1,6 milliard en 1996 (il a doublé par rapport à 1990)[182].

Ces techniques procurent, en effet, «des gains de temps, de mobilité et, surtout, de progrès dans le rassemblement des preuves[183]. En légalisant les techniques de vidéosurveillance, l'État affirme son autorité symbolique» et peut ainsi intervenir si les utilisations dépassent son domaine de souveraineté et, surtout, «maximiser l'efficacité de la police actuellement confrontée à des médiocres résultats dans ses missions de prévention[184]».

Par ailleurs, l'encadrement législatif amorcé avec la LOPS et spécifiquement les décrets d'application qui ont suivi, notamment celui du 20 avril 1997, ont permis un renforcement dans les libertés publiques des citoyens. Le texte de loi, et l'article 10 tout particulièrement, fournit un encadrement légal précis. La mise en place de tels systèmes dans des sites privés ouverts au public passe par une autorisation préfectorale obligatoire. Ce projet pré-

---

182. Garcia (1998).
183. Ocqueteau, Heilman (1997, 333).
184. *Ibid.*, 334.

senté doit comporter des éléments sur les finalités du dispositif, le descriptif des caméras, leur position, leur angle de vue, des modalités d'information et d'accès aux images pour le public, avec une précision sur la durée légale de conservation des images (fixée à 30 jours). Le public doit être informé clairement de la présence de caméras dans l'espace où il rentre. Pourtant, ces garde-fous restent encore trop souvent inefficaces et, surtout, ils ne sont pas toujours appliqués.

Dans la plupart des manifestations étudiées, on peut noter la présence de la vidéosurveillance. Nous la retrouvons dans les stades (le Stade de France et la Coupe du monde de rugby, le parc des Princes et le Paris Saint-Germain), les salles de spectacle (Palais Omnisports de Paris Bercy, Zénith de Paris). Seuls les festivals sont absents de ces types de dispositifs. Cela s'explique par l'encadrement législatif, relativement important, accompagnant la mise en place de tels équipements et par le déploiement de coûts financiers conséquents pour la durée relativement courte de ces événements. On peut cependant noter que pendant le festival de La Rochelle, la salle du Maki (1 000 places), qui recevait des manifestations hip hop, était munie de caméras vidéo et d'un dispositif renforcé de professionnels du gardiennage afin d'éviter les dérapages qui avaient eu lieu l'année précédente. Le festival des Vieilles Charrues s'est doté, depuis 2001, d'un système de vidéosurveillance sur les entrées afin de mieux contrôler cet espace (fouille, flux de circulation, etc.).

Spécifiquement dans les stades ou les salles étudiées (le POPB est équipé d'un système, comme le Zénith, mais sans enregistrement), la vidéo-surveillance se trouve dans un circuit intégré, avec une interrelation entre le poste de commandement et des personnes de la sécurité sur place qui peuvent réagir à tout débordement. On assiste le plus souvent à ce phénomène de couplage des techniques et des hommes. C'est notamment le cas pour une manifestation dans un stade et, dans une moindre mesure, dans les salles. La présence de caméras est complétée par 800 stadiers qui quadrillent l'espace privé. On fait en sorte que les agents de la sécurité sont reliés à des systèmes ou à des centrales (PCC) qui les assistent et peuvent les aider à interpeller directement le fauteur de trouble, ou à répondre plus efficacement à un incident technique. On ne peut donc parler, dans le cadre d'une manifestation sportive ou culturelle, de substitution de la surveillance physique par des techniques de contrôle social à distance, comme cela peut être le cas dans des entreprises ou chez les particuliers.

On retrouve l'utilisation de la vidéosurveillance au Québec au Grand Prix du Canada de formule 1 et au Festival international de jazz de Montréal.

Les autres moyens technologiques et leurs limites

Les domaines de maintien de l'ordre à distance sont en pleine croissance ainsi qu'en perpétuelles mutation et évolution. Ils ne concernent pas uniquement la vidéosurveillance, mais s'étendent à des technologies de communication (*talkies-walkies*, portables), d'information (Internet), de protection du site (laser infrarouge) ou des personnes (barrière de guidage, tourniquets de comptage, glissières de sécurité).

Ces technologies sont de plus en plus performantes. Le Stade de France, par exemple, possède, pour lutter contre l'incendie, pas moins de 1 800 têtes de détecteurs reliées au poste de commandement centralisé pouvant entraîner instantanément l'ouverture des grilles et une évacuation rapide. La gestion des flux est informatisée et tend à se généraliser à d'autres espaces (Zénith), afin d'évaluer en temps réel les quantités de population à l'intérieur de l'enceinte et celles à venir.

La billetterie, en général (et plus spécialement pour le rugby et le football), fait appel à la technologie pour garantir la non-falsification des billets. L'usage de *talkies-walkies* (d'émetteurs-récepteurs) dans ce secteur d'activité est systématique tant il est important pour les organisateurs (et pas seulement pour la sécurité) de rester en contact.

On peut même envisager l'apparition de logiciels informatiques comme le simulateur de foule en milieu urbain mis au point par le laboratoire d'informatique cognitive de l'Université Laval de Québec[185].

Nous pouvons légitimement nous demander, avec Gary Marx : Pourquoi faire appel à la technologie? Quels sont les objectifs qui suivent la mise en place de la technologie? Quelles vont être les incidences éthiques, morales, sociales sur le contrôle social? Pour quelle efficacité et quels risques[186]? Comment sortir de l'ambivalence entre la diabolisation ou la banalisation de la technologie[187]?

---

185. Jimmy Perron et Jimmy Hogan sont à la base de ce projet et de la création de NSim Technologies, entreprise destinée à la gestion de sécurité d'événements.
186. Marx (1995).
187. Midol (1995, 52).

Officiellement, on met toujours de l'avant l'idée selon laquelle la technologie participe à la mise en sécurité d'un espace. Cet outil a pour fonction d'empêcher la réalisation d'un risque ou, tout au moins, de répondre efficacement et rapidement à un incident. Cependant, on peut toujours se demander quelles sont les garanties, dans le cas de la vidéosurveillance (nonobstant, comme on l'a vu, un encadrement législatif important), pour le citoyen, de préservation de son image. On peut difficilement savoir l'utilisation exacte qui en sera faite et la finalité recherchée.

Par ailleurs, on peut se demander qui contrôle-t-on. Le spectateur susceptible de commettre un délit ou la réactivité du personnel de sécurité dans son intervention? C'est notamment le cas aux Vieilles Charrues où la vidéosurveillance est utilisée aussi bien pour le contrôle des flux aux entrées que pour le contrôle des agents de sécurité concernant les palpations de sécurité.

Un autre problème apparaît quant à l'échelle des ressources utilisées pour mettre en sécurité un site. Faut-il utiliser la vidéosurveillance, uniquement aux entrées pour le contrôle des flux, aux portes (issues de secours) pour empêcher un dépassement de la capacité d'accueil maximum, dans la salle pour évaluer l'atmosphère et repérer les trouble-fêtes, dans l'ensemble de ces espaces (Stade France)? Doit-on utiliser des caméras vidéo sans enregistrer les événements (POPB, Zénith) ou se munir d'un système de vidéosurveillance pour pouvoir découvrir les meneurs délinquants?

Comme le faisait remarquer justement Gary Marx, «mieux vaut contrôler la technologie que se soumettre à elle. Si on se tourne vers l'histoire, il apparaît que les solutions d'aujourd'hui sont la source des problèmes de demain. Il faut donc avoir une vision plus globale et à plus long terme[188] ».

Sans nous arrêter à ces éléments, il nous faut également aborder la question de l'efficacité des technologies de sécurité. De tels dispositifs, dans le cadre de la gestion de ces rassemblements, ne sont en rien suffisants. Ils ne permettent pas de diminuer le nombre d'agents de sécurité sur un site comme un stade ou une salle. Le Stade de France, avec les moyens technologiques les plus modernes, ne doit pas faire oublier les nombreux problèmes liés à l'utilisation de ces systèmes technologiques de pointe. Le seul exemple des tourniquets automatiques qui devaient permettre une

---

188. *Ibid.*, 13.

amélioration dans la gestion des flux, la possibilité de comptabiliser les entrées et de visualiser en temps réel le placement des personnes dans le stade, qui n'est pratiquement jamais utilisé, témoigne bien de ce phénomène. Son manque de fiabilité a entraîné sa quasi-utilisation, par crainte d'un blocage des systèmes pendant l'entrée du public qui nécessiterait un temps trop important de remise en route, des risques de panique et des poussées.

Dernier élément, on pense dorénavant plus à préserver des espaces qu'à éduquer les personnes afin de les amener à respecter des normes sociales. La technologie apparaît alors comme le moyen le plus adapté pour préserver l'espace. À partir de cette idée, et en se projetant dans le futur, dans un monde «orwellien», avec une technologie de sécurité omniprésente et omnipotente quasi unique, on peut se demander ce qu'il adviendrait en cas de panne du système. Comme le faisait remarquer Gary Marx, avec une utilisation exclusive de technologie, on amène les personnes à réagir comme des «robots» et à ne plus penser comme des «citoyens». Dans une vision plus étendue, la technologie étant l'un des outils de la prévention situationnelle, on peut se poser la question des effets pervers d'une gestion de ce type plutôt que d'une prévention sociale.

Adapter des dispositifs de prévention sociale particuliers en fonction des spectateurs et des risques en présence

Devant l'efficacité et la forte utilisation de la prévention situationnelle, on en oublierait presque la place de la prévention sociale. Il ne s'agirait pas finalement de se focaliser, comme il est dorénavant coutume, tant dans les milieux de la recherche que dans les milieux politiques, sur le monde du football, qui certes a amené les plus grandes évolutions, mais sur l'ensemble des mutations et des adaptations du champ des grands rassemblements.

Élaborer des dispositifs spécifiques suivant les types de spectateurs

Depuis les années 1990, on a compris qu'il valait mieux que les dispositifs humains soient à l'image des publics. La conception du management de la sécurité tient très souvent plus d'une logique de défense de territoire et tente de refouler tout individu qui ne veut pas satisfaire aux exigences de l'espace[189]. Il s'agit de se poser la question, comme l'avaient fait Marie-Lys Pottier et Frédéric Ocqueteau pour les grandes surfaces, à savoir si le fait de refouler est une solution suffisante, ou encore si la solution est dans le recrutement d'agents locaux[190].

Ces deux idées, le plus souvent appliquées dans la gestion de ce type de manifestation, ont des limites. La sécurité privée fonctionne le plus souvent sur le mode du jeu du chat et de la souris ou du gendarme et des voleurs. Il faut avant tout ne pas faire trop de vagues en ce qui concerne la gestion des délinquants agissant sur le lieu. «La logique de mise en sécurité peut difficilement être assimilée à celle des institutions publiques: son seul objectif consiste à prévenir ou à minimiser, de la manière la plus simple et la moins coûteuse possible, les comportements qui peuvent gêner l'activité poursuivie par le propriétaire; ainsi, sa sanction type est-elle tout simplement l'exclusion de l'individu qui crée ce danger du lieu et donc des activités qui s'y déroulent. On a montré cependant qu'il n'était pas toujours si aisé d'en rester là: l'unique centre commercial d'une banlieue pauvre peut difficilement se borner à jeter dehors les jeunes du cru; leur capacité de rétorsion ou de nuisance l'oblige à des solutions plus négociées qui passent souvent par le recrutement en leur sein d'agents de sécurité capables de jouer les médiateurs plutôt que les videurs[191].»

Nous sommes parfaitement dans cette logique avec les manifestations sportives et culturelles. D'abord, on exclut la personne indésirable. C'est le cas des revendeurs qui arpentent le site et qui sont pris avec des quantités négligeables, ou des personnes s'étant introduites irrégulièrement sur le site et qui n'ont pas de billet. Ensuite, on recrute des agents issus des mêmes origines que les délinquants les plus visibles de la manifestation. Et, dans le même sens, on assiste le plus souvent à des médiations, parfois interminables, plutôt qu'à des sanctions.

Cette situation se retrouve, pendant les Eurockéennes, avec tout un groupe déviant qui va tenter tout au long de la journée de se faufiler entre les mailles de la sécurité pour atteindre la zone VIP, ou plus simplement entrer sans payer. Quand ils sont pris, ils se laissent, sans opposer de résistance, ramener vers la sortie et tentent à nouveau de trouver un moyen

---

189. Il s'agit aussi de protéger l'ensemble du public, parfois très jeune, dans le cadre des festivals, de personnes qui vont profiter de cette situation et en abuser.
190. Ocqueteau, Pottier (1995).
191. Robert (1999a, 154).

pour s'y réintroduire. Ce jeu se poursuit sur l'ensemble du festival sans autre réponse. Il s'agit avant tout de ne pas créer d'incidents graves (dérapages de l'agent de la sécurité).

La seconde, avec le recrutement d'agents locaux, apporte deux situations opposées : connivence ou acceptation de discussion. Une certaine connivence de l'agent de la sécurité, dans certains cas, ou encore une peur pour l'agent des représailles une fois le festival terminé et le retour dans son quartier. Cette connivence a été très nette pour le Paris Saint-Germain, dans les tribunes les plus «animées», où le seul stadier accepté est très souvent un ancien supporter. Ce phénomène est très prégnant, également pour le rugby, mais dans une philosophie plus axée sur la discussion, avec une volonté de mettre des stadiers lors de rencontres de clubs issus de la même ville ou région que celle du supporter.

Ainsi, pour des spectacles qui vont attirer une population nombreuse d'Afrique du Nord, on engagera des agents de sécurité des mêmes origines. C'est le cas, notamment, pour le Printemps de Bourges où le responsable de la seule société de sécurité fait spécialement venir de Paris un groupe d'agents de sécurité habitués à travailler avec ce type de public et qui peuvent, certaines fois, connaître les potentiels délinquants. On assiste, en termes de gestion de la sécurité, à des palabres entre les agents et les délinquants potentiels qui se terminent le plus souvent sans confrontation directe.

L'apport des actions préventives et des médiations sociales

À côté de dispositifs d'ordre policier ou privé souvent parfaitement organisés afin de maintenir la sécurité dans et à l'extérieur de ces espaces, à côté de mesures de sécurité passive liées à l'amélioration des infrastructures et des mesures législatives ont été créés des programmes sociopréventifs ciblés sur les supporters les plus virulents. Plusieurs villes, en Belgique, sont au cœur de ce dispositif[192].

Le programme Fan coaching : une approche sociopréventive[193]

Le Fan coaching (les agents de prévention du hooliganisme), qui n'est pas encore adopté en France mais qui existe depuis plusieurs années en Belgique et aux Pays-Bas notamment, peut être considéré comme une politique

---

192. Antwerp FC, Standard de Liège, Gent et Charleroi.
193. Pour plus de détails sur cette approche, on se reportera à Comeron (2001, 2002).

intégrée de prévention du hooliganisme, axée sur les noyaux durs de supporters et qui privilégie la collaboration entre tous les acteurs de la sécurité. Il s'agit d'accompagner et de garder des contacts avec les supporters non seulement pendant les rencontres, mais surtout avant et après ainsi que durant la semaine avec un travail pédagogique de fond[194]. Une des idées qui ressort, par exemple, est de partir du principe que le stade détient de potentiels employeurs et des chercheurs d'emplois, et qu'il suffit d'un rien pour occasionner leur rencontre. De telles structures ont été mises en place un peu partout en Europe (Angleterre, Allemagne), mais cela reste encore marginal.

Le programme Fan coaching réalise un travail éducatif en profondeur ciblé directement sur les spectateurs à risque (prévention offensive) et assure l'encadrement des supporters des noyaux durs à l'occasion de manifestations sportives. Ce programme fut mis en marche par le ministère de l'Intérieur, avec l'aide de la Fondation Roi Baudouin, en 1988 à Anvers et à Liège (avec le soutien de la Communauté française et de la région wallonne). Actuellement, les actions de Fan coaching opérationnelles en Belgique font partie des contrats de sécurité et de prévention mis sur pied par le ministère de l'Intérieur en collaboration avec les villes et les communes. Ces actions de terrain faites par des intervenants spécialisés (éducateurs et assistants sociaux) se réalisent au départ des villes dans une démarche intégrée en partenariat avec les clubs de football, la Fédération nationale de football, la police, les universités, les instances judiciaires, les institutions sociales, le réseau associatif, etc.

Le programme s'articule sur quatre axes principaux :

1. L'encadrement préventif et l'accompagnement physique du noyau dur de supporters par les éducateurs à l'occasion de tous les matchs. L'objectif est d'assurer une présence institutionnelle au sein du *side*[195] et de constituer ainsi un canal de communication entre les supporters et l'autorité (forces de l'ordre et responsables des clubs) ;

2. L'organisation d'activités pédagogiques et sportives. L'objectif est d'apporter une solution de rechange à l'inactivité urbaine des *siders*, ainsi qu'une plus-value socioculturelle ;

---

194. Diaz (1999a, 19-21). Pour plus d'informations, on s'attachera au travail de Manuel Comeron dans la ville de Liège depuis novembre 1990.
195. Appellation donnée aux groupes de supporters les plus virulents.

3. Le *fan home* (maison des supporters), situé sur le site du stade, accueille les supporters la semaine en soirée et le jour des matchs à domicile. Il constitue une autre solution à leur fréquentation de quartiers ou de cafés criminogènes;

4. La réinsertion sociale représente un volet important du programme par la prise en considération des conditions de vie et des perspectives d'avenir des jeunes supporters en situation de vulnérabilité sociétale. Dans ce contexte, une aide sociale est accessible à tous les supporters qui le souhaitent et en font la demande. Des assistants sociaux aident les jeunes à régulariser leur situation et assurent un travail de relais pour les cas les plus lourds vers les institutions compétentes (Centre d'aide sociale, Office national de l'emploi, etc.). Ils interviennent aussi comme médiateurs vis-à-vis des instances policières ou judiciaires.

Un tel dispositif ne s'est pas encore implanté en France. On ne compte pas d'actions sociopréventives mises sur pied autour de manifestations sportives et culturelles. Sa légitimité n'a pas encore été perçue. Il serait cependant grand temps de réfléchir à cette problématique, sans laisser la seule réponse policière s'imposer dans la gestion des supporters.

Les ambassades de supporters[196]

Dernier dispositif utilisé à l'occasion des grandes manifestations internationales de football, ces ambassades visent à assurer un point d'accueil fixe pour les supporters étrangers et sont orientées vers leur culture et leurs besoins spécifiques pendant le tournoi. Les supporters peuvent y rencontrer des interlocuteurs parlant leur langue, connaissant ce milieu particulier et capables de les aider à résoudre leurs problèmes au cas par cas. De même, ils peuvent y obtenir des renseignements et de l'aide sur les matchs et la vente des billets, l'hébergement et la mobilité, les loisirs et les retransmissions éventuelles des matchs, les vols ou les pertes de documents, les soins de santé, ainsi que toutes sortes d'autres questions, que ce soit les devises ou les activités parallèles.

---

196. Selon la Recommandation du 3 janvier 2003 (T-RV [2003] 1) du Conseil de l'Europe, recommandation du comité permanent relative au rôle des mesures socioéducatives dans la prévention de la violence dans le sport et manuel sur la prévention de la violence dans le sport.

Les actions de réduction des risques contre les toxicomanies et les infections sexuellement transmissibles

Pour les festivals de musique ou le théâtre de rue, la prévention se fait sur les plans de l'information, du soutien et de la réduction des risques contre les toxicomanies et les infections sexuellement transmissibles. Plusieurs organismes y interviennent : des organismes d'État : la Mission de lutte anti-drogue (MILAD) de la Direction générale de la Police nationale ; et des associations financées par les pouvoirs publics : Aides, Association nationale d'aide aux toxicomanes, Sœurs de la perpétuelle indulgence, etc.

La Mission de lutte anti-drogue (MILAD)

Créée en 1994, la MILAD, attachée au cabinet du directeur général de la Police nationale, est chargée de coordonner et d'orienter la politique du ministère de l'Intérieur en matière d'usage de stupéfiants, de trafic et de blanchiment. Elle le représente dans les instances nationales et internationales. Elle anime également le dispositif de prévention de la Police nationale, composé de plus de 300 policiers spécialisés qui interviennent dans les domaines de la formation continue de leurs collègues locaux, de l'information du public et, surtout, de la prévention en milieu scolaire. La MILAD dispose, en propre, d'un camion podium pouvant recevoir une quarantaine de personnes et à bord duquel des officiers peuvent échanger. Le bus est notamment intervenu dans le cadre du festival du Printemps de Bourges en 2001.

Les services de prévention

La plupart des festivals détiennent des actions préventives, sauf les Eurockéennes qui laissent au seul CEMEA (Centre d'enseignement aux méthodes d'éducation active) la gestion du site et principalement l'accueil des festivaliers dans le camping. Il est à noter un net affaiblissement du nombre de personnes auprès desquelles les services sont censés intervenir. On retrouve, en effet, de moins en moins de population en errance[197] dans ce type de grand rassemblement au profit de plus petits festivals. Du coup, des festivals comme les Francofolies, les Eurockéennes, le Printemps de Bourges plus récemment abandonnent ce type de dispositif.

---

197. Pour une analyse du phénomène, on se reportera à Chobeaux (2001) ; pour une analyse des expériences et des pratiques en matière de dispositif de sécurité, Forum français pour la sécurité urbaine (1995).

Les autres festivals mettent en place un travail de prévention et de lutte contre la drogue. En tant que dernier festival de l'été, Aurillac est le lieu où les actions ont nécessité le plus d'attention. La ville devient, en effet, le lieu de rassemblement de populations appelées en errance. Deux organismes sont présents pour les missions de prévention : AIDES (première association de lutte contre le sida en France) et ANAT (centre d'aide aux toxicomanes de Clermont-Ferrand).

Plusieurs actions sont mises en place :

- Mise à disposition de plaquettes d'information dans le champ de la réduction des risques ;
- Distribution de matériel stérile d'injection de drogues, de kits « sniff » sur la prévention des hépatites ;
- Récupération du matériel d'injection ;
- Distribution de préservatifs ;
- Orientation du public vers les autres dispositifs de prévention (partenaires locaux, éducateurs de proximité).

L'ANAT, en mettant à disposition une équipe composée d'un psychiatre (directeur du centre) et d'éducateurs spécialisés dans l'intervention auprès du public toxicomane, va plus loin que l'organisme AIDES en ajoutant un accompagnement avec une prise en charge globale de lutte contre la toxicomanie et d'accès aux soins (aide à la recherche d'emploi, à la rédaction de CV, au soutien financier, etc.).

Les approches sont donc différentes entre ces associations. Une différence que l'on pourrait maladroitement simplifier par, d'un côté, une action qui tente d'apporter certes une réponse sanitaire aux toxicomanes mais qui essaie d'amener les personnes à s'en sortir et à les accompagner vers un chemin de démarginalisation (ANAT), et de l'autre, une action qui se place au cœur de ces populations (AIDES) sans attendre qu'elles viennent jusqu'à lui (à la différence du Bus prévention de l'ANAT qui reste à proximité mais à l'écart du camping) et dont la réponse ne se situe que sur un plan sanitaire (échange de seringues, distribution de préservatifs, tests).

Les autres festivals mettent aussi sur pied des actions, avec AIDES et des associations plus locales comme à Bourges avec les Sœurs de la perpétuelle indulgence financées par la Direction départementale des Affaires sanitaires et sociales (DDASS)[198], l'Association des clubs et équipes de

---

198. Équipe de six personnes dont le travail est de prévenir par la discussion.

prévention ou encore le Centre d'accueil et d'écoute des toxicomanes (CAET) également financé par la DDASS[199]. En revanche, le Bus prévention de l'ANAT a été abandonné en 1999, sa mission étant devenue moins nécessaire et plus adaptée aux besoins[200].

Les nouvelles expériences européennes et internationales

Il s'agit également d'ouvrir la réflexion à des expériences européennes et internationales.

La préparation des Championnats d'Europe de football en Belgique et aux Pays-Bas

À l'occasion d'un séminaire international organisé par le Forum européen pour la sécurité urbaine[201], dont l'objectif était de faire partager les expériences élaborées pendant la Coupe du monde de football en France aux futurs organisateurs des Championnats d'Europe, il s'agissait à la fois «d'impulser des projets concrets et d'instaurer un échange entre les villes sur la base d'initiatives ou d'animations sociales préventives de sécurité;

---

199. Travail de rue par équipe composée d'un représentant de chaque association entre 16 h et minuit auprès des jeunes festivaliers, des personnes toxicomanes suivies à l'année par le CAET et des jeunes connus pour leur itinérance.

200. En 1998, sur les six jours du Printemps de Bourges, 81 passages dans le bus ont été comptabilisés (80% d'hommes). Le bus a distribué 2 kits, 45 seringues de 1 cc, 37 seringues de 2 cc, 80 flacons d'eau stérile, 82 tampons alcoolisés, 9 sachets d'acide citrique et 35 préservatifs. Il a récupéré 3 seringues dans le bus, 68 seringues dans les toilettes du gymnase qui accueillent les populations en errance. En ce qui concerne les produits circulant, les acteurs constataient une présence impressionnante de haschich. On trouve de la revente d'acides, d'ecstasy et d'amphétamines ainsi que des médicaments détournés de leurs usages. L'héroïne est rare et le commerce de ce produit relativement marginal, cela étant confirmé par la faible demande d'acide citrique. Sans qu'il y ait de commerce manifeste d'opiacés, ceux qui sont consommés sont en majorité des médicaments détournés de leur voie d'absorption orale au profit de la voie injectable (Monscontin, Skenan, Subutex). La montée en puissance des injecteurs de Subutex a été très nette par l'équipe du gymnase. Enfin, la consommation d'alcool, et principalement de bière, est importante. En comparaison, pendant les trois jours des Eurockéennes, AIDES a distribué 950 seringues (91% de 1 cc et de 2 cc). On trouvait les mêmes types de produits. Autre remarque, la démocratisation de certains produits se fait sentir, avec des prix pour une dose d'ecstasy de 15 à 23 euros en 1997 qui est passé de 5 à 8 euros. À Aurillac et sur le camping réservé pour les populations en errance de Tronquières, sur les trois jours de festival, 189 passages ont été comptabilisés. Le bus a distribué 1 000 seringues de 1 cc, 80 de 2 cc, 941 flacons d'eau stérile, 1 000 tampons alcoolisés, 180 sachets d'acide citrique, 455 préservatifs. Il a récupéré 460 seringues de 1cc et 16 de 2cc. On trouve toujours du haschich et de l'alcool en forte quantité, mais aussi des opiacés tels que l'héroïne ou de la cocaïne de mauvaise qualité. Courty (1998).

201. Colloque international de Saint-Denis organisé en partenariat par la ville et le FESU, les 4 et 5 juin 1999. Diaz (1999a).

et de développer des relations futures entre les villes autour de l'encadrement préventif de supporters[202] ».

Pratiquement, plusieurs expériences ont retenu particulièrement l'attention :

- le Fan coaching, dont nous avons déjà décrit précédemment les objectifs et les résultats ;
- la mise en place de points de rencontre (Bus prévention/information) entre les supporters européens ;
- la création d'actions pour lutter contre le racisme (Expérience de Brent en Angleterre)[203].

Plus récemment, en 2006, le FESU centrait le débat sur la nécessaire implication future à poursuivre entre les fédérations de supporters, les clubs et les associations, comme l'UEFA ou la FIFA, sur les problématiques particulières de racisme dans les rencontres de football. À cet égard, on peut citer la création d'organisations non gouvernementales comme « Let's kick racism out of football » ou encore « Les médias contre le racisme ».

Finalement, comme un rapport du Centre international de prévention de la criminalité le soulignait[204], en avril 2006, la Commission pour la prévention du crime et de la justice pénale des Nations Unies a adopté un projet de résolution portant sur la création d'un observatoire international permanent sur les mesures de sécurité lors des grandes manifestations, auxquelles l'Australie, l'Autriche (au nom de l'Union européenne), la Bulgarie, le Canada, l'Équateur, les États-Unis, la Jamahiriya arabe libyenne, le Japon, le Pérou, la Roumanie et la Turquie ont participé. On se rend ainsi bien compte de l'importance à l'échelle internationale de ce type de réflexion, même si elle reste encore fixée aux seuls très grands rassemblements comme des Jeux olympiques, une Coupe du monde de football ou des sommets internationaux. Le football devient un véritable vecteur de promotion de la non-violence avec, comme en 2006, pour la Coupe du monde en Allemagne, l'association composée de 208 clubs de football associée à l'Unicef pour

---

202. On lira, pour une synthèse des éléments qui sont ressortis de ce colloque, Diaz (1999b).
203. Sur ces trois exemples, et dans le souci d'obtenir plus d'informations, on lira Diaz (1999a, 41-42).
204. CIPC, rapport international – Prévention de la criminalité et la sécurité quotidienne : tendance et perspective, 2008.

lancer une campagne de paix et de tolérance sous l'initiative «Unissons-nous pour les enfants et la paix[205]».

Une nouvelle fois, ces grandes instances se focalisent sur la taille de l'événement et en oublient de plus petits qui n'en sont pas moins préoccupants.

Le stade de Twickenham et l'Angleterre comme «laboratoire» pour de futures évolutions

La simple traversée de la Manche et la rencontre, le 31 octobre 1999, Nouvelle-Zélande–France pour la demi-finale de la Coupe du monde de rugby, à Twickenham, permettent de tirer encore des leçons de ce «modèle» anglo-saxon.

Ce qui ressort spontanément reste l'atmosphère des plus conviviales. Un travail important est effectué sur la gestion des flux en gare et sur la voie publique, avec une assistance principalement humaine. Que cela soit le public du rugby, en bonne harmonie avec les spectateurs adverses, alors qu'ils se croisent tout au long de la journée (Néo-Zélandais, Australiens, Anglais et Français), ou les forces de l'ordre public anglaises, tous participent à ce processus. L'utilisation de chevaux habitués à évoluer au milieu de foules de supporters permet, en réduisant considérablement les effectifs, de préserver l'atmosphère festive. L'humour n'est pas étranger non plus à cette ambiance. Les *policemen* anglais n'hésitent pas à l'utiliser pour faire patienter le public, notamment dans les longues files d'attente, à la fin de la rencontre pour rejoindre par train le centre de Londres. Pour ce qui est de l'intérieur du stade, relativement aux stationnements, chaque porte est gardée par un personnel privé muni d'un *talkie-walkie*. Pour ce qui est des entrées publiques, un premier rideau contrôle si le spectateur est bien muni de son billet, et 50 mètres plus loin, un second rideau contrôle les sacs et détache le talon du billet. À l'intérieur, le plus marquant est une absence quasi totale d'agents. Aucune séparation ni aucune délimitation de zones entre les spectateurs ne sont faites.

Pour le placement, des *stewards* (*safety stewards, honorary stewards*, etc.) sont chargés de placer les spectateurs. Sur le terrain, des *stewards* en survêtement sont présents pour empêcher l'envahissement du terrain, mais spécificité des stades anglais, aucune grille n'empêche le passage. On peut enfin noter, à la fin de la rencontre, l'utilisation d'un filet orange de

---

205. *Ibid.*

protection (d'une hauteur de 1,50 mètre environ) tenu par une centaine d'agents, toujours dans le but d'un respect du terrain.

Comprendre la place des actions répressives et alternatives

Il s'agit ici de comprendre l'enjeu d'un débat qui semble avant tout politique et d'essayer, autant que faire se peut, d'aller plus avant pour en comprendre les réalités opérationnelles; chercher ainsi à concevoir le comment de cette évolution en matière de politiques de sécurité à partir des réalités des divers acteurs en place. Comment des mécanismes de gestion proactive et actuarielle du risque ont été conçus? Comment un discours de la menace s'est inscrit dans les actions et les dispositifs policiers et comment pourrions-nous voir se confirmer des modèles alternatifs? Comment arriver ainsi à donner une place et des fonctions à de nouveaux acteurs sociaux dans une coopération multipartite et alternative?

Gérer le risque et la menace de façon proactive : le cas particulier du football et l'exemple européen face au hooliganisme[206]

Pour évoquer la gestion policière, nous ne pouvons faire l'économie de ce qui s'est fait autour du hooliganisme dans le football[207]. Au cours des dernières décennies, trois étapes ont marqué l'évolution dans la gestion policière en Europe. Après une phase de différenciation nationale où la politique policière variait d'un pays à l'autre, on a assisté à une étape d'européanisation et d'homogénéisation avec, notamment, «des méthodes proactives et un renforcement constant de la coopération sur les plans national et européen. Avant de refléter, dans un troisième temps, la perception que le hooliganisme, censé être intégré dans un contexte sécuritaire élargi, fait partie d'un vaste ensemble de menaces pour la sécurité intérieure des pays européens[208] ».

Jusqu'au milieu des années 1980, le hooliganisme est traité comme «un problème d'ordre public ordinaire. On le traite sur le plan national à

---

206. Nous nous appuyons, pour cette partie, sur deux textes de Tsoukala (2001, 2002).
207. Taylor (1971); Dunning, Williams, Murphy (1988); Dunning (1990); Comeron (1997); Mignon, Tsoukala (1996); Hourcade (2002).
208. Tsoukala (2002, 310).

partir de textes de loi de portée générale et des modes d'action policiers calqués sur ceux adoptés en matière de gestion des foules [209] ».

On a donc des pays comme l'Angleterre ou les Pays-Bas, où les forces de police sont peu ou guère militarisées, qui souhaitent éviter au maximum le recours à des actions répressives et assurer le maintien de l'ordre en restant aussi discrètes que possible. On recherche au maximum des solutions consensuelles.

Pour des pays comme l'Italie ou la Grèce, où les manifestations politiques étaient souvent réprimées, les forces de police adoptent les mêmes méthodes répressives. Il y a une absence de politique préventive et une augmentation croissante des effectifs mobilisés.

C'est à partir du milieu des années 1980, et plus encore de la fin de cette décennie, que l'on voit apparaître un processus d'européanisation et d'uniformisation progressive des politiques nationales de justice et de sécurité intérieure. Dans l'ensemble, trois caractéristiques ressortent de cette gestion policière des foules : « la limitation au maximum du recours à la violence, la tolérance de l'accomplissement de délits mineurs afin d'éviter le déclenchement ou l'aggravation d'incidents éventuels, et l'importance accordée à la collecte de renseignements (généralisation de la surveillance électronique, infiltration policière des groupes de supporters, création de centres de renseignements propres au hooliganisme en Angleterre, aux Pays-Bas et en Allemagne)[210] ». Mais elle s'éloigne de cette gestion des foules en ne mettant pas en place une négociation[211]. On est bien là, comme nous le rappelle Tsoukala plus récemment, dans une gestion « proactive du risque et d'une définition globalisante des menaces de sécurité[212] ».

On entre ainsi dans une troisième phase, à partir de la fin des années 1990, avec une prévention primaire qui se trouve marginalisée au profit des mesures répressives et proactives. On parle de « menaces transnationales », « interconnectées », provenant d'auteurs « invisibles », etc. « Les phénomènes criminels à gérer serviraient alors de prétexte plutôt que de cause à l'évolution d'un processus sécuritaire qui, dicté par ses propres

---

209. *Ibid.*, 311.
210. *Ibid.*, 313.
211. Tsoukala (2001, 159).
212. Tsoukala, contribution dans le rapport du CIPC (2008).

logiques, élaborerait sa propre dynamique, indépendamment des spécificités des phénomènes criminels visés et, en fin de compte, indépendamment de tout souci d'efficacité effective[213]. »

Le contrôle de la déviance s'appuie « sur une seule base justificatrice, la dangerosité du hooliganisme[214] ». On enlève au hooligan toute rationalité, ou parfois ce qui est diamétralement opposé, on le considère comme un acteur organisé, prônant la violence comme fin. Mais ce qui est vrai en Angleterre et en Italie ne l'est pas aux Pays-Bas. En effet, pour ces derniers, le phénomène a été attribué à des facteurs socioéconomiques et a conduit à une politique policière axée sur la prévention situationnelle et la prévention primaire, basée sur le contact humain et la connaissance de ce public. Cette politique tend à se généraliser en Europe.

De manière opérationnelle et simplifiée, l'acteur policier s'était tellement éloigné du terrain et de ces espaces festifs pendant des décennies qu'une fois rappelé, il ne semblait pouvoir, dans un premier temps, reprendre le contrôle de l'espace qu'en y injectant force et production de sécurité. En gagnant de nouvelles expériences, l'évolution actuelle rompt avec la précédente en cherchant à oublier la dépersonnalisation des spectateurs pour recréer des interactions entre les forces de l'ordre et les supporters.

Élaborer une nouvelle politique reposant sur des facteurs humains, une conception sociétale et des modes alternatifs

À partir de 2000 et de l'Euro en Belgique et aux Pays-Bas, on assiste à une politique qui va n'avoir de cesse de chercher à adapter son dispositif aux réalités. Les incidents sont ainsi tout, sauf prémédités pour la plupart. Ce sont des facteurs liés au jeu qui créent les dérapages. On peut citer le cas, au Québec, de la finale de la coupe Stanley en 1993, gagnée par les partisans du Canadien et qui a été suivie d'une émeute en centre-ville ; ou encore des confrontations à la suite de l'annulation du spectacle de Guns N'Roses au Stade olympique en 1992. Deux événements où les facteurs émotionnels ont pris le dessus. Toutefois, ces événements sont en fait rares et donnent cette impression aux personnes extérieures au jeu que « la protection de la sécurité lors de (manifestations festives) est, en grande partie

---

213. Tsoukala (2002, 320).
214. Tsoukala (2001, 168).

indépendante des dispositifs de contrôle et de surveillance des (specta-teurs)[215] ».

Il est justement essentiel de comprendre qu'il n'en est rien, que le tra-vail d'analyse permet de se focaliser sur les potentielles problématiques et de s'adapter en conséquence. Si le monde du football semble « se baser sur une distinction au préalable du public à contrôler entre fauteurs de trou-bles, connus et potentiels, et spectateurs ordinaires. [Que ces] derniers peuvent désormais bénéficier d'un accueil amical et convivial, et d'un seuil de tolérance relativement élevé en cas d'accomplissements de délits mineurs [et que les fauteurs de troubles connus et potentiels] font l'objet d'une sur-veillance accrue, souvent cristallisée sur des interdictions de stade[216] », c'est mal connaître la réalité des acteurs de terrain confrontés à ces réalités et tenir en tout cas pour acquis que la sécurité des grands rassemblements se résume à la simple confrontation entre les forces de l'ordre et les sup-porters violents.

L'action policière peut être bien plus palpable dans une société que dans son simple rôle répressif. L'exemple de l'organisation des Mondiaux de natation en 2005 à Montréal est sur ce point tout à fait remarquable par la démarche de collaboration et de gestion proportionnée des problèmes. La coordination et le partenariat ont ainsi été extrêmement profitables à l'événement. La confiance et la légitimité des acteurs privés et publics ont permis de créer une véritable adéquation sans se focaliser sur une menace particulière et surdimensionnée des dispositifs tant privés que publics.

Le Service de police de la Ville de Montréal (SPVM) a assuré la planifi-cation stratégique pour l'événement, notamment en matière d'analyse des risques, de lutte contre le terrorisme et de protection des athlètes. Il assurait toutes les liaisons avec les divers paliers gouvernementaux et agences fédérales, provinciales, municipales et régionales, et des relations avec les médias. Les 500 agents et 55 officiers du SPVM ont été déployés pour pro-téger les athlètes, les dignitaires et les spectateurs pendant la durée des événements (notamment avec les chiens du déminage). Ils ont été affectés tant aux patrouilles sur les lieux de compétition et auprès des résidences des athlètes qu'au service des enquêtes (chaque candidature des béné-voles a motivé une enquête). Une division spéciale sur les renseignements reliés à la lutte antiterroriste et à la sécurité des dignitaires étrangers a été

---

215. Tsoukala, contribution dans le rapport du CIPC (2008, 130).
216. *Ibid.*

mise sur pied. Les services policiers ont également été d'une grande aide en matière de circulation sur les Îles et dans Montréal. Le Centre de commandement de traitement de l'information a été le Centre opérationnel interservices pendant l'événement. L'événement étant réparti sur l'ensemble de l'île de Montréal sur différents sites : aéroport, hôtels, sites d'entraînement, îles Sainte-Hélène et Notre-Dame, le quartier général était l'espace le plus centré comprenant les meilleures installations pour assurer la coordination des communications entre les divers services publics : police, Urgences santé, ville, pompiers, Société de transport de Montréal, etc.

Pour désengorger le centre-ville et répondre plus efficacement aux attentes des spectateurs, un poste de police a été implanté au Bassin olympique sur l'île Notre-Dame pour assurer la coordination des services policiers (notamment pour les registres d'incidents : objets perdus ou volés, personne égarée, accident de la route, voies de fait, etc.).

Le dialogue permanent entretenu entre policiers et citoyens était également clair. Reconnu dans son mandat auprès des citoyens, le service policier pouvait répondre plus adéquatement aux exigences de certains besoins en sécurité. C'est ce que l'on constate également au Festival international de jazz ou des Francofolies de Montréal, avec la présence, les soirs de grands événements, de policiers en fonction dans les corridors de sécurité pour amener ainsi les spectateurs à respecter ces voies toujours en circulation. Tâche que seuls des agents privés auraient plus de mal à accomplir.

On voit donc sur ces simples exemples, sans en rechercher les détails, l'étendue des services que la police peut être amenée à satisfaire, et par là même qu'on est bien loin d'une vue simplifiée d'une police uniquement centrée sur du maintien de l'ordre. Surtout, ces quelques expériences témoignent de l'importance d'une délimitation précise des besoins et de ces fonctions parallèles d'une police, comme tout acteur, qui doit trouver des moyens pour s'adapter.

Construire une mobilisation collective par le partenariat

La complexité de ces événements par la nature des interactions qui s'en dégagent donne une place prépondérante à la mobilisation collective. Celle-ci est au cœur de l'action où chacun des acteurs en présence cherche à trouver une place et idéalement une complémentarité.

Comprendre le principe des mécanismes d'interactions

L'exemple du partenariat mis sur pied à Saint-Denis sur le plan local et la généralisation des dispositifs aux départements français est finalement tout à fait remarquable pour chercher à mesurer ce travail de mobilisation collective. On a assisté localement à un travail plus en partenariat entre les maires, les préfets et les procureurs de la République. Le football ayant connu des violences pour des manifestations sur le plan local dans le monde amateur, du même coup, les autorités publiques se sont saisies du dossier pour répondre à ces phénomènes.

C'est la méthodologie des Contrats locaux de sécurité (CLS)[217] qui a été adoptée. Des CLS spécialisés en sport qui reposent sur un partenariat organisé et animé, avec deux pierres angulaires : l'officier-référent sport[218] et le directeur des sports des villes selon le modèle mis en place en Seine-Saint-Denis[219]. À cela s'ajoutait le recrutement d'animateurs-médiateurs sociopréventifs[220]. Après deux séminaires d'étude à Villetaneuse et à Marseille, trois plans de réponses ont été définis :

1. Sur le plan national pour les grandes orientations : arrêter les objectifs et établir le bilan annuel, avec le ministère de l'Intérieur, de la Jeunesse et des Sports, les représentants du mouvement sportif, le comité olympique et sportif français, les fédérations et les entreprises nationales engagées (SNCF, RATP) ;

2. Sur le plan régional pour un rôle de coordination, d'information et de proposition avec le préfet de région, les préfets, les représentants des collectivités locales et territoriales, le mouvement sportif (Comité régional olympique et sportif) ;

3. Sur le plan départemental pour accompagner les dispositifs, élaborer et assurer le suivi du Contrat local de sécurité thématique, sous l'autorité du préfet, le directeur départemental de la sécurité publique, le directeur départemental de la Jeunesse et des Sports, les représentants des

---

217. Les Contrats locaux de sécurité sont nés avec le colloque de Villepinte en octobre 1997. Ils ont pour vocation de constituer un partenariat actif autour d'une analyse aussi complète que possible des causes, des effets et des réponses déjà apportés aux phénomènes de délinquance et d'insécurité afin de définir des préconisations qui seront traduites dans un plan d'action précis qui assurera la cohérence et la complémentarité des efforts de tous les acteurs de la sécurité et pas seulement des forces de police.

218. Pour son rôle, on se reportera à Coll. (2000, 41).

219. Grenier (2000, 29).

220. *Ibid.*, 70.

collectivités locales, les représentants du comité départemental olympique et sportif et des clubs, le procureur de la République et la gendarmerie.

Cette initiative a eu pour but de mutualiser les compétences et de mettre sur pied, sur le plan local, des actions concrètes en matière de prévention. Un observatoire de la violence a été constitué en 1995, puis abandonné car il ne donnait pas satisfaction. Le département de la Seine-Saint-Denis a servi de premier terrain pour le projet et la mise en place d'actions. Un modèle qui s'est ensuite généralisé à l'ensemble des départements français.

La présence de l'officier référent, désigné au sein de la Direction départementale de la sécurité publique, avait pour mission d'organiser les actions de prévention autour des matchs qui lui étaient présentés par le District de football comme présentant des risques. Des dispositifs de sécurité dissuasifs étaient alors mis en place à l'entrée et à la sortie des stades. La mise en place s'est faite à partir d'avril 1999; la généralisation à 26 départements eut lieu en 2000. Le traitement reposait à la fois sur des actions préventives, sociales et répressives, et les premiers résultats étaient plutôt encourageants. Aucun incident grave en 2000 n'était ainsi mentionné, alors qu'en 1998 pas moins de 30 l'avaient été (bagarres, envahissement de terrain, coups portés à l'arbitre ou à un dirigeant).

Ainsi, réfléchir à la mobilisation collective, c'est rechercher les mécanismes d'interactions et admettre que l'organisation de ce type d'événement s'articule à l'intérieur d'un système d'interactions et d'échanges d'individu à individu, et où des mécanismes d'ajustement des conduites s'effectueraient à partir des communications des différents acteurs attachés au système. Il y aurait ainsi des stratégies de coopération ou de lutte entre les acteurs et à l'intérieur d'un système où chaque décision serait interdépendante les unes des autres et supposerait l'existence de normes[221] et, plus généralement, de contraintes. «En tant que règles de conduite, les normes fournissent aux individus des modèles d'action. Ces modèles, lorsqu'ils sont partagés, constituent des solutions pour faire face à telle ou telle solution, en permettant à ces individus de coordonner collectivement leur action[222].» Le système d'action dégagé agirait dans un système de double régulation par le biais soit d'une contrainte externe, soit d'arrangements

---

221. Shelling (1986).
222. Mann (2005, 119).

internes négociés, et que l'on ne pourrait simplifier par des modes purement techniques de contrôle de foule[223].

Pour être plus explicites, servons-nous d'une problématique particulière et centrons-nous sur un acteur donné pour comprendre le système d'interactions et de contraintes auquel il doit faire face. Le problème soulevé est le trafic de stupéfiants sur un espace et l'acteur concerné est l'agent privé de sécurité. Ce dernier est en interaction plus ou moins directe avec quantité d'autres acteurs : son supérieur, les autres agents, les spectateurs, dont certains d'entre eux revendent de la drogue, le promoteur du spectacle, la police, la justice, etc. Il doit agir suivant quantité de contraintes, dont parfois certaines s'opposent : rendre l'espace sûr et sécurisé, convivial, en règle avec les normes législatives établies, sans se mettre en danger, etc. Au même titre que le gardien de prison pour un milieu fermé, la cohésion de l'espace induit, dans ce milieu par excellence ouvert, la possibilité de *devoir* laisser rentrer un certain nombre de revendeurs (parfois connus) pour que la fête puisse se dérouler. Les marges de manœuvre de l'agent sont alors étroites même s'il pourrait, paradoxalement, faire appel à un éventail important de solutions. On pourrait ainsi dire que le système d'interactions est tenu par les contraintes des uns et des autres, où chaque action d'un acteur a des conséquences sur les actions des autres. Nous voyons déjà à l'échelle microscopique la complexité du modèle, et nous ne pouvons que constater qu'elle est d'autant plus vraie à une échelle macroscopique sur d'autres problématiques.

L'ordre surveillé, négocié en partenariat, et contrôlé[224]

Ces espaces sont devenus en quelques années, au même titre que plusieurs autres pour toutes ces problématiques (centres commerciaux, universités, aéroports, etc.), les témoins privilégiés de cette même évolution dans la répartition des pouvoirs et des responsabilités entre acteurs publics et privés, avec, pour fil conducteur, une multiplication des interactions. Cela dit, cette répartition n'est pas aussi claire qu'elle peut paraître en théorie. Selon, notamment, le type de manifestation ou le niveau de risque, l'implication de l'État et des organismes privés est plus ou moins importante et varie selon les cas. Cette évolution dans la répartition des pouvoirs entre acteurs privés et publics ne s'est pas faite non plus en un jour, comme nous avons pu le constater dans les chapitres précédents. Plusieurs événements

---

223. *Ibid.*, 120.
224. Cette partie, retravaillée, a trouvé une première forme dans la revue *Sociétés*. Diaz (2009, à paraître).

sont venus poser les jalons de la nouvelle gouvernance de la sécurité (voir la section 1.4).

Partant de cette constatation, et d'études de cas concrets, nous avons cherché à construire une typologie des modes de gouvernance ou de négociation du partenariat et des logiques de réponses selon une logique d'évaluation des risques perçus par les acteurs. Cette construction peut se découper en trois temps, en trois images qui se superposent:

Figure 9: une photographie qui met en évidence un ordre plus ou moins négocié selon un niveau général de risque théorique et une typologie d'événements festifs;

Figure 10: une photographie qui met en évidence un ordre plus ou moins négocié selon un niveau général de risque théorique et une typologie d'incidents;

Figure 11: une photographie qui met en évidence trois modes de gouvernance et trois types de partenariat selon trois dialectiques «de surveillance, de partenariat ou de contrôle-répression».

Il s'est agi de bien veiller à prendre en compte la mise en garde de Max Weber[225], selon laquelle «l'idéal type est un tableau de pensée, il n'est pas la réalité historique ni surtout la réalité authentique, il sert encore moins de schéma dans lequel on pourrait ordonner la réalité à titre d'exemplaire. Il n'a d'autre signification qu'un concept limite (Grenzbegriff) purement idéal, auquel on mesure (Messen) la réalité pour clarifier le contenu empirique de certains de ces éléments importants, et avec lequel on la compare. Ces concepts sont des images (Gebilde) dans lesquelles nous construisons des relations, en utilisant la catégorie de possibilité objective, que notre imagination formée et orientée d'après la réalité juge comme adéquates[226]».

En prenant conscience de cette limite soulevée, trois types de contrôle des foules dans des événements à caractère sportif ou culturel se dégageraient ainsi:

- Type 1: Fête et ordre *surveillés*: «surveillance et prévention situationnelle» (acteurs privés omniprésents);

- Type 2: Fête et ordre *négociés:* «négociation et partenariat entre acteurs privés et publics»;

---

225. Weber (1965); Freund (1966).
226. Weber (1965, 185 [1951]).

- Type 3: Fête et ordre *contrôlés:* «contrôle et répression» (acteurs publics omniprésents).

La figure 9 se construit à partir d'événements suivis de 1998 à 2008. Elle cherche à évaluer la place de l'État et des organisations privées dans la gestion des événements. Trois groupes sont ainsi dégagés entre des événements où l'État est quasi absent (type 1), omniprésent (type 3), et un troisième (qui concerne le plus d'événements) où il y a une répartition des tâches, des responsabilités et des coûts selon les espaces.

Figure 9 Un ordre plus ou moins négocié selon un niveau général de risque théorique – typologie d'événements festifs

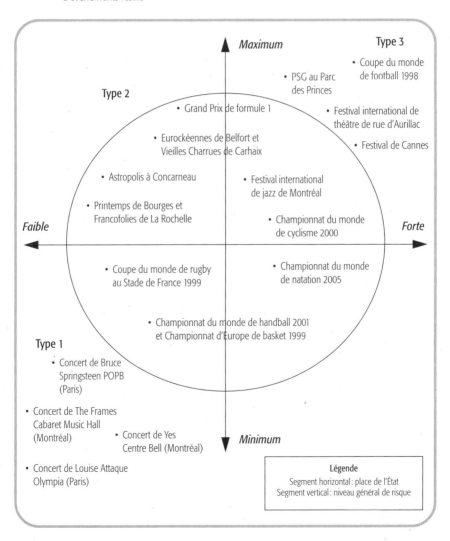

La figure 10 reprend ce même découpage, en centrant cette fois la place des acteurs privés et publics selon les types d'incidents et le degré d'intervention de chacun. On s'aperçoit à nouveau que l'on peut découper ces incidents en fonction de trois catégories qui correspondent encore à un degré d'intervention des différents acteurs. Ainsi, les acteurs privés sont majoritairement concernés par les incidents du type 1, les acteurs publics par ceux du type 3 et, à nouveau, des incidents qui nécessitent un partenariat et des négociations sur un ensemble d'incidents du type 2.

Figure 10 Un ordre plus ou moins négocié selon un niveau général de risque théorique – typologie d'incidents

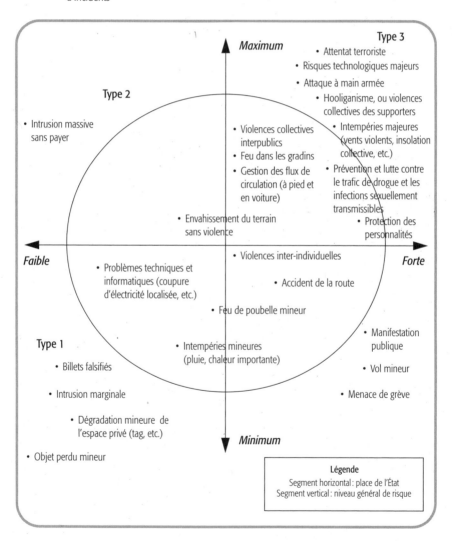

On pourrait se demander si l'étude de tels événements, puisque les problématiques envisagées sont similaires à d'autres types d'espaces, n'en ferait pas ainsi des témoins privilégiés de la manière dont s'organiserait la société en matière de contrôle social. En quelque sorte, une manière de pouvoir tenter de comprendre comment une certaine forme d'équilibre social se constituerait ou non.

Figure 11 Typologie de la fête et l'ordre : les trois dialectiques de surveillance, de négociation ou de contrôle

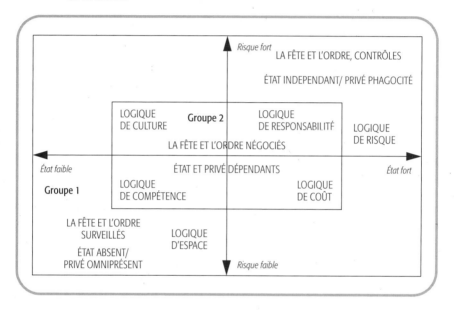

Nous aurions en quelque sorte trois logiques d'action qui découleraient de la répartition entre les acteurs privés et publics selon un niveau général de risque évalué par ceux-ci. La finalité serait de préserver la sécurité des espaces, des biens et des personnes et de garder le contrôle d'une situation ou, du moins, l'illusion de son contrôle. En effet, la place du risque reste impalpable, incalculable. Elle pourrait être un élément d'explication de cette obsession sécuritaire du moment.

Cependant, nous pouvons chercher à comprendre ce phénomène. Ainsi, la légitimation de politiques plus sécuritaires serait-elle centrée sur un développement apparent des risques, des besoins et des demandes de la part des citoyens sans cesse croissants ? Les fantasmes seraient-ils producteurs d'ordre ?

Dans une logique d'offre et de demande, l'offre de sécurité serait liée à une demande sans cesse croissante de la part des citoyens. Ces derniers admettraient à la fois leur besoin de sécurité et accepteraient les actions mises en place par l'État pour y répondre. Nous nous trouverions face à un triptyque : politique, police et citoyen avec une circularité qui se ferait entre la demande de sécurité des personnes et la réponse du politique au travers de ce que nous pourrions appeler son «bras armé» : la police.

La sécurité est un thème d'actualité qui n'est plus tabou, dont l'image a considérablement évolué depuis 30 ans. Mieux, elle est revendiquée et devient une source de débat discutée par les pouvoirs politiques de tous bords. Par ailleurs, on observe une orientation de plus en plus sécuritaire où, face à un volet préventif et éducatif dominant dans les années 1980 et jusqu'au milieu des années 1990, se substitue peu à peu un volet répressif. Devant la demande de sécurité des citoyens, relayée par les médias et les politiques, l'État cherche à trouver des manières nouvelles pour faire face à la fragmentation et aux incertitudes sociales et créer les formes d'une cohésion sociale[227]. Il donnerait ainsi une place non négligeable dans le débat au citoyen pour des enjeux principalement politiques. Mais comment comprendre le discours des acteurs privés (sociétés privées) et publics (police) autour du risque et de la sécurité ?

Ces acteurs cherchent à savoir s'ils sont confrontés à plus d'insécurité, de violence ou de risque, alors qu'ils ne savent pas non plus si davantage de sécurité améliore la nôtre. Toutefois, les budgets tant publics que privés explosent de manière exponentielle. L'essentiel du débat public est basé sur le mode de la terreur ou, tout au moins, de la peur (notamment le terrorisme) sans chercher à l'expliquer scientifiquement. On stigmatise des craintes, des individus, le plus souvent sous couvert d'une idéologie. Les politiques publiques se durcissent et se centralisent pour répondre, dit-on, à un besoin d'individus dont certains attendent toujours plus de sécurité. Cet ensemble est relayé par les médias dont le créneau «sécurité» est porteur.

Si, pendant des années, dans le cadre d'événements culturels en matière de sécurité privée, les budgets étaient très faibles[228], dorénavant, on ira jusqu'à dire, lorsque les événements sont planétaires, tels les Jeux olympiques, qu'ils sont à présents illimités, tout devant être fait pour assu-

---

227. Kokoreff, Rodriguez (2004).
228. La sécurité était considérée comme la «dernière roue du carrosse».

rer la sécurité des personnes. Est-ce à dire pour autant qu'il s'agit là d'une demande citoyenne, d'une prise de conscience par les acteurs du champ de la sécurité que le risque s'est accru et qu'il est maintenant impensable de ne pas en tenir compte?

Il ne faut pourtant pas nier que les incidents sont marginaux. Statistiquement, on ne peut relever non plus un accroissement de ces incidents sur les 30 dernières années, et on ne peut surtout pas montrer que c'est le dispositif de sécurité qui a joué un rôle dans le fait que tout se soit bien passé. Il serait plus juste alors de dire que ce ne sont pas les dispositifs qui marginalisent les incidents, mais davantage le caractère festif de l'événement. Le fait de vivre de plus en plus dans un monde qui refuse le risque et l'imprévisible entraîne une intolérance croissante à l'égard de la moindre entorse à la règle. Il reste que les acteurs ne peuvent accueillir 100 000 personnes sans se donner de structure. Cela n'est plus alors un problème de sécurité (police), mais plutôt un problème de flux de véhicules et de population, d'une foule qu'il faut orienter et encadrer pour éviter, par exemple, un mouvement de panique. Les fonctions d'un agent de sécurité privée ou publique sont donc principalement d'accueillir et d'orienter les spectateurs, et non d'intervenir pour un problème de violence; celles d'un agent de police, selon l'aphorisme souvent utilisé, sont de «se montrer pour ne pas à avoir à intervenir». Dès lors, on ne peut que s'interroger sur la nécessité d'utiliser autant d'agents de sécurité pas toujours très accueillants, dont le profil peut parfois sembler créer plus de problèmes qu'ils n'en résolvent. Nous pouvons nous interroger, par exemple, sur la nécessité d'interpeller des revendeurs de cannabis sur un site par des agents privés, alors qu'on en accepte la consommation par ailleurs.

Des intérêts réciproques comme production de l'ordre?

Une autre manière de déconstruire la production de l'ordre serait de l'interroger à la lumière d'un développement d'intérêts réciproques économiques et politiques de deux des acteurs principaux étudiés : la police et les sociétés privées de sécurité.

Les organisateurs privés et publics réfléchissent à leur dispositif par triptyques qui, pour les acteurs publics, tourneraient autour d'un autre triptyque : citoyen – politique – ordre public; et pour les acteurs privés : client – marché – liberté publique. Mais les données seraient-elles si différentes? La sécurité ne serait-elle pas un moyen de se légitimer? Comment échapper à ce mécanisme de légitimation réciproque entre les acteurs privés et publics, où l'État assure la maîtrise du jeu de la gestion des risques et de la sécurité, où un marché privé se développe de manière exponentielle, et où politiques et médias, notamment, nourrissent les peurs et stigmatisent des boucs émissaires ?

Une première manière serait d'interroger dans le détail, et de tenter d'analyser des cas de figures spécifiques, et ainsi dresser des types de rapprochements entre acteurs publics et privés. C'est ce que nous nous sommes efforcés de réaliser au cours de ces recherches en étudiant diverses manifestations festives. Nous avons notamment interrogé ces relations sous le registre de la négociation, dont on pourrait dire, selon les termes de François Bourricaud (1961, 319), qu'elle s'articule entre deux acteurs (les «associés rivaux») à la recherche d'une autonomie de pouvoirs, mais qui ne peuvent le plus souvent – du moins pour le moment – qu'apprendre à composer avec l'autre[229]. Nous avons ainsi constaté qu'elle pouvait passer selon les moments ou les personnes, du mode de la séduction à celui de la menace ou de la contrainte.

Les acteurs seraient le plus souvent dans l'illusion d'un partenariat, et si nous poussons le trait, dans la manipulation réciproque. Les acteurs ne peuvent occulter les contraintes que leur impose leur institution (les conventions collectives ou le poids des syndicats, les budgets accordés à la sécurité notamment). Ils ne peuvent non plus ignorer les relations interpersonnelles qui naissent de ces relations, les climats de confiance ou de défiance qui se créent, année après année, entre les acteurs.

Les événements festifs alimentent ces problématiques. Pour la répartition des tâches en Europe comme en Amérique du Nord, on assiste à une répartition des missions et des responsabilités entre acteurs privés et publics. Nous pourrions en conséquence interroger l'idée que des intérêts financiers se mêleraient pour s'orienter vers une légitimation réciproque entre l'État et le marché.

Les événements sportifs ou culturels de grande ampleur se révèlent de véritables catalyseurs de cristallisation des relations et d'acceptation des logiques partenariales. L'événement suppose, le plus souvent, la cohésion entre les divers acteurs, même si ceux-ci ne fonctionnent en général pas sur les mêmes logiques et n'ont pas les mêmes intérêts à prendre en

---

229. Diaz, Rossi (2007).

compte. Ils sont animés, en de nombreux cas, par l'intérêt de participer à un événement rare et se donnent les moyens pour que tout se déroule bien. Cela dit, on constate que chacun tirerait les honneurs vers son institution si tout se déroulait bien et qu'à l'inverse, il se dégagerait de sa responsabilité si d'aventure un événement catastrophique se produisait.

Satisfaire la demande de communications auprès des médias, des partenaires et des citoyens, et réfléchir aux besoins des victimes

On ne peut plus concevoir aujourd'hui d'élaborer des stratégies sans prendre en considération l'enjeu médiatique et la place donnée aux victimes.

Construire un plan de communication avec les médias et les autres partenaires

Une stratégie particulière est adoptée avec les médias ainsi qu'avec l'ensemble des partenaires (commanditaires, employés, spectateurs, autres institutions). Il s'agit de prévenir, d'expliquer et de faire taire au maximum les rumeurs et les amplifications de l'information autour, par exemple, d'un incident, ou encore de la mise en place de tel ou tel dispositif ou de la prise de telle ou telle action. Le message est alors véhiculé généralement par le responsable de la question. Un porte-parole de l'organisation (responsable de la sécurité, relationniste média pour les services policiers et autres institutions publiques), au fait de la communication, est généralement déterminé par convention, ou encore, comme ce fut le cas aux Francofolies à La Rochelle, par l'intermédiaire d'une cellule de communication avec les représentants de divers intervenants publics et privés pour l'organisation de la manifestation.

Chaque organisation (organisateur, mais également partenaire public, ville, police, service des incendies, services d'urgence médicale) est amenée à créer de véritables plans de communication. La priorité pour chacune de ces institutions est de centrer son propos sur des faits et de parler uniquement de ce qui concerne son institution, et non des autres impliquées.

Il s'agit de mettre sur pied en interne des mécanismes pour déterminer, selon l'incident, le rapporteur pour l'institution et le message qui sera véhiculé. On distingue alors des priorités de communication en définissant ce qui sera développé avec les médias. Des «modèles» types peuvent être préparés à l'avance à partir de la scénarisation de tel ou tel événement. Il s'agit d'être rigoureux, concis, précis et «transparent» dans le message, sans hésiter à demander un temps pour vérifier les faits. Chaque institution a ainsi tout intérêt à concevoir des formations pour les porte-parole et satisfaire aux exigences de calme et de sang-froid que la situation va nécessiter.

Donner une place aux victimes et créer des cellules d'urgence médico-psychologique

Il peut s'avérer très utile de créer des partenariats avec des structures d'aide aux victimes pour pouvoir, le moment venu, faire appel à ces services.

Il est ainsi primordial d'envisager également le pire et de réfléchir aux dispositifs de prise en charge psychologique des blessés et autres proches dans une situation d'urgence collective: accidents catastrophiques (effondrement d'un gradin), catastrophes naturelles (tornade), attentats.

La catastrophe et ses conséquences, de par leur caractère exceptionnel, leur gravité, leur violence, leur confrontation avec le réel de la mort, entraînent des séquelles graves qu'il faut savoir appréhender. Il semble, en effet, difficile de s'improviser dans pareil événement.

Le modèle mis en place par Xavier Emmanuelli, secrétaire d'État à l'action humanitaire d'urgence, sur instruction du président Jacques Chirac, en France, à la suite de l'attentat terroriste de la station RER Saint-Michel à Paris le 25 juillet 1995, est un bon exemple de ce qu'il est possible de construire pour répondre à ce type d'exigence.

L'organisation des modes de fonctionnement et la coordination de ces moyens sont définies dans deux circulaires, en 1997[230] et 2003[231].

Cinq axes principaux ont ainsi été définis:

1. Établir une doctrine concernant le soutien psychologique précoce et le suivi des blessés psychiques;

2. Mettre en place le plus rapidement possible un dispositif étagé pour la prise en charge des blessés psychiques (sur le terrain, dans les structures d'évacuation et les consultations spécialisées);

---

230. Circulaire DH E 04-DGS SQ2 n° 97.383 du 2 mai 1997 relative à la création d'un réseau national de prise en charge de l'urgence médico-psychologique en cas de catastrophe.

231. Circulaire DHO/O2/DGS/6 C n° 2003-235 du 20 mai 2003 relative au renforcement du réseau national de l'urgence médico-psychologique en cas de catastrophe et annexe.

3. Développer la formation des personnels à chaque niveau de compétence (psychiatres, psychologues, infirmiers);

4. Harmoniser le dispositif sur l'ensemble du territoire en adaptant les mesures aux besoins;

5. Créer et assurer le suivi entre les différents partenaires concernés (autorités administratives, judiciaires, universités et associations).

Les cellules d'urgence médico-psychologique (CUMP) ou cellules d'aide médico-psychologique (CAMPSY) sont composées de spécialistes du soin psychique (psychiatres, psychologues, infirmiers), spécialement formés pour ce type d'urgence et placés sous la coordination d'un psychiatre coordonnateur pour chaque département. Ce psychiatre est nommé par le préfet du département.

L'initiative de la mise en place d'une telle structure est déclenchée par le service d'urgence médicale (SAMU) et sur accord du psychiatre coordonnateur. Cette structure est mise en œuvre en parallèle du plan d'urgence, comme le Plan rouge dont on a évoqué précédemment les exigences. Les victimes «valides» sont envoyées au CUMP après triage médical, les blessés étant d'abord suivis pour leur problème médical.

Depuis 2001, plusieurs événements ont nécessité la mise en œuvre d'une CUMP. On peut citer la catastrophe de l'usine AZF de Toulouse en 2001, la crise de Côte-d'Ivoire en 2004, le tsunami du 26 décembre 2004, ou encore les rapatriés du Liban en 2006. Elle peut être mise en œuvre à l'occasion d'accidents collectifs (incendie, fuite de gaz) ou encore de prises d'otages (banques, école primaire de Clichy).

Si cette structure est une spécificité française, il n'en reste pas moins vrai que chaque pays cherche à créer et à mettre sur pied le plus souvent en interne ce type d'aide psychologique. On peut ainsi parler des aides qui existent pour certains travailleurs aux prises avec la mort et le suicide comme pour la Société de transport métropolitain à Montréal. Mais cela reste encore confiné dans une démarche individuelle et une notion complexe où le regard ne se devrait d'être que pluridisciplinaire et harmonisé pour chaque pays.

Évaluer et assurer le suivi, et diffuser le savoir-faire

Il s'agit ici de bien intégrer l'importance du retour d'expérience et de la transmission des bilans et des savoirs. Aujourd'hui, les organisations commencent à peine à évaluer les dispositifs mis en œuvre pour répondre aux exigences. Idéalement, l'enjeu est de tirer profit de ces expériences pour repenser l'organisation et aller toujours plus loin en matière de sécurité.

1.1 Évaluer les dispositifs de sécurité sur les déviances

1.2 Accumuler de la connaissance, établir des bilans, concevoir des tests grandeur nature et créer une mémoire collective

1.3 Transmettre les savoirs et former le personnel

À retenir dans ce chapitre...

- Paradoxalement, les acteurs de la sécurité et des secours ne mesurent que très rarement les effets des mesures que l'on applique sur le terrain. Or, il devient essentiel d'évaluer les effets des dispositifs mis en œuvre sur les déviances. Tout événement pourrait ainsi permettre la constitution d'une base de données rendant compte des incidents, par lieux, par fréquences, par modes de résolution. Les logiciels de cartographie pourraient servir de support.

- Les acteurs de la sécurité ont tout intérêt à construire une mémoire collective et à tirer les leçons du passé. Ces réflexions constituent le moyen qui va cimenter les relations entre les divers acteurs privés et publics.

- Des tables de réflexion commencent à être mises sur pied sur la seule thématique sécurité. Les thèmes envisagés et généralisés sont réfléchis en interne ou à plusieurs, notamment avec la ville, la police, les pompiers et les services d'urgence. Plusieurs thématiques sont considérées : procédures d'urgence et opérationalisation, gestion du renseignement et lutte contre le terrorisme, formation du personnel, planification des ressources, etc.

- L'espace festif devient un objet de réflexion à plusieurs et sort de son seul espace pour chercher avec d'autres acteurs connaissant d'autres expériences et s'enrichir intellectuellement. Et pourquoi pas, il pourrait servir de base pour réfléchir à d'autres types d'espaces privés et publics.

- L'enjeu est central pour ces questions de sécurité ; il s'agit d'accumuler de la connaissance permettant à chaque nouvelle expérience d'aller toujours plus loin et de rester au service de personnes (artistes, spectateurs, employés, etc.) venues tout simplement prendre du plaisir lors d'un événement.

- Pour une fois, il ne s'agit plus de garder son savoir-faire et son expérience pour se protéger de la concurrence d'un marché de plus en plus compétitif, mais se mettre au service de la sécurité des personnes. Ces «bonnes pratiques» peuvent être diffusées et être motivées uniquement par la seule volonté d'assurer la sécurité des publics.

- La seule finalité de cette réflexion est de poursuivre une transmission d'un savoir et d'un savoir-faire pour des applications pratiques opérationnelles et d'ainsi accumuler une certaine forme de connaissance sur ces modes de gestion non seulement pour gagner du temps ou de l'argent, mais également, et surtout, pour aller, une prochaine fois, un peu plus loin dans la capitalisation d'un savoir qui ne devrait avoir qu'une seule orientation, celle d'assurer, autant que faire se peut, la sécurité de spectateurs venus tout simplement assister à un spectacle.

Évaluer les dispositifs de sécurité sur les déviances

Force est de constater que, paradoxalement, on ne réalise que trop rarement les effets des mesures que l'on applique sur le terrain. C'est très certainement sur ce dernier point que les acteurs ont à s'interroger, où l'écart avec ce qui devrait être fait est le plus important. D'une manière générale, on n'évalue pas, ou plutôt on ne parvient pas à évaluer l'activité de la sécurité sur les déviances. Les trois conditions (critère mesurable de succès ou d'échec, vérifications et comparaisons avant-après et entre groupe expérimental et groupe contrôle) ne sont presque jamais réunies, ne permettant pas de savoir si les divers risques envisagés ont diminué ou non. Et on ne sait donc pas si ces formes de contrôle assurent davantage de sécurité pour la population.

Des dispositifs pour quels impacts sur les conduites déviantes?

Cela revient à se poser la question de l'impact des moyens de contrôle social utilisés lors des manifestations sportives et culturelles sur l'ordre social. En d'autres termes, quelles incidences les dispositifs mis en place ont-elles sur l'ordre social[232]? Il s'agit donc d'évaluer les dispositifs au regard des déviances rencontrées.

Dans un premier temps, on s'est attelé à la modernisation des infrastructures des stades et des salles de spectacle. On trouve, pour les plus récentes, des installations prenant en compte les risques d'accidents de foule, les mouvements de panique. Et cela fonctionne bien. Depuis 10 ans, nous n'avons plus constaté ce type de problème dans les stades européens où les efforts ont été les plus probants. Mais cela n'est pas encore vrai à l'échelle planétaire, ni à une échelle locale dans de plus petits stades ou des vieux théâtres. Il faudra donc attendre une catastrophe avant que les pouvoirs publics prennent les dispositions nécessaires pour que cela n'arrive plus.

---

232. *The central problem in its study is the degree to which it has an impact on human conduct. How much does each means of social control contribute to social order? How effective is each? What are the consequences of each?*. Black (1984, 5).

S'agissant des principales déviances rencontrées lors de ces manifestations, le constat est plus mitigé. On est, le plus souvent, amené à traiter dans l'urgence, au cas par cas, le temps de la manifestation, pour que cela gêne le moins possible l'organisation globale de l'événement. La manifestation se déroule sur quelques jours, et il est difficile de mettre en place un traitement sur du long terme, notamment en prévention sociale. L'organisation privée traite sporadiquement le problème pour faire bonne figure devant les pouvoirs publics. C'est le cas, notamment, du trafic de stupéfiants dans les festivals. Une équipe est mise en place pour interpeller sur le site quelques revendeurs et les remettre aux autorités compétentes. Toutefois, leurs interventions ne représentent qu'une goutte d'eau comparée au nombre de personnes qui vendent leurs produits sur les sites; donc, globalement, la revente se fait en toute impunité. Une équipe de trois agents, pour arrêter les revendeurs sur un site, comme c'est le cas dans deux événements étudiés, semble peu de chose en comparaison des 25 000 personnes (Eurockéennes), voire des 65 000 personnes (Vieilles Charrues), présentes sur le lieu de la manifestation.

Cependant, grâce à la présence d'agents en nombre, des lieux où il se passait n'importe quoi (comme sur le camping de Chaux pour les Eurockéennes au milieu des années 1990), et notamment des vols, des courses de voitures dans les champs, la revente de produits stupéfiants, etc., redeviennent sûrs et sécurisés. Dorénavant, pas moins de 40 agents gèrent le camping, effectuent un contrôle aux entrées, laissant entrer uniquement des campeurs. La même chose est vraie sur les stationnements.

Une fois que le lieu est à nouveau sécurisé, les dispositifs n'ont plus besoin d'être aussi importants et peuvent se montrer plus discrets. C'est le cas pour le Printemps de Bourges et la Maison de la culture où, en 1998, on constatait de la revente de stupéfiants, des *tags*, et qui, en 2002, n'avait besoin que de trois agents de sécurité à l'entrée pour assurer le contrôle de la zone.

Toutefois, il faut trouver le juste équilibre entre le trop et le trop peu. Ces organisations ont souvent tendance à limiter les budgets accordés à la sécurité une fois que tout semble bien se passer, et on a alors de nouveau tendance à surdimensionner le champ de la sécurité une fois que cela se passe à nouveau mal afin de retrouver un niveau «idéal».

Pour la prévention des toxicomanies, on traite généralement au cas par cas, en donnant une dimension médicale. Des organismes tentent d'apporter une réponse plus sociale, mais ils ne sont pas reconnus ou rarement. C'est le cas de l'ANAT dont le projet de Bus prévention a été annulé à Aurillac après plusieurs années de travail sur le site de Tronquières au profit de Médecins du monde.

Dans les manifestations sportives, la présence de stadiers appartenant, par exemple, à la Fédération de rugby pour le personnel encadrant, facilite les échanges et la gestion des conflits avec le public. Celle des policiers bénévoles, pendant les Championnats du monde de handball, appartenant à l'équipe de France policière de handball, participe aussi à la sécurisation de la manifestation. On retrouve les mêmes agents d'une manifestation à une autre. Ils connaissent leurs tâches, ce que l'on attend d'eux et se fondent donc parfaitement dans les dispositifs.

La chose est vraie pour les pouvoirs publics; lorsque les dispositifs sont bien rodés, ils sont optimisés au maximum. C'est le cas, par exemple, de la Garde républicaine motocycliste qui encadre les courses cyclistes. On retrouve les mêmes conducteurs sur le Tour de France, le Dauphiné libéré, les Championnats du monde cycliste sur route, etc. Ils connaissent parfaitement leur travail et les us et coutumes de la course.

À l'inverse, les pouvoirs publics sont assez peu flexibles et s'adaptent assez mal au changement. Ils sont très peu réactifs. Il faut que tout ait été prévu au préalable pour que les moyens puissent se mettre en place. On ne peut changer un dispositif au dernier moment. Cela vient, notamment, de sa structure pyramidale et très hiérarchisée. L'information doit passer de niveau en niveau, être acceptée par les syndicats, jusqu'à l'application sur le terrain. Il s'agit aussi d'une gestion très souvent «de masse» pour ce qui concerne les CRS et les Gardes mobiles. On ne déplace donc pas une compagnie ou une demi-compagnie facilement sans faire des vagues. L'intervention sur le site de Tronquières à Aurillac pour interpeller des revendeurs est un bon exemple de la gestion des pouvoirs publics pour ce type d'intervention. La même chose est vraie pour le football avec des interventions le plus souvent de masse, où la confrontation avec le public est le plus souvent inévitable. On ne cherche pas, dans ces cas-là, à négocier mais à se confronter directement avec les personnes, ce qui reste cependant marginal.

Construire une cartographie et une base de données des incidents sur un site

Un outil de plus en plus utilisé dans d'autres contextes pourrait l'être dans le cadre précis des grands rassemblements; il s'agit de la cartographie[233], avec la possibilité de photographier l'incident, sa nature, le moment où il s'est produit, les personnes impliquées, les réactions utilisées, ses conséquences, les effets de la réaction sur l'incident, sa production dans le temps, sa fréquence. On pourrait compléter ces informations, dans le cas d'un délinquant, par son âge, sa situation géographique et son origine sociale. Il semblerait ainsi plus facile et pertinent d'adapter les dispositifs au risque d'émergence de telle ou telle réalité, à l'intérieur de l'espace privé et autour dans les zones publiques.

Les acteurs en présence pourraient, par là même, mieux appréhender leur coût et optimiser les forces en présence à partir des expériences passées et se projeter dans l'avenir.

Dans un contexte où se met en place le paiement (*pay duty*), imposé ou discuté, pour la présence de forces de l'ordre, cela permettrait aux diverses organisations de pouvoir alimenter la discussion sur les besoins en sécurité que la manifestation pourrait supposer. On donnerait ainsi une place moins aléatoire et partiale aux récriminations en termes de moyens à pourvoir en matière de sécurité.

Les manifestations sportives et culturelles, des partenaires légitimes dans la prévention de l'insécurité urbaine et des modes de partenariat quotidien au service d'une baisse des déviances?

Des pratiques de gestion de la sécurité élaborées pour ces manifestations sont-elles reproductibles le reste de l'année? Ces modes de partenariat ont-ils des incidences sur la baisse des déviances au quotidien?

L'événement motive le plus souvent un partenariat actif entre les différents acteurs de la sécurité, des secours et de la prévention. L'événement

---

233. On se reportera, par exemple, au travail de cartographie du monde des drogues réalisé par Pascal Pérez (1996).

est rare, au mieux comme dans un festival tous les ans, et pour une Coupe du monde de football ou des Jeux olympiques, une fois dans une vie. Les personnes sont la plupart du temps fières de participer à l'organisation de telles manifestations et veulent au maximum que les choses se passent du mieux possible. Tous les moyens sont donc mis en place au service de l'événement. On constate, paradoxalement, très souvent une baisse des faits délictueux pendant la manifestation par rapport à la moyenne de l'année. Il faut dire que les dispositifs mis en place sont plus importants qu'au quotidien (compagnie de CRS supplémentaire, amplitude horaire des effectifs plus importante, etc.).

Reste à savoir si ces modes de partenariat sont reproductibles au quotidien. Dans les faits, à la fin de la manifestation, les moyens mis en place sont abandonnés. Pour ce qui concerne les organisations privées de sécurité, elles n'interviennent que pendant la manifestation. Elles regagnent leur quotidien une fois celle-ci terminée. Pour un événement qui se produit une fois (Coupe du monde, Championnat du monde, etc.), les structures mises en place sont propres à la manifestation et abandonnées par la suite. Ce fut le cas, par exemple, de la Délégation interministérielle pour la Coupe du monde (DICOM) dirigée par René-Georges Querry. On retrouve, par contre, certaines personnes sur quelques grandes manifestations qui se spécialisent dans l'événementiel. Ce fut le cas pour plusieurs d'entre elles qui avaient des fonctions principales lors de la Coupe du monde de football et qui sont intervenues pendant les Championnats du monde de handball, les Championnats du monde de cyclisme et les Championnats du monde d'athlétisme. Elles adoptent donc des mécanismes identiques de travail et de partenariat, même si elles ne travaillent pas avec les mêmes personnes.

Toutefois, la recherche est encore insuffisante pour dire si ces modes de gestion pourraient avoir de réelles implications au quotidien. Cela semble cependant clairement établi sur un festival se déroulant dans une ville comme Aurillac ou Bourges. Les services de la ville et de la préfecture apprennent à travailler ensemble le temps du festival, et se retrouvent sur d'autres dossiers le reste de l'année (par exemple, la sécurité dans d'autres établissements recevant du public comme les écoles). «Les partenariats permettent une systématisation et une coordination des efforts, des compétences et des informations – les différents acteurs se saisissant différemment d'un même problème de criminalité –, rendent possible une mise en commun des ressources, dérangent et remettent en question la culture du confort des groupes d'intérêts professionnels[234]. »

La sécurité ne peut reposer sur quelques personnes. C'est à chacun de prendre ses responsabilités et de les assumer. Il s'agit de faire de la rue un espace de sécurité en déterminant et en évaluant les risques, en mettant en exergue les moyens et les stratégies disponibles, et en faisant de la démarche partenariale une méthode à « suivre sous réserve que l'on puisse assurer le coût de cette mise en sécurité[235] ».

Dans une recherche idéaliste, il faudrait ne plus penser la société en termes de sécurité parce que le contrôle social serait intégré par les personnes, chacun trouvant son compte dans la société dans laquelle il vivrait. En étant satisfait de sa condition humaine, on ne chercherait plus à en contourner les règles.

Comme le soulignait Crawford, « nous nous trouvons à un carrefour crucial pour ce qui est de la maîtrise future de la délinquance, car il s'agit de savoir quels seront les contributions, les rôles et les responsabilités respectifs de l'État, des communautés locales et des intérêts économiques[236] ».

L'État social de sécurité qui avait prévalu dans la première partie du XXᵉ siècle a été « progressivement miné par des changements sociaux de grande ampleur[237] ». L'État cherche alors des réponses pour assurer la sécurité par un retour au local et un contrôle social de proximité, d'un côté, dans la coopération inter ou supranationale, de l'autre[238]. Une partie du fardeau de la sécurité est transférée au marché, en tout cas dans des domaines particuliers que peuvent proposer les grands magasins, les grands stades, les transports publics. Toutefois, le coût entre en ligne de compte et le fossé entre ceux qui peuvent y avoir accès et les autres se creuse, sans pour autant qu'il soit prouvé que les personnes sont mieux protégées.

Cela dit, le paysage s'est profondément modifié avec le développement d'un néoprolétariat de surveillants moins coûteux et plus flexibles[239]. Et

234. Crawford (2001, 22).
235. Robert (2001, 198).
236. Crawford (2001, 27).
237. Robert (2002, 44).
238. *Ibid.*, 45-47.
239. *Ibid.*, 50.

on peut légitimement se poser la question du risque de « voir un État libéral se substituer à l'État social de sécurité[240] ».

Accumuler de la connaissance, établir des bilans, concevoir des tests grandeur nature et créer une mémoire collective

Pendant des années, les diverses institutions ne tiraient aucun enseignement de l'expérience de l'organisation de l'événement. Ce n'est que depuis peu que certaines, tant privées que publiques, tentent d'extraire du dernier événement un retour d'expériences. Auparavant, une fois l'événement terminé, c'était un peu la course pour fermer les dossiers et repartir sur une autre activité. Chacun gardait ses divers documents nés de son expérience du moment, mais peu s'appliquaient à en tirer les leçons autrement que de manière personnelle.

Élaborer des retours d'expériences *ad hoc* pour créer une connaissance non plus seulement individuelle, mais institutionnelle et collective

On constate aujourd'hui le remarquable effort de certaines organisations qui cherchent à transmettre leurs connaissances sur les modes d'organisation à tenir face à telle ou telle situation. Ces retours d'expériences sont d'autant plus utiles qu'ils peuvent profiter tant à d'autres événements de même type que pour une gestion à l'année. Ce qui est valable pour un événement peut l'être tout autant au quotidien. On pense ainsi à la gestion du renseignement, à la lutte contre le terrorisme, à la planification du personnel et aux mesures d'urgence.

Mais cet effort collectif doit assumer plusieurs réalités. Il repose d'abord sur des individus qui doivent mettre au service de la collectivité leur expérience et leur qualité. Chaque individu et son institution d'attachement s'exposent ainsi à la critique. En ce sens, personne n'aime être confronté

---

240. *Ibid.*, 51.

à des manquements. Or, ce travail en progression, ce *work in progress*, est fondamental. Il permet un retour sur les acquis et de savoir ce qu'il reste à combler pour toujours s'adapter au mieux à ces exigences. La critique doit ainsi être positive et constructive. Il s'agit de sortir de la dénonciation institutionnelle et individuelle pour se concentrer sur l'action à changer, la modification à apporter. Surtout, ces réunions permettent de comprendre les réalités des autres personnes assises à la table.

La deuxième réalité à concevoir est la dépersonnalisation des acteurs. La réflexion de l'ensemble des personnes doit dépasser l'individu et se mettre au service de la collectivité. L'événement doit ainsi survivre aux acteurs en présence. Ce sont les manières de faire, les méthodes, les connaissances qui émanent qui doivent primer sur l'individu. Si une personne change de service ou d'institution et qu'elle n'appartient plus à la réflexion, les idées et les bonnes pratiques mises en œuvre en sa présence doivent perdurer. Or, trop souvent, nous constatons que des institutions «oublient». Les dossiers ne sont pas transmis d'une personne à une autre, et on assiste à un jeu qui repart chaque fois de la case départ.

C'est particulièrement visible avec les institutions publiques, notamment policières, qui, tous les trois ans, modifient leur structure sans toujours transmettre d'une personne à l'autre ce qu'elles ont su mettre en place avec les autres individus. On peut cependant noter, depuis quelques années, l'implantation de personnes spécialement affectées pour les «événements spéciaux». Ainsi, ville, services policiers, services civils, services d'urgence nomment une personne de leur organisation pour les dédier à cette fonction.

Créer une mémoire collective

Si nous n'avions à garder qu'une seule intention à cet ouvrage, ce serait celle d'avoir essayé de cumuler et de rassembler ce que nous pourrions appeler «une mémoire collective» à partir des expériences pratiques de terrain des acteurs en présence.

Dans cette tentative, l'effort s'est centré sur l'organisation des étapes et la synthèse des réalités que pose ce type de grands rassemblements.

Il est donc intéressant de remarquer le développement parfois de groupes de travail réfléchissant de manière collective et à long terme. Ce fut particulièrement notable à Montréal où le service de police de la ville a procédé, au sein de la direction stratégique, à une réflexion sur les situations de crise criminelles ou non criminelles. Trois dimensions ont ainsi été abordées : terrorisme, changements climatiques et gestion de foule.

De ce travail, un groupe de réflexion stratégique cherche à se mettre en place pour réunir les acteurs de la ville, de la police, de la sécurité civile, des services d'urgence, de l'organisation d'événements festifs et du monde universitaire. Toutefois, la composition d'un tel groupe est difficile, même si, paradoxalement, tout le monde est d'accord pour en légitimer la formation. On entre alors dans un jeu de personnes où chacun veut avoir le monopole de la prise en charge. Faire preuve d'ouverture à l'autre, relativement à son expertise, est crucial, mais chacun semble se limiter. Il reste que cette tendance d'ouverture doit se confirmer et que, pas à pas, il semble aujourd'hui possible d'avoir des relations d'échanges de pratiques plus harmonieuses.

Nous pouvons constater le même phénomène dans les institutions privées qui font dorénavant appel à des expertises pour réfléchir en interne à des modes de gestion de crise, notamment à partir de tests grandeur nature pour évaluer les modes de réaction des divers acteurs et en tirer des leçons.

Cependant, ces actions ont un coût. Un coût, qui plus est, collectif où on ne sait pas toujours qui doit être le payeur, et qui met donc un frein à ces développements.

Plus étonnant encore, lorsqu'il s'agit de sécurité, certains voudraient avoir la paternité de ce qui est dit et fait pour pouvoir le monnayer. Ces acteurs oublient que ces mécaniques de gestion ne datent pas d'hier, qu'elles sont le fruit d'une expérience cumulée depuis que les grands rassemblements existent comme nous le verrons en conclusion.

Passer de l'idée théorique à l'expérience pratique

Cette connaissance cumulée ne peut être seulement théorique ; elle ne devient pertinente que si elle est avant tout pratique. C'est par des essais et des erreurs que peuvent se construire les pratiques. Une fois appliquée, il s'agit de dépasser les acquis des seules personnes qui y ont réfléchi pour poursuivre une transmission d'un savoir et d'un savoir-faire pour des applications pratiques opérationnelles et, ainsi, accumuler une certaine forme de connaissance sur ces modes de gestion, non seulement pour gagner du temps ou de l'argent, mais surtout pour aller, la fois suivante, un peu plus loin dans la capitalisation d'un savoir.

Il s'agit de mettre en situation les personnes. On peut rendre compte, dans une réunion ou sur les bancs d'une université, des manières de faire, mais c'est dans la pratique que l'on peut foncièrement réaliser les limites de ses connaissances.

Ces «jeux de rôles» se développent, mais ils pourraient être organisés et généralisés au sein de chaque organisation individuellement pour s'entraîner à ces propres réalités. Une personne extérieure au jeu mais le connaissant très bien peut aider à la mise en place des scénarios et confronter les acteurs à ces possibilités. On peut concevoir ainsi plusieurs tests :

- Dans une salle de réunion, en regroupant des acteurs qui n'ont rien à voir : régisseur de lieu, responsable de la logistique, responsable de la sécurité, responsable des communications. À une situation problématique donnée, on demande à chacun des acteurs leur rôle dans ce cas de figure, leur mécanique d'opération. Par l'échange, on définit ainsi les besoins de chacun et on peut percevoir les liens et les interactions possibles avec les autres. On s'aperçoit paradoxalement, surtout dans ce type de situation, que rares sont les personnes qui détiennent une vision d'ensemble des réalités des uns et des autres, même si elles appartiennent à la même organisation ;

- Dans un centre de communication, à une situation problématique donnée, on cherche opérationnellement à déterminer les modes de transmission. On délimite les réalités des personnes à distance (dans le centre de communication), et celles sur le terrain (face à la réalité visuelle de l'incident). On peut ainsi analyser le besoin de chacun des acteurs. Une information claire et précise pour les uns (centre de communication), un besoin d'assistance (le plus rapide et adapté), de réconfort et de calme pour les autres (acteurs de terrain) ;

- Sur le terrain, avec la mise en place, grâce à des acteurs fictifs, d'un scénario catastrophe, avec des blessés par exemple. Ces pratiques cherchent à roder les dispositifs, à délimiter les actions et les positionnements de chacun sur le terrain. On découvre ainsi les temps de réaction face à une problématique, les besoins en espace, en matériel, en aide humaine pour agir face à une quantité non négligeable de blessés. On cherche surtout à comprendre, cette fois-ci, les réalités et les besoins d'un ensemble d'acteurs (principalement publics) pour répondre à l'incident, et on découvre comment l'acteur privé, qui a, la plupart du temps, le plus de personnes sur le terrain à ce moment-là, peut venir appuyer des divers organismes en présence.

4.3

Transmettre les savoirs et former le personnel

L'enjeu est de former le personnel sur le terrain. Des responsables aux agents de base, chacun devient sujet à une conscientisation de ce que peuvent représenter la sécurité et les secours de tels événements. Il y a un risque, comme on a pu le voir, d'organiser ces événements. Et force est de constater que ce risque ne peut être assumé par une ou quelques personnes. Il est planifié par quelques-unes, mais opérationnalisé par un ensemble de partenaires et d'agents qui se doivent d'être à même de comprendre ces enjeux et d'en être responsables dans la réflexion et l'opération.

Comprendre l'enjeu d'un enseignement et d'une formation

Des enseignements ont été tirés d'événements dramatiques survenus lors de spectacles sportifs ou culturels. Toutefois, cette capitalisation de connaissances ne se fait pas toujours automatiquement. Par exemple, lorsque les choses se déroulent globalement bien, on ne sait pas toujours en tirer des leçons. Plus inquiétant, quand un événement qui aurait pu être dramatique mais très peu médiatisé survient, on ne s'accorde pas toujours le temps et les moyens de le généraliser et de reprendre ainsi le travail effectué et l'utiliser pour d'autres contextes. Ces plans sont confinés à l'intérieur de chaque manifestation. Il n'y a pas toujours un souci d'harmonisation des expériences positives ou négatives. Les motifs invoqués peuvent être tant le manque de temps que le coût engagé par les organisations concernées qui ne veulent pas, pour des raisons économiques, en faire profiter les autres. La connaissance en matière de sécurité a un coût que les acteurs ne veulent pas communiquer, qu'importe si la vie des personnes est en jeu. Ainsi, d'une structure à une autre, on garde certes des dispositifs identiques concernant, par exemple, l'accueil du public, la billetterie, les systèmes d'accréditation, de moyens de communication, etc., mais on ne retrouve pas certaines spécificités d'action concernant, par exemple, la prévention des toxicomanies, la gestion des revendeurs sur les sites, les moyens d'évacuation en cas d'intempéries, etc. Autant de bonnes pratiques qui ne sont pas toujours harmonisées sur le plan national, et encore moins sur le plan international. Cela s'explique tout simplement parce que l'on n'a pas été confronté au problème, que l'on n'a pas envisagé d'y consacrer du temps et donc de l'argent, ou encore que l'on ne sait pas forcément ce qui se fait ailleurs.

Structurer la transmission et la formation des acteurs des responsables aux agents de base

Il reste cependant, individuellement, des structures qui font un réel effort pour élaborer, année après année, des procédures d'urgence et de sécurité. En parallèle, s'organise une formation à divers paliers de l'organisation des différents individus nécessitant ce type de connaissances. Cependant, ce genre d'action est propre aux initiatives personnelles et ne fait en aucun cas l'objet d'une harmonisation et d'une capitalisation des savoirs sur le plan collectif. Il semblerait dorénavant indispensable d'utiliser ces savoirs dans une finalité de transmission et de formation.

Ce processus tend à s'installer au niveau universitaire comme nous l'avons précédemment évoqué, mais il s'agit rarement de formation précise et spécifiquement adaptée aux grands rassemblements. Or, cet ouvrage témoigne de la complexité des connaissances à acquérir.

C'est certainement à l'intérieur de chacune des organisations qu'il faut s'organiser pour déterminer, à chacun des niveaux hiérarchiques, la formation spécifique que chacun des agents en présence doit avoir. Cela veut dire prendre le temps de conscientiser les personnes à leurs responsabilités et à concevoir des moyens de nature à les rassurer et à les motiver dans leurs actions.

Ce processus est en marche. Il s'agit de le poursuivre en créant des guides et des procédures adaptées à chaque contexte et à chaque manifestation, mais en gardant les principes clés élaborés dans cet ouvrage et qui pourraient finalement servir de base pour organiser des formations.

Conclusion

«Poser le problème de l'ordre social invite tout bonnement
à répondre à cette simple question : Comment des
individus ou des groupes établissent-ils entre eux des
rapports permanents ou éphémères, planifiés ou
spontanés, d'ententes ou de conflits ? »

Jean G. Padioleau[241]

«Nous dirons que la fête comme la transe permettent à
l'homme et aux collectivités de surmonter la "normalité"
et d'atteindre à cet état où tout devient possible, parce que
l'homme n'est plus en l'homme mais dans une nature
qu'il achève par son expérience, formulée ou non [...].
Parce qu'elle est transsociale, elle est sans doute la seule
provocation des sociétés au changement et à la remise en
question. »

Jean Duvignaud[242]

---

241. Padioleau (1986, 23).
242. Duvignaud (1973, 218 et 228).

La vie festive, quelle que soit la société ou l'époque, est au cœur du changement[243]. Le sens que la fête peut prendre est révélateur de la manière dont une société se porte. Il peut traduire, notamment, les modes de contrôle, les angoisses des personnes et des institutions[244]. Et si l'on s'attarde aux décisions prises par les acteurs du contrôle pour évaluer, organiser et gérer les espaces et les personnes pendant ces événements festifs, on se rend compte que ce qu'ils accepteront comme risqué ou comme non risqué est révélateur de ce qu'une société et ses citoyens acceptent comme légitime ou non.

En posant le problème de l'ordre social sur un objet particulier, l'espace festif, nous serions au cœur de la recherche des sciences sociales, sur un thème longuement débattu et dorénavant familier qui reprend les fondements de l'analyse sociologique, à savoir: Comment est-il possible que nous puissions évoluer individuellement et collectivement en société? Qu'est-ce qui rend possible ce relatif équilibre dans les rapports sociaux à la fois sur les plans des individus et des systèmes? Comment se fait-il que ce relatif équilibre puisse se produire et se reproduire dans le temps et l'espace?

À partir de cet ouvrage qui a cherché à lier une approche théorique et pratique, nous pourrions poursuivre la réflexion avec Michel Foucault de manière plus sociologique sur les raisons qui amènent les personnes à réfléchir à la «gouvernementalité[245]».

Assurer dans une société ce «gouvernement des hommes (par et pour les hommes)» est une question fondamentale, reposant sur une histoire qui témoigne d'un changement dans les mécanismes de pouvoir et les institutions de contrôle. L'approche peut être résolument historique avec quatre phases se superposant d'un ordre religieux à un système contemporain de sécurité.

---

243. Nous pensons ici à la complexité telle qu'élaborée par Edgar Morin avec l'*unitas multiplex* (1990, 19). C'est la théorie dyadique qui nous sert de canevas pour prendre conscience de cette complexité, de ces liaisons incessantes entre des systèmes et des individus en perpétuelles adaptations aux nouveaux changements. Cette théorie, selon l'idée philosophique de la réunion de deux principes qui se complètent réciproquement, est reprise, par exemple, en mathématique avec la dyade pythagoricienne de l'unité et de l'infini. Il s'agit de déterminer et d'agir sur la capacité que la société peut avoir à préserver la cohésion sociale tout en faisant face au changement.
244. Mandon, (1990, 147-174).
245. Foucault (2004, 126).

Figure 12 L'analyse des mécanismes de pouvoir selon Michel Foucault (1978): ordre moral ou religieux, système légal, mécanismes disciplinaires et dispositifs de sécurité: approche historique

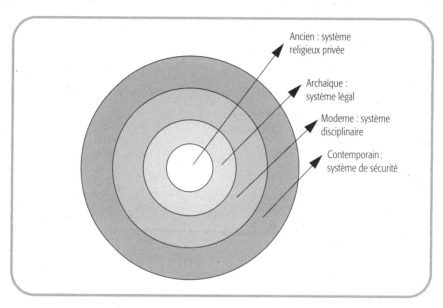

Ancien : système religieux privée

Archaïque : système légal

Moderne : système disciplinaire

Contemporain : système de sécurité

L'analyse peut également se faire en termes de mécanismes et d'institutions de contrôle.

Tableau 18 L'analyse des mécanismes de pouvoir selon Michel Foucault (1978) – approche en termes de mécanismes et d'institutions de contrôle

	Invisible/Psychique	*Visible/Physique*
Individuel	**Ordre moral ou religieux** ÉGLISE	**Mécanismes disciplinaires** ÉCOLE/FAMILLE
Collectif	**Système légal** LOIS	**Dispositifs de sécurité** JUSTICE PÉNALE (police, magistrature, avocats, agences privées, experts, travailleurs sociaux, administration pénitentiaire)

Ainsi, si nous pouvons toujours évoluer de nos jours dans une société dominée par ces quatre mécanismes et institutions de contrôle, nous constatons également une dominance différente selon les pays. Pour les deux pays considérés principalement dans cet ouvrage (France et Canada), les trois premiers systèmes (ordre moral, système légal et système disciplinaire) sont dorénavant totalement intégrés dans un système plus large que Foucault définissait comme «système de sécurité[246]». C'est ce système qui a été au cœur de l'ensemble des questionnements présentés ici.

La finalité de réfléchir à la manière d'assurer le «gouvernement des hommes» serait alors de tenter de dégager, à travers une généalogie de l'État, les mécanismes qui font qu'aujourd'hui nous puissions évoluer dans une société qui rend possibles ces rapports sociaux. Et c'est sur une dimension spécifique (comment ces rapports individuels et collectifs sont possibles) que nous nous sommes proposé d'étudier ces questions dans un contexte particulier : le moment de la fête[247].

«Les hommes possèdent une histoire, tandis que les bêtes n'en ont pas. Personne n'aurait l'idée d'écrire l'histoire d'une horde d'éléphants ou d'un troupeau de moutons, d'une ruche d'abeilles ou d'une famille de singes. Pourquoi? Parce que seuls les hommes ont créé ce que nous appelons la civilisation ou la culture. Seul l'homme se sentant empêché de vivre comme il le voudrait, et engagé dans une lutte consciente contre les forces de la nature, a compliqué et raffiné graduellement ses modes de vie[248].»

---

246. La sécurité est l'état de quelqu'un ou de quelque chose qui est à l'abri du danger. On hésite parfois entre l'emploi des termes «sécurité» et «sûreté». Cette difficulté s'explique par leur origine commune: les deux mots viennent du latin *securitas*, qui signifie «absence de souci». Selon les contextes, le mot «sécurité» prendra des sens plus ou moins différents. Il pourra signifier, par exemple, «sentiment de quiétude, de confiance» en psychologie, ou encore «ensemble de mesures destinées à protéger les personnes en sécurité routière». Mais, pour chaque usage, l'idée de «hors de danger» demeure. Nous avons entendu le concept de sécurité, dans cet ouvrage, à travers la délimitation qu'en font les acteurs dans l'organisation des manifestations sportives et culturelles. Nous avons examiné cette notion en nous préoccupant des pratiques et des techniques de sécurisation, des rôles des différents acteurs privés (agences privées de sécurité, organisateurs de spectacles) et publics (ville, policiers, pompiers, urgences médicales) et de leurs interactions, à ce qu'ils perçoivent comme posant un problème et les stratégies qu'ils déploient pour y répondre.
247. Pour une première approche, Diaz (2009, à paraître).
248. Rostovtzeff (1936, 9-10).

À commencer par ses jeux et ses spectacles, ses théâtres[249] et ses amphithéâtres[250] ou encore ses stades[251]. Les parallèles sont éloquents entre l'Antiquité et aujourd'hui quand il s'agit de comprendre et d'analyser les manifestations sportives et culturelles.

Je ne pouvais donc conclure cet ouvrage sans faire un détour par l'histoire. Les manifestations sportives et culturelles ne sont pas nouvelles ; les premiers spectacles apparaissent à l'Antiquité : l'athlétisme est né au VIIIe siècle av. J.-C. en Grèce ; l'institutionnalisation des Jeux olympiques en 776 av. J.-C. ;

---

249. «De même que la tragédie, le théâtre grec, si l'on veut remonter jusqu'à sa plus lointaine origine, est né du dithyrambe. Le développement de l'édifice a suivi celui du drame. D'abord très rudimentaire, il s'est peu à peu compliqué, chaque besoin dramatique nouveau ayant créé un organe nouveau. Le théâtre romain lui-même ne représente qu'une étape plus tardive dans cette longue évolution.

«Le théâtre grec se compose de trois parties : la *skénè*, bâtiment comprenant à la fois les chambres d'habillement, le foyer des acteurs et les magasins ; l'*orchestra*, place de danse circulaire au niveau du sol, dans lequel le chœur évoluait ; l'emplacement réservé aux spectateurs composé d'un amas de gradins étagés en hémicycle autour de l'*orchestra*. Des escaliers, rayonnant de bas en haut, le partageaient en un certain nombre de sections verticales ; il était divisé en étages par un ou plusieurs paliers horizontaux, concentriques aux gradins.

«Au VIe siècle, Thespis introduisit dans le spectacle un acteur : innovation capitale qui entraîna immédiatement plusieurs changements matériels considérables. Dès lors, danseurs et curieux durent nécessairement faire face à ce personnage ; et, par suite, toute une moitié de la circonférence se trouva désertée ; ainsi naquit le *théâtron*, en forme d'hémicycle.» Daremberg, Saglio (1877, tome V, 178).

250. «Monument construit par les Romains pour y donner les combats de gladiateurs (*munera*) et les chasses d'animaux sauvages (*venatio*). Les premiers jeux, dont l'invention est attribuée aux Campaniens, étaient depuis longtemps familiers aux Étrusques, lorsqu'ils furent pour la première fois introduits à Rome et offerts dans le Forum Boarium, en l'an 264 av. J.-C., par Marcus et Decimus Brutus, qui voulaient ainsi honorer la mémoire de leur père. Jusqu'à la fin de la République, ils eurent lieu dans le Forum, où l'on élevait à la hâte des échafaudages en bois pour ces fêtes d'une magnificence toujours croissante. En 59 av. J.-C., Scrobonius Curio, voulant surpasser Scaurus dans la somptuosité des jeux qu'il offrait, fit exécuter deux théâtres en bois adossés l'un à l'autre. Après les représentations dramatiques, les scènes s'enlevaient, les spectateurs restaient à leurs places, et les deux théâtres, par un mécanisme combiné, venaient se réunir pour n'en faire qu'un seul, qui était circulaire, et dont le centre, formé par la réunion des deux orchestres, présentait une arène pour les jeux des gladiateurs ; le dernier jour des fêtes, on laissa les deux théâtres réunis, en enlevant les scènes pour former une arène. César, trouvant cette arène mieux appropriée que celle du cirque pour les chasses de bêtes féroces, fit élever, en l'an 46 av. J.-C., un double théâtre semblable en bois. On l'appela *amphitheatrum* (dont le plus célèbre est certainement le Colisée de Rome qui pouvait contenir plus de 50 000 spectateurs).» Daremberg, Saglio (1877, tome I, 241).

251. «Espace pour les courses pédestres athlétiques sur une piste droite et longue de 600 pieds.» Daremberg, Saglio (1877, tome IV, 1449). *Remarque* : Contrairement à tous les usages grecs, l'arène romaine (comme le Circus Maximus à Rome) servait tour à tour pour les luttes gymnastiques et les concours hippiques.

les premiers *munus* et *venatio*[252] au IIIe siècle av. J.-C. à Rome. Les premières représentations théâtrales, en Grèce et à Rome, datent du Ve siècle av. J.-C. et les premiers théâtres sont construits à partir de cette date, et plus particulièrement entre le Ier siècle et le VIe siècle de notre ère. Ce sont des stades qui ont principalement été construits « dans l'Orient méditerranéen. C'est là que la forme a trouvé son achèvement[253] ». En Occident, ce sont les amphithéâtres (Arles, Nîmes, etc.) et les cirques qui ont supplanté les stades, préférant les courses de chars et les combats de gladiateurs aux joutes sportives. Et c'est seulement avec notre siècle que les stades vont prendre toute leur dimension.

On ne peut que présupposer que ces manifestations posaient déjà des problèmes de sécurité aux organisateurs. On ne dispose que de très peu de commentaires faisant état de l'organisation de la sécurité de ces festivités, et on relate rarement de catastrophes lors de ces spectacles.

La recherche nous a donné quelques pistes sur les particularités architecturales de ces édifices[254]. On s'est principalement interrogé sur leur lieu d'implantation, la construction, les matériaux et les techniques de construction, essentiellement des données statiques. On ne dispose que de très peu de données sur l'organisation générale des spectateurs. On sait, par exemple, que, déjà à cette époque, les spectacles ne sont « ni le privilège de quelques personnes fortunées ni un divertissement populaire déprécié. Lors des concours gymniques, qu'ils fussent sacrés ou thématiques, toute la société, tant masculine que féminine et tant locale qu'étrangère, se retrouvait sur les gradins qui, dans certains édifices, pouvaient accueillir jusqu'à 30 000 personnes [50 000 pour le Colisée de Rome]. Comme au théâtre, à l'amphithéâtre ou à l'hippodrome, la répartition des spectateurs était assujettie à des règles. Une ou deux tribunes placées dans la partie médiane de l'un ou des deux flancs du moment isolaient le président du concours et les personnalités les plus éminentes. Sur les gradins courants, des places étaient attribuées par des inscriptions à des individus, à des familles, à des magistrats, à des prêtres, à des groupes civiques, à des ordres professionnels ou religieux, à des associations de supporters, à des ressortissants de telle ou telle cité[255]. Le principe adopté visait à assurer une dis-

---

252. Combats de bêtes et de gladiateurs dans des arènes.
253. Aupert (1994, 99).
254. Pour des détails sur la construction architecturale de ces espaces, on se reportera à Golvin, Landes (1990) ; Landes (1992, 1994).
255. Moretti (1994, 51).

tribution régulière des spectateurs et une parfaite hiérarchisation de la qualité des places en fonction de celle de leurs occupants. L'ensemble des gradins de la *cavea* est subdivisé de manière identique dans un amphithéâtre et dans un théâtre, situation qui ne saurait nous étonner puisque le public qui fréquentait ces édifices était le même. Horizontalement, la *cavea* était divisée en plusieurs larges zones concentriques (les *maeniana*), séparées par des circulations (les *praecinctiones*) qui établissaient une coupure nette dans la pente générale des gradins. En bas se trouvaient les gradins du podium, plus larges et plus plats que les autres, où les personnages de marque pouvaient faire installer des sièges mobiles. Ces places d'honneur, souvent séparées des autres par un parapet (*balteus*), avaient des accès indépendants qui évitaient aux notables de se trouver mêlés à la foule. Le reste des gradins se divisait en trois zones : l'*imma cavea* puis, au-dessus d'elle, la *media cavea* et, enfin, la *summa cavea*. Chaque *maenianum* était subdivisé en secteurs d'importance comparable, d'une contenance de 400 à 500 places, appelés *cunei*. À chaque *cuneus* correspondait un *vomitorium* par lequel le public accédait aux gradins. À partir de là, les spectateurs descendaient vers leurs places par de petits escaliers taillés dans les gradins (les *scalaria*). Sous les gradins, un système plus ou moins élaboré de galeries et d'escaliers permettait de conduire les spectateurs depuis l'extérieur de l'édifice jusqu'au vomitoire correspondant aux places qui leur étaient attribuées à l'intérieur de la *cavea*. En raison de sa forme entièrement refermée sur elle-même, la *cavea* de l'amphithéâtre avait, à largeur égale, une contenance deux fois supérieure à celle d'un théâtre. En revanche, la forme elliptique ôtait à l'amphithéâtre toute qualité acoustique. On sait en effet, Vitruve l'a démontré, que la *cavea* du théâtre (édifice où le son jouait un rôle primordial) devait être impérativement semi-circulaire, c'est-à-dire conforme au mode de répartition des ondes sonores dans l'espace. Cette contrainte ne s'appliquait guère à l'amphithéâtre car le spectacle qu'on y présentait était avant tout visuel, comme l'exprime bien le nom d'origine du monument, *spectacula*[256] ».

En revanche, on ne dispose pas d'éléments précis sur la manière dont étaient gérés ces espaces, et notamment les foules venues nombreuses pour assister à ces spectacles le plus souvent gratuits, qui étaient payés par les finances municipales (les munéraires) et coûtaient donc des fortunes colossales, mais qui assuraient dans le même temps une popularité et un

---

256. Golvin, Landes (1990, 47-48).

prestige à leurs promoteurs. Les grands jeux sont aussi donnés par les magistrats, notamment à leur entrée en fonction. Sous l'Empire, les dépenses sont plafonnées parce que certains y laissaient une bonne part de leur fortune, qu'ils s'empressaient d'aller refaire en gouvernant une province ou en prenant les impôts à la ferme. À cette date, c'est l'empereur qui est le plus souvent le maître de cérémonies. Les dépenses sont illimitées. Ce qui n'empêche pas le notable d'une plus petite ville de faire aussi acte d'évergétisme en donnant à sa cité de quoi faire des jeux.

On peut donc constater que l'essentiel de la gestion semblait se faire grâce aux structures, comme on l'a appelé, grâce à une sécurité passive. *Quid* de la sécurité active? On ne fait référence qu'à «un personnel administratif, médical et technique au service des gladiateurs[257], et à quelques appariteurs pour déloger les personnes s'étant installées à des places réservées[258]».

La Grèce classique reste cependant, comme en faisait mention Romilly[259], «l'inventeur de principe universel des arbitrages, des ligues et des fédérations, pour lutter contre la violence qui existe à l'état endémique dans les sociétés humaines».

Mais les rares incidents relatés dans le public, mettant par exemple des «supporters» des différentes catégories de gladiateurs en confrontation, comme le rapporte Tacite, duel qui opposa à Pompéi les Pompéiens et les Nucériens, sous le règne de Néron en 59, où plusieurs morts furent dénombrés, ne font mention que de la fermeture pendant 10 ans de l'amphithéâtre et l'exil des meneurs. On ne sait pas comment ont réagi les autorités et les personnes compétentes au moment de cette catastrophe.

Je pense que si cette recherche ne devait se voir reconnaître qu'une seule légitimité, ce serait de servir de point de départ de connaissance sur la manière dont étaient gérées les foules au XXe siècle et au début du XXIe siècle lors des grandes manifestations festives et d'apporter les premiers éléments d'évaluation de ces dispositifs.

Ce fut formidable pour moi d'avoir pu être initié dans le domaine et de pouvoir aujourd'hui montrer ce qu'un chercheur est capable de retirer d'heures passées sur le terrain juste pour essayer de comprendre la démarche,

---

257. *Ibid.*, 178.
258. *Ibid.*, 197.
259. Romilly (2000).

les motivations et les contraintes d'acteurs professionnels, privés et publics.

Ce travail s'est fait de l'intérieur par une approche résolument ethnométhodologique[260] et inductive.

Ce n'est finalement surtout pas un travail individuel mais collectif où ma participation n'a été que «de rendre compte». Rien de ce qui est écrit ici n'aurait pu être possible sans l'aide et les compétences de tous ces professionnels et des chercheurs qui m'ont accompagné dans cette réflexion. Mon travail a consisté à donner un sens à tout cela, à organiser une pensée et des manières de faire. Et ce n'est en fin de compte qu'une pierre à cet édifice dont il va falloir maintenant discuter les apports[261] et poursuivre l'effort collectif pour aller toujours un peu plus loin, sans oublier que le seul profit et la seule finalité de ce savoir ne peuvent être que d'assurer au mieux la sécurité des personnes venues prendre du plaisir et rêver lors d'un spectacle.

---

260. «L'ethnométhodologie? C'est l'analyse des façons de faire ordinaires que les acteurs sociaux ordinaires mobilisent afin de réaliser leurs actions ordinaires.» Coulon (1999, 201).

261. Une hypothèse de travail pourrait, par exemple, lors de recherches futures, chercher à déterminer si ces mécanismes sont une spécificité du champ de l'événementiel. On peut imaginer ainsi que n'importe quel espace privé ou public ne peut avoir de manières différentes de penser, d'analyser, d'agir et d'évaluer la sécurité sur son espace.

Bibliographie

ABBOTT, A. 1988, *The System of Professions. An Essay on the Division of Expert Labor*, Chicago and London, The University of Chicago Press.

AMABILE, T. M., GRYSKIEWICZ S. S. 1987, *Creativity in the R&D Laboratory*, Technical Report N° 30, Center for Creative Leadership, Greensboro, N. C.

AUPERT, P. 1994, *Évolution et avatars d'une forme architecturale*, in LANDES, C. (dir.), *Le stade romain et ses spectacles*, Lattes, Musée archéologique Henri Prades, 95-103.

BASSON, J.-C. (dir.). 2001, *Sport et ordre public*, Paris, La Documentation Française, coll. « La sécurité aujourd'hui ».

BASSON, J.-C., LE NOÉ, O., avec la collaboration de DIAZ, F. 2001, *La sécurité de la Coupe du monde de football de 1998 : bilan*, in BASSON J.-C. (dir.), *Sport et ordre public*, Paris, La Documentation Française, coll. « La sécurité aujourd'hui », 175-188.

BASZANGER, I. 1992, « Négociations : introduction à la question », in STRAUSS, A., *La trame de la négociation – sociologie qualitative et interactionnisme*, Paris, Éditions l'Harmattan, 245-260.

BAUDRILLARD, J. 1986, Heysel, *Autrement – L'amour foot*, 80, 159-163.

BAYLE, D., HUMEAU, M.-S. 1997, *Réussir un spectacle ou une manifestation culturelle, choix du spectacle, législation, gestion, commercialisation*, Paris, Le Moniteur, coll. « Le courrier des maires et des élus locaux ».

BECKER, H. 1963, *Outsiders*, New York, Free Press, tr. fr. *Outsiders, études de sociologie de la déviance*, préface de Chapoulie, J. M., Paris, A. M. Métailié, 1985.

BEILLEROT, J. 1982, *La société pédagogique. Action pédagogique et contrôle social*, Paris, PUF, coll. «L'éducateur».

BELLENGER, L. 2003, *La négociation*, Paris, PUF, coll. «Que sais-je?», n° 2187.

BELORGEY, J.-M. 1982a, *Pré-rapport sur les réformes de la police*, ministère de l'Intérieur et de la Décentralisation, Paris.

BELORGEY, J.-M. 1982b, *Commission des maires sur la sécurité, face à la délinquance, prévention, répression, solidarité*, Rapport au Premier ministre, Paris, Documentation française.

BLACK, D. 1984, *Toward a General Theory of Social Control*, vol. 1 – Fundamentals et Vol. 2 – Selected Problems, London, Academic Press, Inc.

BLUMER, H. 1962, «Society as Symbolic Interaction», *in* ROSE, A. M., *Human Behavior and Social Processes. An Interactionist Approach*, London, Routledge and Kegan Paul, 179-192.

BLUMER, H. 1966, «Sociological Implications of the Thought of George Herbert Mead», *American Journal of Sociology*, 71, 5, 535-544.

BLUMER, H. 1969, *Symbolic Interactionism: Perspective and Method*, Englewodd Cliffs, N. J, Prentice Hall.

BODIN, D., TROUILHET D. 2001, *Le contrôle social des foules sportives en France: réglementation, difficultés d'application et extension des phénomènes de violences, in* BODIN, D. (dir.), *Sports et violences*, Paris, Chiron, 147-168.

BONNELLI, L., SAINATI, G. (dir.). 2000, *La machine à punir, pratiques et discours sécuritaires*, coll. «L'esprit frappeur», 95.

BOTTOMS, A., WILES, P. 1994, *Crime and Insecurity in the City*, Cours international de criminologie: «Changes in Society, Crime and Criminal Justice in Europe», Leuven, K., Universiteit Leuven.

BOUDON, R. 1991, «La mesure statistique, un contrepoids à l'idéologie», *Les cahiers de la sécurité intérieure*, 4, 7-9.

BOURDIEU, P. 1972, *Esquisse d'une théorie de la pratique précédée de trois essais d'ethnologie kabyle*, Genève, Droz.

BOURQUE, R., THUDEROZ, C. 2002, *Sociologie de la négociation*, Paris, La Découverte – Syros, coll. «Repères», n° 350.

BOURRICAUD, F. 1961, *Esquisse d'une théorie de l'autorité*, Paris, Librairie Plon.

BRANTINGHAM, P., BRANTINGHAM, P.-J. 1984, *Patterns in Crime*, New York, Macmillan.

BRODEUR, J.-P. 2003, *Les visages de la police: pratiques et perceptions*, Québec, Les Presses de l'Université de Montréal.

CASTEL, R. 1990, «Bilan: l'application de la loi: l'ordre des interactions et l'ordre des déterminations», *in* DEBUYST C., *Acteur social et délinquance, une grille de lecture du système de justice pénale en hommage au professeur Christian Debuyst*, Liège, Pierre Mardaga.

CHAPOULIE, J. M. 2001, *La tradition sociologique de Chicago 1892-1961*, Paris, Éditions du Seuil.

CHATARD, R. 1994, *La violence des spectateurs dans le football européen*, Paris, Lavauzel.

CHOBEAUX, F. 2001, *L'errance active, politiques publiques, pratiques professionnelles*, Paris, Éditions ASH.

CLARKE, R.-V. 1995, «Situational Crime Prevention», *in* TONRY, M., FARRINGTON, D. P. (dir.), *Crime and Justice: A Review of Research*, 19, Chicago, University of Chicago Press, 91-150.

CLARKE, R.-V. 1997, *Situational Crime Prevention. Successful Case Studies*, 2e éd., Guilderland, New York, Harrow & Heston.

CLARKE R.-V., ECK, J. 2003, *Become a Problem Solving Crime Analyst*, London, Jill Dando Institute of Crime Science, University College of London.

COLL. 1996, «Football, ombres au spectacle», *Les Cahiers de la Sécurité Intérieure*, quatrième trimestre, 26 (numéro spécial).

COLL. 1998, «Les partages de la sécurité», *Les Cahiers de la Sécurité Intérieure*, troisième trimestre, 33 (numéro spécial).

COLL. 2000, *Prévention et lutte contre la violence dans le sport, application de la démarche des contrats locaux de sécurité aux activités dans le sport amateur*, ministère de l'Intérieur, ministère de la Jeunesse et des Sports, Éditions SIRP.

COMERON, M. 1997, «Hooliganisme: la délinquance des stades de football», *Déviance et société*, 21, 1, 97-113.

COMERON, M. 2001, *Pour une gestion sociopréventive, in* BASSON J. C. (dir.), *Sport et ordre public*, Paris, La documentation française, coll. «La sécurité aujourd'hui», 145-158.

COMERON, M. 2002, *Socioprévention par l'encadrement pédagogique et social, in* COLL. Eurofan, Fan Coaching Association, *La prévention de la violence dans les stades de football en Europe*, Programme Hippokrates, Commission européenne, DG Justice et Affaires intérieures.

COMMAILLE, J., JOBERT, B. (dir.). 1998, *Les métamorphoses de la régulation politique*, Paris, LGDJ.

CORNISH, D.-B., CLARKE, R.-V. 1986, «Situational Prevention, Displacement of Crime, and Rational Choice Theory», *in* HEAL, H., LAYCOCK, G. (eds), *Situational Crime Prevention: From Theory into Practice*, London, Her Majesty's Stationary, Office.

COSTE, M. 1994, *Violence et sécurité des rencontres sportives, l'exemple du football*, Mémoire de DESS Information et Sécurité, Centre d'études scientifiques de la Défense, Université de Marne la Vallée.

COULON, A. 1999, «Ethnométhodologie», *in* AKOUN, A., ANSART, P., *Dictionnaire de sociologie*, Tours, Le Robert/Seuil, 201-202.

COURTY, P. 1998, *Actions de prévention, d'information, de soutien et de réduction des risques dans le cadre du programme national de lutte contre les toxicomanies*, Rapport d'évaluation de l'action Bus – échange – prévention pour le ministère de la Jeunesse et des Sports.

CRAWFORD, A. 2001, «Vers une reconfiguration des pouvoirs? Le niveau local et les perspectives de la gouvernance», *Déviance et Société*, 25, 1, 3-32.

CROZIER, M. 1991, «La crise comme facteur de changement social?», *Les Cahiers de la Sécurité Intérieure*, Thème: «La gestion de crise», 6, 4, 209-217.

CUNNINGHAM, W. E., TAYLOR, T. 1985, *The Hallcrest Report: Private Security and Police in America*, Portland, Oregon, Chacellor Press.

CUSSON, M. 1994, «La sécurité privée sa nature, sa raison d'être et son avenir», *Les cahiers de l'école de criminologie*, 1-21.

CUSSON, M. 2002, *Prévenir la délinquance: les méthodes efficaces*, Paris, Presses Universitaires de France.

DAREMBERG, C. H., SAGLIO, E. D. M. 1877, *Dictionnaire des antiquités grecques et romaines*, Paris, Librairie Hachette et Cie.

DEBARBIEUX, É. 1992, «Éducation, exclusion, mutation», *Le nouvel éducateur*, 237, 3-25.

DEFORNEL, M., OGIEN, A., QUÉRÉ, L. 2001, *L'ethnométhodologie: une sociologie radicale*, Paris, Éditions La Découverte, coll. «Recherches».

DEMAZIÈRE, D, NUYTENS, W. (dir.). 2002, «Un monde foot, foot, foot!», *Panoramiques*, Éditions Corlet, 61, 4.

DE VREESE, S. 1996, «Pour une statistique des matchs de football», *Les Cahiers de la Sécurité Intérieure*, «Football, ombres au spectacle», 26, 4, 68-74.

DIAZ, F. 1998, *Sécurité privée et sécurité publique, une nouvelle forme de contrôle social: logique et gestion des risques à l'intérieur et à l'extérieur du Stade de France pendant la Coupe du monde de football 1998*, Université Paris X-Nanterre, mémoire de DEA de politique comparée et de sociologie politique.

DIAZ, F. 1999a, *De la Coupe du monde de football à l'Euro 2000: un stade dans la ville, la ville dans le stade*, Forum européen pour la sécurité Urbaine, actes du Colloque de Saint-Denis, Paris.

DIAZ, F. 1999b, Séminaire international du FESU «De la Coupe du monde de football à l'Euro 2000: le stade dans la ville, la ville dans le stade», «Actualités – Colloques et rencontres», *in* «Noir, gris blanc, les contrastes de la criminalité», *Les Cahiers de la Sécurité intérieure*, 36, 2.

DIAZ, F. 2001, «La sécurité des grands rassemblements sportifs et culturels: une gestion particulière des risques», Paris, IHÉSI, *Études et Recherches*.

DIAZ, F. 2003a, «Coproduction de la sécurité: une nouvelle forme de l'interventionnisme étatique pour une meilleure sécurité du public? (Le cas de grands rassemblements de populations en France), *Déviance et Société*, XXVII, 4, 429-458.

DIAZ, F. 2003b, *Coproduction de la sécurité: un nouveau mode de contrôle et de régulation sociale. La gestion des risques dans les espaces*

privés lors de manifestations sportives et culturelles, thèse de docto-
rat de sociologie, Université de Versailles Saint-Quentin-en-Yvelines,
rattaché au laboratoire du CESDIP, sous la direction de Philippe Robert.

DIAZ, F. 2005a, «L'observation participante comme outil de compréhension
du champ de la sécurité – Récit d'un apprentissage de l'approche ethnographique pour tenter de rendre compte de la complexité du social»,
Champ pénal, vol. II (article en ligne: http://champpenal.revues.org).

DIAZ, F. 2005b, «Gouvernance de la sécurité et gestion des risques: mise
en sécurité de manifestations sportives et culturelles, généralisation à
tout type d'espace», *in* GAILLARD, B. (dir.), *Les violences en milieu
scolaire et éducatif – connaître, prévenir, intervenir*, Rennes, Presses
Universitaires de Rennes, Didact. Éducation, 507-516.

DIAZ, F. 2007, «Organiser la sécurité des rassemblements festifs», *in*
CUSSON, M., DUPONT, B., LEMIEUX, F. (dir.), *Traité de la sécurité intérieure*, Montréal, Les Presses universitaires de Montréal, 600-611.

DIAZ, F. 2009 (à paraître), «La fête et l'ordre: repenser la complexité du
champ de la sécurité», *Sociétés*.

DIAZ, F., ROSSI, C. 2007, «La négociation au centre des questions de
sécurité des manifestations festives: logiques, stratégies et processus
de partages entre acteurs privés et publics», *Revue internationale de
criminologie et de police technique et scientifique*, 2, 147-164.

DIAZ, F., SIGNORELLO, P. 1999, *Gestion de la sécurité et évaluation des
risques lors des manifestations sportives et culturelles: l'enjeu du
passage d'une gestion de l'exceptionnel à celle de l'ordinaire*, Mémoire
de DESS ingénierie de la sécurité, Université René-Descartes et IHÉSI.

DUBAR, C., TRIPIER, P. 1998, *Sociologie des professions,* Paris, Armand
Colin.

DUNNING, E. 1990, «Sociological Reflection on Sport, Violence and Civili-
zation», *International Review for Sociology of Sport*, 25, 1, 65-82.

DUNNING, E., WILLIAMS, J., MURPHY, P. 1988, *Hooligans Abroad*,
Londres, Routledge and Kegan Paul.

DUVIGNAUD, J. 1973, *Fêtes et civilisations*, essai, Paris, Éditions Weber.

EHRENBERG, A. 1991, *Le culte de la performance*, Paris, Calmann-Lévy.

ELIAS, N. 1976, «Sport et violence», *Actes de la recherche en sciences sociales*, 6, 2-21.

ELIAS, N., DUNNING, E. G. 1986, *Sport et civilisation. La violence maîtrisée*, Paris, Fayard, traduction française 1994.

ÉNA, PROMOTION AVERROÈS. (1998-2000), *La sécurité: le rôle de la puissance publique face à l'émergence d'un bien économique*, Territoire et Sécurité, Séminaire de questions sociales.

FAURE, G.-O. 1999, «Négociation», *in* AKOUN, A., ANSART, P. (dir.), *Dictionnaire de sociologie*, Tours, Le Robert-Seuil, 360-361.

FELSON, M. 2002, *Crime and Everyday Life*, Beverly Hills, Sage Publications.

FORUM FRANÇAIS POUR LA SÉCURITÉ URBAINE. 1995, *Les populations «errantes» et les villes festivalières, quelle gestion des risques?*, Rapport à la suite d'une rencontre à Aurillac.

FOUCAULT, M. 2001 [1994], «Michel Foucault: la sécurité et l'État», *in* FOUCAULT, M., *Dits et écrits II, 1976-1988*, Paris, Éditions Gallimard, n° 213, 383-388.

FOUCAULT, M. 2004, *Sécurité, territoire, population* (Cours au Collège de France, 1977-1978), Paris, Éditions du Seuil et de Gallimard, Coll. «Hautes Études».

FREUND, J. 1966, *Sociologie de Max Weber*, Paris, Presses Universitaires de France, coll. «Le sociologue».

GALLAND, O. 1998, «Les valeurs de la jeunesse», *Sciences humaines*, 79, 26-29.

GARCIA, A. 1998, «La vidéosurveillance se généralise dans les lieux publics et les entreprises», *Le Monde*, jeudi 6 août 1998, 6.

GARFINKEL, H. 1967, *Studies in Ethnomethodology*, Prentice Hall, Engelwood Cliffs, N. J.

GOLVIN, J.-C., LANDES, C. (dir.). 1990, *Amphithéâtre et gladiateurs*, Istituto Grafico Bertello (Italie), Presses du CNRS.

GOURDON, A.-M. 1991, *Les publics des grandes salles polyvalentes*, Paris, Éditions du CNRS.

GREEN, J.-R. *et al.* 2003, *Sûreté et sécurité aux Jeux olympiques à Salt Lake City, Utah*, Rapport présenté lors d'une conférence à Montréal «Search of Security: An International Conference on Policing and Security F11 – Policing the Olympics».

GRENIER, G. 2000, *Lutte contre la violence dans le sport: l'expérience de la Seine-Saint-Denis,* Bobigny, publication de la Direction départementale de la Jeunesse et des Sports du 93.

GROSJEAN, M., HENRY, J., BARCET, A., BONAMY, J. 2004, «La négociation constitutive et instituante. Les coconfigurations du service en réseau de soins», *Négociations*, 2, 75-90.

HAAS, P. 1999a, «Atlas européen d'*En toute sécurité 2000*», *En toute sécurité*, 9ᵉ année.

HAAS, P. 1999b, «Pénauille Poly Sécurité: le PDG explique sa stratégie de croissance», *En toute sécurité*, n° 246, 11ᵉ année.

HANNA, J.- A. 1994, *Guide des mesures d'urgence relatives aux grands rassemblements publics*, Rapport pour le Bureau de la protection des infrastructures essentielles et de la protection civile, Ottawa, Gouvernement du Canada.

HASTINGS, R. 1993, «La prévention du crime: l'illusion d'un consensus», *in* COLL., *Problèmes actuels de politique criminelle*, Aix-en-Provence, Presses Universitaires d'Aix-Marseille, 47-69.

HERMIER, G., GRASSET, B. 1999, *Le DPS: un service d'ordre du Front national ou garde prétorienne?*, rapport n° 1622, Commission d'enquête de l'Assemblée nationale, Les documents d'information, enregistrement le 26 mai 1999.

HOURCADE, N. 2002a, «Supportérisme: les ultras face au monde du football», *in* Eurofan, Fan Coaching Association, *La prévention de la violence dans les stades de football en Europe*, 42-51.

HOURCADE, N. 2002b, «Les ultras français», *in* DEMAZIÈRE, D., NUYTENS, W. (dir.), «Un monde foot, foot, foot!», *Panoramiques*, Éditions Corlet, 61, 4, 111-115.

HUGHES, E. C. 1996, *Le regard sociologique: essais choisis*, textes rassemblés et présentés par CHAPOULIE, J.-M., Paris, Éditions de l'École des Hautes Études en Sciences Sociales.

HUYSMANS, J. 1998, «Dire et écrire la sécurité: le dilemme normatif des études de sécurité», *Cultures et conflits*, «Sécurité et immigration», Paris, l'Harmattan, 177-202.

JOBERT, B. 1999, «L'État en interaction», *Année de la régulation*, 3.

KALIFA, D. 2000, *Naissance de la police privée, détectives et agences de recherches en France, 1832-1942*, Mesnil-sur-l'Estrée, Librairie Plon.

KALIFA, D. 2005, *Crime et culture au xixe siècle*, Paris, Éditions Perrin.

KOKOREFF, M. 1996, *Usages et trafic d'ecstasy*, Paris, OFDT, 78-79.

KOKOREFF, M., RODRIGUEZ, J. 2004, *La France en mutations, quand l'incertitude fait société*, Paris, Payot.

LANDAUER, P. 2001, «La sécurisation des grandes enceintes sportives: la part de l'architecture. L'exemple du Stade de France», *in* BASSON, J.-C., *Sport et ordre public*, coll. «La sécurité aujourd'hui», Paris, La Documentation Française, 189- 201.

LANDES, C. (dir.). 1992, *Le théâtre antique et ses spectacles*, Lattès, Musée archéologique Henri-Prades.

LANDES, C. (dir.). 1994, *Le stade romain et ses spectacles*, Lattès, Musée archéologique Henri-Prades.

LASSALLE, J.-Y. 2000, «Les responsabilités civile et pénale des auteurs de violences sportives», *La semaine juridique, édition générale*, 49, 2223-2229.

LE DOUSSAL, R., LAURES-COLONNA, P. 1992, *La sécurité à l'hôpital*, Paris, ESF éditeur.

LE NOÉ, O. 1998, «Football et violences», *Regards sur l'actualité* – «Jeunesse, violences et société», 243, La Documentation Française, 55-70.

LE ROY, E., VON TROTHA, Tr. 1993, *La violence et l'État, formes et évolution d'un monopole*, Paris, l'Harmattan.

MANDON, D. 1990, *Culture et changement social. Approche anthropologique*, Lyon, Chronique Sociale, coll. «Synthèse».

MANN, P. 2005, «De la psychologie des foules à l'approche sociologique», *Revue de la gendarmerie nationale*, 215, 114-128.

MARX, G. T. 1995, « Point de vue : technologies de sécurité et société », *Les cahiers de la sécurité intérieure*, 21, 3, 9-15.

MARX, G. T. 1988, *Undercover Police Surveillance in America*, Berkeley, University of California Press.

MERTON, R. K. 1997, *Éléments de théorie et de méthode sociologique*, Paris, Armand Colin, trad. MENDRAS, H. [Titre original : *Social theory and social structure*, Glencoe, The Free Press, 1957].

MIDOL, A. 1995, « Le recours à la technologie dans la sécurité privée », *Les cahiers de la sécurité intérieure*, 21, 3, 43-52.

MIEGE, C. 2001, « Le sport à l'épreuve du droit commun : la fin d'une exception ? », *in* BASSON, J.-C. (dir.), *Sport et ordre public*, Paris, La Documentation Française, coll. « La sécurité aujourd'hui », Paris, 23-36.

MIGNON, P., TSOUKALA, A. 1996, *Étude comparée des dispositifs de lutte contre le hooliganisme : Angleterre, Allemagne, Pays-Bas, Belgique*, Paris, ARIS-IHÉSI.

MINISTÈRE DE L'INTÉRIEUR. 1998, *La Coupe du monde de football 1998 en France : bilan sécurité*, Éditions SIRP.

MIRZA, A. 1991, « Composition, motivations, informations, goûts du public », *in* GOURDON, A.-M., *Les publics des grandes salles polyvalentes*, Paris, Éditions du CNRS, 207-220.

MONJARDET, D. 1996, *Ce que fait la police, sociologie de la force publique*, Paris, La Découverte.

MORIN, E. 2005 (1990), *Introduction à la pensée complexe*, Paris, Éditions du Seuil.

MORETTI, J.-C. 1994, « Les spectacles du stade dans l'Orient romain », *in* LANDES, C. (dir.), *Le stade romain et ses spectacles*, Lattès, Musée archéologique Henri-Prades, 45-53.

MUCCHIELLI, L., ROBERT, Ph. (dir.). 2002, *Crime et sécurité : l'état des savoirs*, Paris, La Découverte.

MULONE, M., DUPONT, B. 2008a, « Gouvernance de la sécurité et capital : les gestionnaires de la sécurité privée », *Déviance et Société*, 32, 1, 21-42.

MULONE, M., DUPONT, B. 2008b, « Saisir la sécurité privée : quand l'État, l'industrie et la police négocient un nouveau cadre de régulation », *Criminologie*, 41, 1, 103-131.

NUYTENS, W. 2001, « La violence des supporters autonomes de football : à la recherche de causalités », *in* BASSON, J.-C. (dir.), *Sport et ordre public*, Paris, La Documentation Française, coll. « La sécurité aujourd'hui », 127-144.

OCQUETEAU, F. 1986, « Police(s) privée(s), sécurité privée : nouveaux enjeux de l'ordre et du contrôle social », *Déviance et Société*, 10, 3, 247-281.

OCQUETEAU, F. 1988a, « Débat : les enjeux d'un contrôle étatique sur le secteur de la sécurité privée », *Déviance et Société*, 12, 4, 381-383.

OCQUETEAU, F. 1988b, « Une réglementation française sur le secteur de la sécurité privée », *Déviance et Société*, 12, 4, 383-389.

OCQUETEAU, F. 1997, *Les défis de la sécurité privée*, Paris, l'Harmattan.

OCQUETEAU, F. 1998, « La sécurité privée en France, état des lieux et questions pour l'avenir », *Les cahiers de la sécurité intérieure*, 33, 3, 105-127.

OCQUETEAU, F. 2004, *Polices entre État et marché*, Paris, Presses de la Fondation nationale des Sciences Politiques, coll. « Gouvernances ».

OCQUETEAU, F., HEILMAN, E. 1997, « Droit et usages des nouvelles technologies : les enjeux d'une réglementation de la vidéosurveillance », *Droit et Société*, 36-37, 331-344.

OCQUETEAU, F., POTTIER, M.-L. 1995, *Vigilance et sécurité dans les grandes surfaces*, Paris, l'Harmattan.

PADIOLEAU, J. G. 1986, *L'ordre social, principes d'analyse sociologique*, Paris, Éditions L'Harmattan, coll. « Logiques sociales ».

PÉREZ, P. 1996, *Atlas mondial des drogues, observatoire géopolitique des drogues*, Paris, Presses Universitaires de France.

PÉRILHON, P. 2007, *La gestion des risques : Méthode MADS-MOSAR II*, Paris, Éditions Démos.

POURTAU, L. 2005a, « Les interactions entre *raves* et législations censées les contrôler », *Déviance et Société*, 29, 2, 127-139.

POURTAU, L. 2005b, «La subculture technoïde, entre déviance et rupture du pacte hobbesien», *Sociétés*, 90, 4, 71-87.

REYNAUD, J. D. 1989, *Les règles du jeu: l'action collective et la régulation sociale*, Paris, Armand Colin.

RIPEAUX, B. 2001, *La sécurité événementielle – Des rassemblements et des manifestations de moins de 1 500 personnes: l'expression d'un savoir-faire et d'une gestion particulière des risques*, Mémoire de DESS ingénierie de la sécurité, Paris, Université Paris V – IHESI.

RIVERO, J. 1980, *Droit administratif*, Paris, Dalloz.

ROBERT, Ph. 1999a, *Le citoyen, le crime et l'État*, Genève-Paris, Droz.

ROBERT, Ph.1999b, «Place et rôle de l'État en matière de sécurité», *La revue de la confédération française démocratique du travail*, 19, 3-13.

ROBERT, Ph. 2000, «Les territoires du contrôle social, quels changements?», *Déviance et Société*, 24, 3, 215-235.

ROBERT, Ph. 2001, «L'état de sécurité est-il transitoire?», *Les cahiers de la sécurité intérieure*, 2, 189-206.

ROBERT, Ph. 2002, *L'insécurité en France*, Paris, La Découverte, coll. «Repères».

ROBERT, Ph. KELLENS G., 1973, Nouvelles perspectives en sociologie de la déviance, *Revue Française de Sociologie*, 14, 371-395.

ROBERT, Ph., POTTIER, M.-L. 2002, «Les grandes tendances de l'évolution des délinquances», *in* MUCCHIELLI, L., ROBERT, Ph. (dir.), *Crime et sécurité: l'état des savoirs*, Paris, La Découverte, 13-24.

ROMILLY (de), J. 2000, *La Grèce antique contre la violence*, Paris, De Fallois.

ROSTOVTZEFF, M. 1936, *Tableaux de la vie antique*, Paris, Payot, coll. «Bibliothèque historique».

ROUIBI, N. 1994, *Colloque sur la sécurité et la violence dans les stades lors des manifestations sportives*, Direction de la sécurité publique, Paris.

ROUSSEAU, J.-J. 1764, *Lettres écrites de la montagne*, O. C., III.

SHAPLAND, J., VAN OUTRIVE, L. (dir.). 1999, *Police et sécurité: contrôle social et interaction public/privé*, Paris, l'Harmattan.

SHEARING, C. D., STENNING, P. C. 1983, « Private Security : Implications for Social Control », *Social Problems*, 30, 5, 493-506.

SHEARING, C. D., STENNING, P. C., ADDARIO, S. M. 1985, « Comment l'entreprise perçoit la sécurité privée », *Journal du Collège canadien de police*, 19, 4, 401-425.

SHEARING, C. D., STENNING, P. C. 1987, « Du panoptique à Disneyworld : permanence et évolution de la discipline », *Actes, Les cahiers d'action juridique*, 60, 27-34.

SHELLING, T. 1986, *Stratégie du conflit*, Paris, Presses Universitaires de France.

STRAUSS, A. 1978, *Negociations, Varieties, Contexts, Processes, and Social Order*, San Francisco, Jossey-Bass Publishers.

TAYLOR, I. 1971, « Football Mad : A Speculative Sociology of Football Hooliganism », *in* DUNNING, E. (ed.), *The Sociology of Sports*, Londres, Franck Cass.

TSOUKALA, A. 2001, « La gestion policière du hooliganisme : Angleterre, Italie, Pays-Bas », *in* BASSON, J.-C. (dir.), *Sport et ordre public*, Paris, La documentation française, coll. « La sécurité aujourd'hui », 159-174.

TSOUKALA, A. 2002, « Le hooliganisme et la protection de la sécurité intérieure en Europe. Quels enjeux ? », *Revue internationale de criminologie et de police technique et scientifique*, 55, 3, 310-322.

WACQUANT, L. 1999, *Les prisons de la misère*, Paris, Éditions Raisons d'agir.

WEBER, M. 1965, *Essais sur la théorie de la science* (trad.), Paris, Plon.

WEBER, M. 1996, *Le savant et le politique,* Paris, Librairie Plon, coll. 10/18, (1re édition, 1959).

WILENSKY, H. 1964, « The Professionalization of Everyone ? », *American Journal of Sociology*, 2, 137-158.

ZARTMAN, W. 1978, *The Negociation Process: Theories and Applications*, Beverly Hills, Sage Publications.

Achevé d'imprimer au Canada
sur papier Enviro 100% recyclé
sur les presses de Imprimerie Lebonfon Inc.

certifié   procédé   100 % post-   archives   énergie
sans   consommation   permanentes   biogaz
chlore